Christoph Marx

101 x
Geschichte!
Alles, was wichtig ist

Christoph Marx

101 x
Geschichte!
Alles, was wichtig ist

Ins Bild gesetzt von Katharina J. Haines

Inhalt

Eine kurze Geschichte der Welt

Was macht das Wesen des Menschen aus? Der griechische Philosoph Aristoteles charakterisierte ihn als vernunftbegabt und auf die Gemeinschaft ausgerichtet. Tatsächlich hat der Homo sapiens seit seinem Auftauchen in **Ostafrika** Seite 22 vor etwa 90.000 Jahren wie kein anderes Lebewesen vor ihm seine Umwelt unterworfen und hochkomplexe Sozialordnungen geschaffen. Aus kleinen Familiengruppen entstanden größere vorstaatliche Stammesverbände. Gemeinsame Sprache, Religion und Abstammung bzw. **Gründungsmythen** Seite 25 stifteten zwar ein Gefühl der Zusammengehörigkeit, doch gab es in der Regel noch keine abgegrenzten Territorien oder abstrakten Organisationsstrukturen.

Als Erben der griechisch-römischen

Kapitel 1

Bis 1040 v. Chr.

Im Frühnebel der Geschichte

Frühgeschichte und Antike

bis 12.000 v. Chr.

Vor ca. 6 Millionen Jahren Menschen und Affen entwickeln sich aus gemeinsamen Vorfahren. **Vor ca. 2,6 Millionen Jahren** Erste Steinwerkzeuge (Beginn der Steinzeit). **Vor ca. 120.000 Jahren** Homo sapiens sapiens verlässt Afrika. **Vor ca. 115.000–12.000 Jahren** Letzte Eiszeit. **Vor ca. 45.000 Jahren** Homo sapiens sapiens erreicht Europa. **Vor ca. 16.000 Jahren** Menschen besiedeln Nordamerika, 4000 Jahre später Südamerika.

Der Anfang

Wir sind alle Afrikaner

Wohin wir gehen, weiß keiner wirklich. Woher wir ursprünglich alle stammen, glaubt die Wissenschaft aber belegen zu können: aus Afrika. Dort trat zum ersten Mal der moderne Mensch auf, der von hier aus die ganze Welt besiedelte.

Irgendwo in Afrika: Die Sonne brennt gnadenlos über einer öden Wüstenlandschaft. Affenmenschen suchen nach Essbarem. Einer von ihnen spielt mit einem Knochen eines Tierkadavers. Langsam beginnt er mit ihm auf die anderen Knochen einzuschlagen. Als er merkt, dass sie zerbrechen, werden seine Schläge immer kräftiger, bis schließlich das ganze Skelett zerstört ist. Der Affenmensch hat erkannt, dass er den Knochen als Werkzeug und als Waffe einsetzen kann. In einer nächsten Szene schlägt er, nun mehr Mensch als Affe, mit einem Knochen einen Rivalen tot und wirft sein neues Machtinstrument triumphierend in den Himmel.

So dramatisch wie pessimistisch interpretiert Stanley Kubrick in der Eingangssequenz seines Science-Fiction-Klassikers „2001" den Moment der Menschwerdung – mit dem Knochen als Überlebens- und Mordinstrument, das den Menschen die Welt erobern lässt. In zwei Szenen wird der vielleicht bedeutendste Entwicklungsschritt in der Geschichte der Menschheit künstlerisch verdichtet: der Übergang vom Tier zum Menschen. Tatsächlich verlief der Evolutionsprozess nicht so abrupt, sondern sehr viel komplexer und langsamer über einen Zeitraum von Tausenden von Jahren hinweg. Was den Menschen wirklich zum Menschen machte, ist umstritten. War es der aufrechte Gang, die Entdeckung des Feuers oder eben der Einsatz erster primitiver Waffen? Unumstritten ist aber: Der Ursprung der Menschheit liegt in Afrika, genauer: in Ostafrika. Vor etwa sechs Millionen Jahren trennten sich dort die Wege von Mensch und Affe, die von gemeinsame Vorfahren abstammten.

Die ersten Menschenarten entstanden, aus denen sich in einem komplexen Evolutionsprozess der moderne anatomische Mensch entwickelte: Vom Homo habilis („geschickter Mensch"), einem Sammler, der schon einfache Steinwerkzeuge gebrauchen konnte, über den Homo erectus („aufrechter Mensch"), den Jäger, der physisch immer „menschenähnlicher" wurde und zum ersten Mal Afrika verließ, bis hin zum Homo sapiens sapiens („weiser Mensch"), der vor etwa 120.000 Jahren auszog, um sich innerhalb von knapp 100.000 Jahren auf dem gesamten Erdball auszubreiten. Über die Sinaihalbinsel und den Vorderen Orient wanderte er weiter in Richtung Norden und Westen, bis er vor etwa 45.000 Jahren Europa erreichte. In

» Die Menschen sammelten n
sondern auch Wissen. Ohn
Umgebung hätten sie nicht übe
sel der Jahreszeiten verstehen
den Sturm oder eine bevorst
Jeder Angehörige einer Gr
herstellen, einer Lawine entg
oder hungrigen Löwen fertigz
Laden, in dem sie das Lebens
nen Notruf, den sie im Ernstfa
und Sammler hatten also sehr
und vielfältigere Kenntnisse ü
ihrer modernen Nachfahren. [
natürlich viel mehr als diese G
sich genommen waren die Jä
und geschicktesten Menschen

Yuval Noah Harari

ht nur Nahrung und Rohstoffe,

eine detaillierte Kenntnis der

ebt. (…) Sie mussten den Wech-

d Hinweise auf einen drohen-

ende Trockenheit erkennen.

pe musste ein Steinmesser

en und mit Schlangenbissen

rden können. Es gab keinen

twendige einkaufen, und kei-

nrufen konnten. (…) Die Jäger

l gründlichere, umfassendere

r ihre Umwelt als die meisten

Als Kollektiv wissen wir heute

pe von Urmenschen. Aber für

r und Sammler die klügsten

er Geschichte.

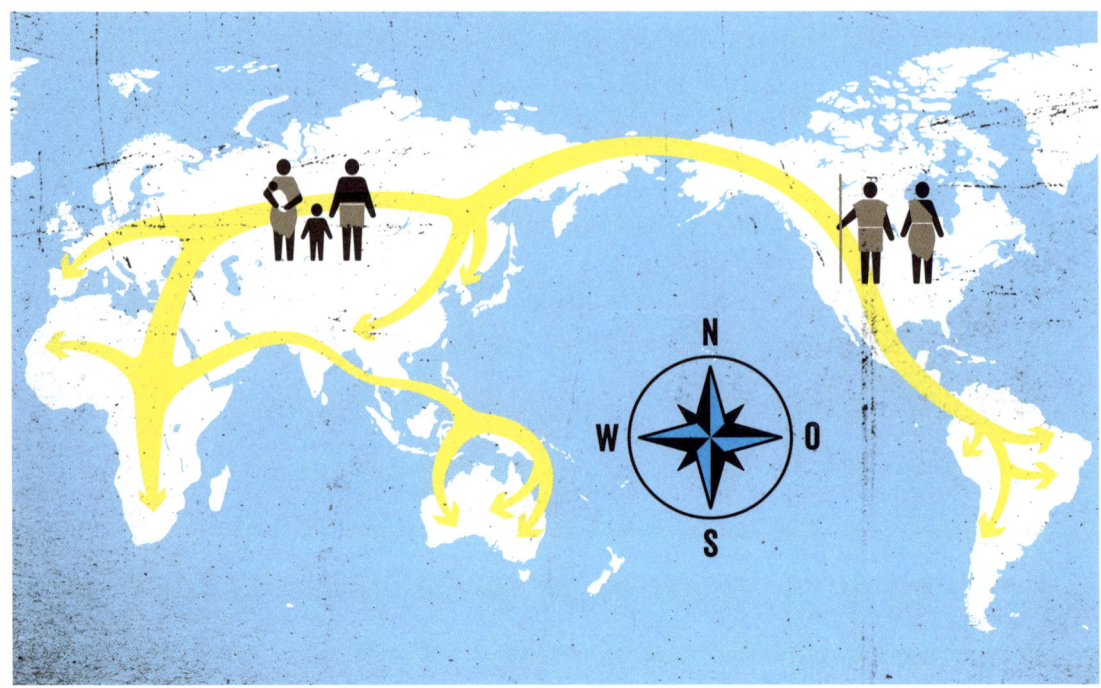

östlicher Richtung gelangte er zur selben Zeit bis nach Australien. Um 16.000 v. Chr. stieß er auf den nordamerikanischen Kontinent vor; nur 4000 Jahre später ist er in Südamerika nachweisbar. Auf der Welt gab es inzwischen nur noch eine Menschengattung: den modernen, vernunftbegabten Mensch. Warum konnten unsere Ahnen im Gegensatz zu ihren Vorgängern, etwa den Neandertalern, überleben? In sich gegenseitig verstärkender Dynamik führten körperliche und mentale Veränderungen wohl zu kontinuierlicher Erweiterung der kognitiven Fähigkeiten und praktischen Kenntnisse des Menschen. Immer besser gelang es ihm, sich dem Klima und den Anforderungen seines regionalen Umfelds anzupassen.

Die ersten Menschen waren in den vorgegebenen Lebensrhythmus ihrer jeweiligen Naturräume eingebunden und lebten als mobile Jäger und Sammler von Pflanzen und Tieren. Rein physisch war der moderne Mensch schlanker als seine Artverwandten und dadurch auch schneller geworden. Dank seines größeren Gehirnvolumens gewann er aber vor allem neue Fertigkeiten und

Kenntnisse hinzu. Er schuf immer effizientere Waffen und baute Boote, mit denen er Gewässer und Meere überquerte. Unsere unmittelbaren Vorfahren reflektierten zunehmend ihr Tun. Als erste Menschen konnten sie wohl strategisch planen und mit Sprache ein koordiniertes Miteinander organisieren. Vor allem im Winter suchten sie in Höhlen Schutz vor Kälte und gefährlichen Raubtieren. Dort lebte man in großen Familienverbänden zusammen und teilte die Arbeit untereinander auf. Schmuckgegenstände oder Instrumente aus der Altsteinzeit belegen bereits einen ausgeprägten Sinn für Ästhetik und Symbolik. Zahlreiche Höhlenmalereien, Kunstfiguren und Grabbeilagen geben Einblick in Lebens- und Vorstellungswelten der Steinzeitmenschen. Sie zeugen von einer erstaunlichen Versiertheit bzw. Abstraktionsfähigkeit. Der moderne Mensch erfand für sich erste Erzählungen, die dem Leben Sinn gaben. Dadurch dass er für sich eine innere Welt, eine Form der Weltanschauung, erschuf, war er auch in der Lage, die äußere Welt zu erobern. Er erklärte sich zum Herrscher seiner Umwelt. ◾

12000–7000 v. Chr.

Vor ca. 12.000 Jahren Ende der letzten Eiszeit. **Vor ca. 10.000 Jahren** Beginn der sog. Neolithischen Revolution. **Um 9000 v. Chr.** Erste Siedlungsspuren in Jericho in Palästina. **Um 7000 v. Chr.** Blütezeit der Siedlung Çatalhöyük in Anatolien. **Um 7000 v. Chr.** Landwirtschaft am Gelben Fluss in China.

Landwirtschaftliche Revolution

Als unsere Vorfahren sesshaft wurden

Vor 10 000 Jahren wandelte sich der Mensch vom Jäger und Sammler zum Bauern und Viehzüchter. Noch heute leben die meisten Menschen auf der Welt von der Landwirtschaft.

Mit dem Ende der letzten Eiszeit wurde ab etwa 12 000 v. Chr. das Klima vielerorts wärmer und feuchter. Dies bot den Menschen grundlegend neue Existenzmöglichkeiten. Statt wie bisher auf der Suche nach Nahrung und Schutz umherzustreifen, ließen sich bald immer größere Gruppen in festen Wohnsiedlungen dauerhaft nieder. Hatte man sich in der Vergangenheit der Natur bestmöglich untergeordnet und angepasst, ging man nun dazu über, die eigene Umwelt aktiv für sich zu gestalten, um mehr Früchte, mehr Getreide und mehr Fleisch zu erwirtschaften. An einem festen Ort wurden Pflanzen, vorzugsweise Weizen, Hirse und Reis, kultiviert sowie Tiere, am Anfang insbesondere Ziegen, Schafe und Schweine, später dann Rinder und Pferde, domestiziert. So bildete sich die noch heute weltweit dominierende Wirtschaftsweise heraus: die Landwirtschaft.

Die Entwicklung ging einher mit technischen Innovationen wie der Erfindung des Ackerpflugs oder der Herstellung von Keramik, die eine dauerhafte Lagerung von Vorräten erst möglich machte. Der Wandel zum aktiven Bauerndasein vollzog sich an vielen Orten der Welt unabhängig voneinander und über Jahrtausende hinweg in kleinen Etappen. Vorreiter waren die fruchtbaren Talgebiete etwa im Vorderen Orient, am Indus oder am Gelben Fluss in China, wo bessere Lebensbedingungen zu einer Bevölkerungsexplosion und dem Anwachsen erster städtischer Siedlungen führten. Überreste aus Çatalhöyük in Anatolien und aus Syrien zeugen von sozial ausdifferenzierten Gemeinschaften, in denen Tausende von Menschen auf engem Raum lebten. Mit der Sesshaftigkeit begann allerdings auch der verbissene Kampf um Platz und Ressourcen: Der Krieg kam in die Welt und lässt die Menschen seitdem nicht mehr los. ◼

Gründungsmythen

Von Gelben Kaisern und Gefiederten Schlangen

Viele Gesellschaften kennen mythische Kulturheroen als kollektive Identitätsstifter. In China gehört der sagenumwobene Gelbe Kaiser noch heute zum nationalen Selbstverständnis; er symbolisiert die Kontinuität einer 5000 Jahre alten Kulturnation.

Bei den Sumerern war es König Gilgamesch, bei den Maya und Azteken der Halbgott Quetzalcoatl („Gefiederte Schlange"), bei den Inkas der Gott Wiraqucha, bei den Indern der Riese Purusha, bei den Japanern das Götterpaar Izanami und Izanagi, bei den Griechen der Titan Prometheus: Viele Hochkulturen beziehen ihren Ursprung auf übermenschliche, gottgleiche Heldenfiguren – mal mehr Mensch, mal mehr Tier, mal mehr Gottheit, mal mehr Märtyrer, allesamt aber Heilsbringer, die den Menschen zentrale Fertigkeiten und Kenntnisse vermittelt haben sollen. Von diesen mythischen Schöpferpersönlichkeiten ging eine wichtige gemeinschaftsbildende Kraft aus. Selbst in modernen Gesellschaften können sie noch identitätsstiftend wirken, etwa in China, das sich gerne als älteste Kulturnation der Welt bezeichnet.

Bis in die Gegenwart wird dort Huangdi, der „Gelbe Kaiser", verehrt, der bereits vor etwa 5000 Jahren am „Gelben Fluss" Hoangho in der nordchinesischen Ebene die höchsten Kulturtechniken beherrscht haben soll: Musik, Schrift, Architektur, Verwaltung, Medizin, ja selbst die Sternenkunde schenkten er und seine Minister den Menschen, so die Überlieferung. Er selbst soll gleich nach seiner Geburt gesprochen haben. Vor allem Han-Chinesen betrachten Huangdi als ihren Urahn und Begründer ihrer Zivilisation.

Am selben Gelben Fluss, bei Xinzheng, sollen der Legende nach auch die Wurzeln des ersten chinesischen Staatswesens liegen. Dort habe der Kaiser Yu die Bevölkerung eigenhändig vor einer schlimmen Sintflut gerettet und die erste chinesische Dynastie, die Xia-Dynastie, begründet, die ab etwa 1500 v. Chr. in die historisch nachweisbare Shang-Dynastie überging. Bis um 1050 v. Chr. kontrollierten die Shang einen losen Bund von Städten mit einem vergleichsweise hohen Lebensstandard. Riesige Paläste künden von einem ausgeprägten Herrscherkult, der die chinesische Gesellschaft langfristig prägen sollte und im Mythos um den Gelben Kaiser ihren Anfang nahm. ◼

Vor ca. 5000 Jahren Sumerer entwickeln Vorformen der Schrift. **Bis 2500 v. Chr.** Entwicklung der Keilschrift. **Ab 1500 v. Chr.** Phönizier entwickeln das erste Ur-Alphabet. **9. Jahrhundert v. Chr.** Entwicklung des griechischen Alphabets. **Um 800 v. Chr.** Entstehung der „Ilias" und der „Odyssee".

Die Erfindung der Schrift

Die erste Medienrevolution

Mit der Erfindung der Schrift ließen sich nicht nur die Abläufe in immer komplexer werdenden Gesellschaften organisieren, sondern auch tatsächliche oder erdachte Heldentaten für spätere Generationen festhalten. Erst dadurch wurde Geschichtstradition im eigentlichen Sinne möglich.

Die Sprache ist immer Spiegelbild einer Gesellschaft. Wer viel in den sozialen Medien kommuniziert, weiß, dass sich die Schriftsprache der beschleunigten, digital vernetzten Welt angepasst hat: Sie ist schneller, kürzer, umgangssprachlicher und technischer geworden. Der Netzjargon gleicht oft kryptischen Buchstabenfolgen. Ein „ILD ☺" reicht da schon für eine Liebeserklärung. Insbesondere die Ausdifferenzierung von Emoticons gleicht der Entwicklung einer eigenen Bildsprache. So scheint die schriftliche Kommunikation wieder an ihre Ursprünge anzuknüpfen. Denn die ersten Schriften bestanden aus Bildern, bis sich in einem langwierigen Abstraktionsprozess etwa ab 1500 v. Chr. Buchstaben als Basis der meisten heutigen Schriftsysteme durchsetzten. Warum lernten die Menschen überhaupt schreiben, wo lag der Bedarf? Wie verlief die erste Me-

dienrevolution, deren Bedeutung für die Nachwelt kaum überschätzt werden kann? Denn erst durch die Schrift lässt sich „die Geschichte mit der Stimme ihrer Protagonisten" hören, wie der moderne Historiker Yuval Harari anmerkt.

Sicher ist: Die ersten Schreiber waren keine Dichter, sondern Bürokraten. Die Entwicklung der Schrift war eng an die Herausbildung einer verbindlichen Ordnung in komplexer werdenden Gesellschaften gekoppelt. Erfunden wurde die Schrift von einem unbekannten Sumerer im südlichen Mesopotamien vor gerade einmal 5000 Jahren. In den fruchtbaren Flussniederungen waren die Ortschaften so angewachsen, dass die Wirtschaftsverwaltung zunehmend überfordert war. Allein aus der Erinnerung heraus ließ sich der Eingang und Ausgang von Waren nicht mehr rekonstruieren. Um diese Informationen zu sammeln und zu verwalten, ritzte man Zahlen- und Bildzeichen auf Tontafeln. Die ersten bekannten Nachrichten der Welt dokumentieren den Empfang bestimmter Mengen Gerste in angegebenen Zeiträumen. Erste einfache Zahlen wurden als Stellenwertzeichen eingeführt, Gegenstände in vereinfachten Bildern dargestellt. Mit solchen

einfachen Bilderschriften ließen sich gut Daten verwalten – mehr aber zunächst auch nicht.

Durch die Ausbildung immer neuer Zeichen entstand etwa um 2500 v. Chr. im Vorderen Orient ein vollständiges Schriftsystem, das als Keilschrift bezeichnet wird. Sie erlaubte feinere Differenzierungen im Ausdruck. Nun ließen sich auf Tontafeln auch Gedichte verewigen, Ereignisse für die Nachwelt dokumentieren oder auch nur Rezepte festhalten. Wahrnehmungen und Empfindungen konnten an Zeitgenossen und spätere Generationen übermittelt werden.

Es folgten weitere Reduktionsstufen bis zu den abstrakten Buchstaben, die die Grundlage unter anderem aller heute gängigen indoeuropäischen Sprachen bilden. Pioniere waren die Phönizier, ein Seefahrervolk, das ursprünglich an der syrischen Küste lebte. Dort entstand etwa um 1500 v. Chr. durch die Verschmelzung mehrerer regionaler Schrifttypen das erste Ur-Alphabet. Es verzichtete ganz auf Bildzeichen und setzte sich nur noch aus Symbolen zusammen. Allen sprachlichen Lauten wurden exakt 22 Zeichen zugeord-net, Buchstaben, mit denen sich durch zahllose Kombinationen das Gemeinte schnell und umstandslos schriftlich ausdrücken ließ. Auf ihren Reisen, die sie über das Mittelmeer bis zu den Britischen Inseln führten, trugen die Phönizier diese Schrift in andere Regionen, wo die Einheimischen sie ihren eigenen Lebensumständen und Sprachen anpassten. In der um Vokale erweiterten griechischen Alphabetschrift, später Grundlage der lateinischen Schrift, entstanden um 800 v. Chr. die „Ilias" und „Odyssee". Diese Epen der Weltliteratur und Ausgangspunkte europäischer Geistesgeschichte werden gewöhnlich Homer zugeschrieben, sind möglicherweise aber nur eine Verschriftlichung älterer und lange mündlich überlieferter Sagen.

In anderen Teilen der Erde entwickelten sich etwa zeitgleich und unter ähnlichen Umständen eigene Zeichensprachen. In Mittelamerika, Süd- und Ostasien entstanden originäre Schriften, von denen etwa die chinesische Schrift bis heute ihre Besonderheit mit insgesamt 100.000 unterschiedlichen Schriftzeichen bewahrt hat. ■

3023–332 v. Chr.

3032–2639 v. Chr. Frühdynastische Zeit. 2639–2166 v. Chr. Altes Reich. **Um 2580 v. Chr.** Bau der Cheopspyramide. 2119–1794 v. Chr. Mittleres Reich. 1550–1069 v. Chr. Neues Reich. 664–332 v. Chr. Spätzeit.

Das Alte Ägypten

Weltwunder am Nil

Die Pyramiden von Gizeh bleiben *das* ikonische Motiv für das uralte Kulturland am Nil; sie stehen exemplarisch für die große Leistungsfähigkeit der ersten Hochkulturen.

Ob an Euphrat und Tigris in Mesopotamien, an Indus und Ganges auf dem indischen Subkontinent oder am Gelben Fluss in China: Am Anfang der ersten großflächigen Zivilisationen stand immer die Beherrschung des Wassers. Dessen gezielte Verwendung optimierte die Erträge der Landwirtschaft und ermöglichte die Ausbildung komplexer Gesellschaftsstrukturen. Dies gilt besonders für das Wüstenland Ägypten, in dem sich um 3000 v. Chr. an einem schmalen Streifen entlang des Nils eine der glanzvollsten Kulturen der Weltgeschichte entwickelte. Der Nil sorgte nicht nur für Wohlstand, sondern prägte auch nachhaltig das ägyptische Gesellschaftsideal, das vor allem den Wert der Zusammenarbeit in der Gemeinschaft betonte. Man baute gemeinsam Dämme, Kanäle und Staubecken, um das Wasser der jährlichen Nilüberschwemmung gleichmäßig auf die Uferfelder zu verteilen. Man etablierte eine überregionale Verwaltung, die das Land in Gaue aufteilte und die jahreszeitenunabhängige Lagerung und Verteilung von Ackererträgen überall im Land organisierte. Der gesellschaftliche Rang des Einzelnen richtete sich theoretisch nicht nach der sozialen Herkunft, sondern nach dem Nutzen im ökonomischen Verwertungsprozess: Wer gut den Boden bewirtschaften konnte, wurde Bauer; wer schreiben konnte, wurde Verwalter; wer gut verkaufen konnte, wurde Händler. Jeder sollte den Platz in der „gerechten göttlichen Ordnung", der sogenannten Maat, einnehmen, auf dem er am meisten zum Gemeinwohl beitragen konnte.

Die Bewahrung der „Maat" war die zentrale Aufgabe des Pharaos. Alle gesellschaftlichen Gruppen unterstanden ihm, der ideell die Einheit des ägyptischen Staates personifizierte und auch faktisch politisches und spirituelles Machtzentrum war: Er war oberster Kriegsherr und zugleich oberster Priester, dem im ganzen Land Tempel gebaut wurden. Seine Seele galt als unsterblich und ging in der religiösen Vorstellung nach seinem Tod wieder zu den Göttern. Insbesondere im Alten Reich zwischen 2639 und 2166 v. Chr. wurden den Pharaonen monumentale Grabesstätten erbaut: die Pyramiden, deren Steinstufen den Verblichenen als Treppe zu den Himmelsgöttern dienen sollten. Wie bei der Bewirtschaftung des Nils waren alle Gesellschaftsgruppen in den Pyramidenbau einbezogen – eine Gemeinschaftsleistung, die beim Blick auf die fast 140 Meter hohe Cheopspyramide in Gizeh noch heute Ehrfurcht hervorruft. ■

Die Rechtsordnung von Babylon

Auge um Auge

Der legendäre König Hammurabi schuf die erste uns bekannte schriftlich fixierte Rechtsordnung. Sie gewährt noch heute einen Einblick in die Gesellschaft des altbabylonischen Königreichs und zeigt, wie sehr Gerechtigkeitsvorstellungen einem historischen Wandel unterliegen.

Sie ist heute für jeden im Pariser Louvre zu bewundern: die 2,25 Meter hohe, im Jahr 1902 im Nordirak entdeckte Dioritstele aus dem 18. Jahrhundert v. Chr, in die fein säuberlich in 282 Kapiteln die „gerechten Richtersprüche" des Königs Hammurabi eingemeißelt sind. Wie keine andere Geschichtsquelle überliefert sie das Denken und Selbstverständnis der altbabylonischen Herrscher. Gelehrte kopierten noch Jahrhunderte später die dort aufgezeichneten Gesetze, die als Vorbild einer sittlichen Rechtsprechung galten. Für uns dokumentiert der „Codex Hammurabi" vor allem ein Gemeinwesen, das Herrschaft auf eine rechtliche Basis stellen wollte. Es sollten feste Regeln gelten und nicht das Recht des Stärkeren. In gewissem Sinne handelte es sich also um einen ersten Rechtsstaat – auch wenn dieser nach heutigen Maßstäben seltsame Gerechtigkeitsvorstellungen vertrat.

Der Stadtsaat Babylon war unter der Herrschaft von Hammurabi zu einem bedeutenden Reich mit mehr als einer Million Einwohnern angewachsen. Immer mehr Städte hatten sich die Babylonier in Feldzügen einverleibt, was ihnen großen Wohlstand einbrachte. Babylon war damals die wohl größte und gesellschaftlich fortschrittlichste Stadt der Welt. Hammurabi wollte mit verbindlichen Regelungen Gerechtigkeit schaffen. In ganz Babylonien ließ er Gesetzesstelen aufstellen, damit sich seine Untertanen überall bei Konflikten bzw. Vergehen richtig, also nach dem Willen des Herrschers, verhalten konnten. Detailliert wurden einzelne Rechtsfälle aus verschiedenen Bereichen dargestellt und in konkreten Wenn-dann-Sätzen gelöst. Die richtige Eheführung wurde genauso festgelegt wie die angemessene Bestrafung von Kapitalverbrechen, Körperverletzungen oder Eigentumsdelikten. Häufig wurde die Todesstrafe gefordert, wobei prinzipiell Gleiches mit Gleichem zu vergelten war. „Gesetzt, ein Mann hat den Knochen eines Freigeborenen gebrochen, so wird man seinen Knochen brechen", heißt es etwa in Kapitel 197. Aber die Strafe richtete sich eben auch danach, ob die Verletzung ein Freigeborener,

ein Gemeiner oder ein Sklave erlitten hatte. Die Rechtsordnung war nicht absolut, sondern stand in Abhängigkeit von der gesellschaftlichen Hierarchie: „Gesetzt, ein Mann hat […] den Knochen eines Sklaven gebrochen, so wird er den halben Wert des Sklaven in Silber zahlen", hieß es dazu in Kapitel 198. Mensch war noch lange nicht gleich Mensch; bis zur Anerkennung von abstrakten Menschenrechten war es noch ein weiter Weg.

Babylon verlor schon bald nach Hammurabis Tod seine Vormachtstellung; zumeist bestimmten nun fremde Herrscher die Geschicke der Stadt. Eine letzte Blüte folgte an der Wende zum 6. Jahrhundert v. Chr. unter Nebukadnezar II., der auch Jerusalem eroberte und dessen Bewohner ins „Babylonische Exil" verschleppte. Die als Weltwunder bestaunten „Hängenden Gärten" seiner Palastanlage und der legendäre fast 100 Meter hohe „Turm zu Babel" hinterließen einen bleibenden Eindruck: Als „Sündenbabel" wurde die Stadt zum Symbol für die menschliche Hybris. Das Ende kam schnell. Im Jahr 539 v. Chr. fiel Babylon an Kyros II., der die Stadt in sein Perserreich integrierte. ■

» Gesetzt, einem Mann hat seine Gattin Kinder geboren, und seine Sklavin hat ihm auch Kinder geboren, der Vater aber hat zu seinen Lebzeiten zu den Kindern, die ihm die Sklavin geboren hat, gesagt: „Meine Kinder (seid ihr)!", so wird man sie zu den Kindern der Gattin zählen; nachdem der Vater gestorben ist, werden sich die Kinder der Gattin und die Kinder der Sklavin den Besitz des Vaterhauses zu gleichen Teilen teilen. «

Aus dem Codex Hammurabi

Um 1000 v. Chr.

Um 1000 v. Chr. Legendäre Herrschaft von König David. **Um 930 v. Chr.** Teilung des Königreichs. **Um 720 v. Chr.** Die Assyrer erobern das Nordreich Israel. **597–586 v. Chr.** Die Babylonier erobern das Südreich Juda. **597–539 v. Chr.** Sogenanntes Babylonisches Exil.

König David

Gründervater Israels?

Nationalreligiöse Minderheiten in Israel rechtfertigen ihre Gebietsansprüche gegenüber den Palästinensern heute gerne mit dem Verweis auf das biblische Königreich Davids. Doch gibt es Zweifel, ob König David wirklich jemals gelebt hat. Sein Mythos aber ist bis heute vor allem im Staat Israel politisch wirksam.

Aufrecht, konzentriert den Feind im Blick und die Steinschleuder bereits im Anschlag: Kurz vor dem entscheidenden Kampf gegen den riesenhaften Philister Goliath strotzt David vor Zuversicht. Mit voller Wucht schießt der israelitische Hirtenjunge den Stein an den Kopf des feindlichen Kriegers. Und tatsächlich: Goliath fällt und die Philister fliehen. Die Israeliten brechen in Jubel aus. Der unwahrscheinliche Sieg ebnet David den Weg zu einer glanzvollen Herrschaft. Als erfolgreicher Heerführer wird er in Hebron zum König der Israeliten gewählt, führt die bis dahin autonom agierenden Stämme zusammen und baut Jerusalem zum politischen und religiösen Zentrum eines Einheitsstaates aus. Nach und nach unterwirft David die benachbarten Gebiete der Aramäer, bis sich sein Machtbereich schließlich vom Roten Meer bis weit in das heutige Syrien erstreckt. Es beginnt das goldene Zeitalter eines israelitischen Großreichs. So steht es jedenfalls in der Bibel.

Im krassen Gegensatz zu Davids reicher biblischer Rezeption gibt es allerdings wenige bis gar keine archäologischen Belege für sein Reich, sodass viele Historiker die Machtfülle des israelitischen Königs radikal infrage stellen. Einige bezweifeln sogar, dass er tatsächlich gelebt hat. Lediglich in einer 1994 entdeckten aramäischen Inschrift aus dem 8. Jahrhundert ist von einem „Haus David" die Rede. Sie ist damit bisher die einzige vermeintliche Bestätigung der biblischen Darstellung, dass David auf dem Gebiet Palästinas eine Dynastie begründete.

Völlig unabhängig von der Frage der historischen Faktizität wurde die Figur David allerdings identitätsstiftend für die jüdische Tradition. Sein Mythos ist bis heute wirksam – nicht nur, weil Davids Herkunft aus dem Stamm Juda für das Volk Israel namensgebend wurde und der sog. Davidstern ab dem 18. Jahrhundert zum Symbol (und auch Stigma) des Judentums geworden ist. Gerade unter nationalreligiösen Gruppen in der 1948 gegründeten Republik Israel, die geopolitisch nichts mit dem legendären Königreich verbindet, bleibt die Idee von einem imaginären Reich Israel präsent. Radikale jüdische Siedler auf dem Gebiet des den Palästinensern zugesprochenen Westjordanlands oder auf den syrischen Golanhöhen sorgen regelmäßig für neuen Zündstoff im endlosen israelisch-palästinensischen Nahostkonflikt. ▪

sationsstrukturen.

In den frühen Hochkulturen entwickelte sich eine erste Art zentraler Staatsgewalt. An die Stelle des Verwandtschaftsprinzips trat eine religiös fundierte Ordnung, an deren Spitze zumeist ein gottähnlicher Herrscher stand. Mit der Ausbildung von Philosophie und Wissenschaft in den **griechischen Poleis** Seite O36 begann die stufenweise Ablösung des mythischen Denkens und damit auch der sehr langsame Aufbruch zur rationalen Durchdringung der Welt. Der sich nach den Eroberungszügen Alexanders des Großen Seite O38 ausbreitende kosmopolitische Hellenismus beeinflusste auch die politische Organisation des **Römischen Reichs** Seite O28, das sich um die Zeitenwende zur militärischen und zivilisatorischen Ordnungsmacht im Mittelmeerraum entwickelte.

Als Erben der griechisch-römischen

Kapitel 2

753 v. Chr. – 375 n. Chr.

Hochkulturen und Imperien

Antike

509 v. Chr.–480 n. Chr.

509–27 v. Chr.
Römische Republik. **Um 500–287 v. Chr.** Sog. Ständekämpfe zwischen Patriziern und Plebejern. **Um 450 v. Chr.** Zwölftafel-gesetz. **264–146 v. Chr.** Punische Kriege. **480 n. Chr.** Mit dem Tod Kaisers Julius Nepos endet das Römische Reich.

Das Römische Reich

Wie wird man Weltmacht?

Innerhalb von wenigen Hundert Jahren wandelt sich eine Kleinstadt in der mittelitalienischen Region Latium zum Zentrum der gesamten Mittelmeerwelt: Der Aufstieg Roms zur antiken Großmacht ist einzigartig. Insbesondere die römische Staatsorganisation prägte die weitere Entwicklung Europas.

Rom wurde wohl um 650 v. Chr. von den benachbarten Etruskern als Kolonie gegründet. Nach Vertreibung der etruskischen Könige eroberten die Römer ein eigenes Territorium und brachten schließlich fast ganz Italien unter ihre Herrschaft. An der Wende zum 2. Jahrhundert v. Chr. stießen sie nach Nordafrika vor, wo sie ihre Hauptkonkurrenten, die Karthager, niederrangen. Parallel griff Rom auch auf Griechenland und Syrien aus. Schließlich kontrollierten die Römer im ersten Jahrhundert v. Chr. den gesamten Mittelmeerraum. Der Erfolg

» Dieser Mann (Cato) pflegte
des Vorzugs unserer Verfass
dass, während in diesen imme
seinem Vaterland, die Verfassu
und Einrichtungen begründet hö
Minos, bei den Spartanern Lyk
Theseus, dann Drakon, dann S
mehrere andere (...); dagegen i
eines Einzelnen, sondern vieler
nicht nur im Lebensraum eines
von Jahrhunderten und Mensc
nirgends gab es wohl einen Ma
dem gar nichts entgangen wä
Verein aller Talente in einem
berechnen könnte, dass er die
Zeit zu ersetzen vermöchte.

Cicero in *De re publica*

u sagen, darin liege der Grund

g vor der der übrigen Staaten,

ur Einzelne lebten, die, jeder in

des Staates durch ihre Gesetze

en; zum Beispiel bei den Kretern

gos, bei den Athenern, [...] erst

n, dann Kleisthenes, und noch

nserem Staat nicht das Talent

e Verfassung begründete; und

enschen, sondern in einer Reihe

naltern. Denn, sagte er, nie und

n von so allumfassendem Geist,

auch ist es unmöglich, dass ein

itraum alles so auf die Dauer

fahrung und die Probe der

basierte einerseits auf militärischer Überlegenheit, war aber vor allem auch Ergebnis einer geschickten Herrschaftsorganisation. Oft wurden die besiegten Gebiete zwar zu Tributzahlungen gezwungen, gleichzeitig aber in unterschiedlichen Abstufungen auch zu Bündnispartnern gemacht. Einwohner besonders gut kooperierender Staats- und Gemeinwesen konnten sogar das römische Bürgerrecht erwerben. Solange Roms Hegemonialanspruch nicht infrage gestellt wurde, konnten sich die unterworfenen Territorien auch weitgehend selbst verwalten. So viel Freiheit wie möglich, so viel Zwang wie nötig, lautete die römische Maxime.

Das römische Bürgerrecht zu erlangen war eine Auszeichnung und ermöglichte die Teilhabe an einer überlegenen Kultur. Ein Bürger Roms zu sein war dabei übrigens keine Frage der lokalen Ansässigkeit. Mit ihrer hochentwickelten Infrastruktur und mit sicheren wie gut ausgebauten Handelswegen sorgten die Römer für einen hohen Lebensstandard. Das durchaus missionarische Selbstverständnis der römischen Republik setzte neben militärischer Stärke auf Werte wie politische Ausgewogenheit, Tradition, Recht und Tugendhaftigkeit. Feste politische Institutionen und strikte Gesetzlichkeit sollten Machtmissbrauch durch Einzelne verhindern – so zumindest der Anspruch. Die Verfassung mischte aristo-

kratische mit demokratischen Elementen. An der Spitze der Republik standen zwei jährlich wechselnde Konsuln. Zur entscheidenden Kraft entwickelte sich neben der Volksversammlung im Laufe der Zeit der Senat, wo das Patriziat, der römische Adel, beriet und Empfehlungen aussprach. Beamte und Richter wurden in Volksabstimmungen, den Plebisziten, gewählt. Dabei blieb der Adel bevorzugt, obwohl sich die Plebejer, das einfache Volk, in den sog. Standeskämpfen bis zum 3. Jahrhundert v. Chr. die Zugangsmöglichkeit zu Staatsämtern erkämpft hatten. Eine besondere Rolle übernahm der jährlich neu gewählte Volkstribun, der die Interessen des Volkes gegenüber dem Adel vertreten sollte und ein Vetorecht hatte.

Wenn die römische Republik später faktisch von einer Monarchie beerbt wurde, so blieb eine zentrale Neuerung weit über das Ende des Römischen Reichs hinaus von bleibender Bedeutung: das römische Recht. Um 450 v. Chr. entstand das Zwölftafelgesetz, das ständig erweitert und aktualisiert wurde. Die Römer setzten sich als Erste systematisch mit Rechtsfragen auseinander und können daher als Erfinder der Rechtswissenschaft gelten. Bis heute basiert in westlichen Ländern vor allem das Privatrecht auf dem römischen Recht, das vielerorts Teil der akademischen juristischen Ausbildung ist. ◼

6. Jh. v. Chr.

6. Jh. v. Chr. Vermutete Lebenszeit von Siddharta Gautama, genannt Buddha. **Um 320–185 v. Chr.** Herrschaft der Maurya-Dynastie. **Um 268–232 v. Chr.** Herrschaft von König Ashoka. **2. Jh. v. Chr.** Der Buddhismus erreicht China. **7. Jh. n. Chr.** Der Buddhismus verbreitet sich in Tibet.

Buddha

Von Indien in die Welt

Der historische Buddha lehrte in Nordindien die Menschen den Weg ins göttliche Nirwana durch Meditation. Er schuf damit die Grundlage einer Religion, die heute mit bis zu 500 Millionen Anhängern die viertgrößte der Welt ist.

Dass Geldbesitz nicht der Sinn des Lebens sein kann, wurde ihm früh bewusst – Prinz Siddharta Gautama, der im 6. Jahrhundert v. Chr. im heutigen Nepal in verschwenderischem Luxus aufwuchs. Auf der Suche nach dem wahren Sinn des Lebens begab sich der junge Mann auf Wanderschaft und übte sich in Askese, bis ihm unter einem Feigenbaum die Erleuchtung kam. Als „Buddha" (Sanskrit „der Erwachte") predigte er nun anderen seine gewonnenen Erkenntnisse: dass das Leben durch Leiden gekennzeichnet sei, aber durch Aufgabe des Begehrens überwunden werden könne. Rechtes Handeln und Einsicht weisen den Weg zu Schmerzfreiheit und Einswerdung mit dem Universum, dem Nirwana. Die Botschaft faszinierte viele. Klöster entstanden, wo Menschen der materiellen Welt entsagten und durch Meditation Erlösung suchten. Im Namen des zunehmend vergötterten Buddhas verbreiteten sich nach dessen Tod verschiedene humanitäre Sittenlehren, die prinzipiell auf Friedfertigkeit und Naturverbundenheit basierten.

Die Bewegung wäre vielleicht ein regionales Phänomen geblieben oder schon längst vergessen, wenn nicht der nordindische König Ashoka Mitte des 3. Jahrhunderts v. Chr. die Lehren Buddhas zur Leitlinie seines Regierungshandelns gemacht hätte: So wurden Ideen zum realen Machtfaktor. Ashoka hatte die Herrschaft seiner Maurya-Dynastie auf fast den gesamten indischen Subkontinent ausgedehnt. Auf dem Höhepunkt seiner Macht bekannte er sich zum Buddhismus und verfolgte danach eine Politik, die im Inneren auf religiöse Toleranz, sozialen Ausgleich und Achtung der Tierwelt abzielte. Er ließ Krankenhäuser bauen und war wohl der erste Herrscher, der eine Art Wohlfahrtsstaat anstrebte, auch wenn sich entsprechende Institutionen nicht nachweisen lassen. Es bleibt umstritten, ob Ashokas radikaler Politikwechsel ernst gemeint oder doch nur taktischer Natur war. Auf jeden Fall hat der König die Missionstätigkeit der Buddhisten stark gefördert. Von Indien aus reisten buddhistische Delegationen in alle Himmelsrichtungen. Die neue Religion, die ohne Götter auskam, fasste in verschiedenen Ausprägungen vor allem in Asien Fuß. Im Westen hat besonders der Dalai Lama, der eine spezifische tibetische Glaubensrichtung vertritt, den Buddhismus populär gemacht. Bemerkenswert: In Indien, dem Herkunftsland, gibt es kaum noch Buddhisten. ▪

551–479 v. Chr.

Um 771–256 v. Chr. Zerfall der Zentralgewalt unter der Östlichen Zhou-Dynastie.
Um 771–475 v. Chr. Sog. Zeit der Frühlings- und Herbstannalen. **Um 551–479 v. Chr.** Vermutete Lebenszeit von Konfuzius.
Um 475–221 v. Chr. Sog. Zeit der Streitenden Reiche. **Um 221 v. Chr.** Einigung Chinas unter Kaiser Qin Shi Huangdi.

Konfuzius

Der große Philosoph Chinas

Der chinesische Wanderlehrer sah in der harmonischen Einbettung des Einzelnen in der Gemeinschaft ein Gesellschaftsideal. Unter der Han-Dynastie zur Staatsdoktrin geworden, prägt der Konfuzianismus Staatswesen und Moralvorstellungen Chinas bis heute.

„Der Weg ist das Ziel" oder „Es kann dir jemand die Türe öffnen, aber hindurchgehen musst du selbst": Nur zwei der bekannten Weisheiten oder Sprüche, die dem wirkmächtigsten chinesischen Ethiker und Philosophen zugeschrieben werden, der selbst jedoch keine schriftlichen Zeugnisse hinterlassen hat. Die Rede ist von Konfuzius, der eigentlich Kon Fu Tsu, „Meister Kong", hieß. Im 5. Jahrhundert v. Chr., als China eine Zeit der inneren Zerrissenheit erlebte, zog Konfuzius als Wanderlehrer durch das Land und scharte Schüler um sich, die später seine Gedanken verbreiteten. Im Mittelpunkt seiner Lehre standen moralische Vervollkommnung durch Bildung und sittliches Handeln sowie der Einklang des Menschen mit den Gesetzen des Kosmos. Eine harmonische Gesellschaft war nach Konfuzius' Überzeugung dann möglich, wenn jede soziale Gruppe und jeder Einzelne sich in die jeweils vorgesehenen Hierarchien einfügt. Wie der Patriarch die Familie, so soll der Kaiser als „Sohn des Himmels" den Staat führen: als moralisches Vorbild.

Mit der Einigung Chinas unter dem ersten Kaisers um 221 v. Chr. und der anschließenden Herrschaft der Han-Dynastie begann die kultische Verehrung von Konfuzius, die zunehmend religiöse Ausmaße annahm. Tempel wurden ihm gewidmet, offizielle Opfer dargereicht. Der Konfuzianismus erwies sich als so anpassungsfähig, dass er trotz wechselnder Dynastien und Regierungssysteme bis in die Gegenwart prägend blieb. In der Volksrepublik China spielt er offiziell keine Rolle mehr. Unter Mao wurde er zeitweise sogar offen bekämpft. Doch das konfuzianische Ideal der gesellschaftlichen Harmonie erweist sich faktisch als durchaus anschlussfähig an die kommunistische Ideologie mit ihrer Betonung der Gemeinschaft. ■

Was du liebst, lass frei. Kommt es zurück, gehört es dir – für immer.

>> Wer die Menschen liebt, den lieben die Menschen wieder. Wer etwas bei sich selbst durchzusetzen versteht, der versteht auch, es bei andern durchzusetzen. Der Ausspruch, dass man nicht aus seinen vier Wänden herauszukommen brauche, um die Welt zu kennen, bezieht sich eben darauf, dass man alles auf sich selbst zurückführen muss. «

Konfuzius

621–399 v. Chr.

Um 621 v. Chr. Gesetzesreformen des Drakon. **Ab 594 v. Chr.** Reformen des Solon.
Um 561–510 v. Chr. Tyrannis des Peisistratos und seiner Söhne. **Ab ca. 510 v. Chr.** Reformen des Kleisthenes. **Um 461–429 v. Chr.** Perikles leitet die athenische Politik. **399 v. Chr.** Sokrates wird zum Tode verurteil.

Demokratie

Ein merkwürdiges griechisches Konzept

Die Idee der Volkssouveränität wurzelt in den demokratisch verfassten Stadtstaaten des antiken Griechenlands. Der griechische Terminus Demokratie durchlief seitdem zahllose, mehr oder weniger sinnvolle inhaltliche Umdeutungen. Seine positive Strahlkraft hat der Begriff bis heute nicht verloren.

Wenn wir heute über Demokratie und Politik sprechen, nutzen wir immer noch die Begriffe der alten Griechen. „Politika" als die gemeinsamen Angelegenheiten in den griechischen Stadtstaaten (poleis) und „Demokratie" als Herrschaft (kratein) des Volkes (demos). Tatsächlich entwickelte sich im Stadtstaat Athen des 5. Jahrhundert v. Chr. ein originäres Modell der Selbstregierung. Die Vorstellung, dass die Athener Bürger regelmäßig auf dem Marktplatz zusammenkamen, um mehrheitlich über alle öffentlichen Belange zu entscheiden, ist später oft idealisiert worden. Doch unbestritten stellt die attische Demokratie einen Meilenstein in der Geschichte der demokratischen Verfasstheit von Gesellschaft dar. Für die historischen Zeitgenossen war sie vor allem eine Reaktion auf ungeliebte Machthaber und Ergebnis eines langen Prozesses von der Begrenzung der Adelsherrschaft bis hin zur Teilhabe aller Bürger an politischen Institutionen bzw. Entscheidungen.

Seit dem 8. Jahrhundert v. Chr. herrschten Adelsfamilien weitgehend willkürlich über Athen, was der Reformer Drakon im Jahr 621 mit seinen „drakonischen" Gesetzen erstmals änderte. Den Grundstein für die spätere Demokratie legten institutionell und sozial vor allem die Reformen des Solon: Die Bauern wurden entschuldet, der Grundbesitz begrenzt. Neben dem Adelsrat wurde mit der Volksversammlung (ekklesia) ein Gremium geschaffen, in dem alle Bürger Stimmrecht hatten. Hinzu kam ein Volksgericht, vor dem jeder Bürger Anzeige erstatten konnte. Noch aber blieb die alte Elite im Vorteil. Unter dem Eindruck der kurzzeitigen Tyrannis von Peisistratos setzte Kleisthenes ab 510 v. Chr. dann deren radikale Entmachtung durch: Alle Entscheidungsgewalt lag nun bei der Volksversammlung, die jedes Jahr zehn sog. Strategen als Staatsführung wählte. Fast alle öffentlichen Ämter wurden fortan per Los verteilt. Dies betraf Ratsmitglieder, Polizisten und vor allem Richter. Auf Kleisthenes geht auch die Einrichtung des Scherbengerichts zurück, wonach ein missliebiger Bürger verbannt werden konnte, sobald 600 Bürger dies forderten.

Nach der erfolgreichen Abwehr der Perser 490 v. Chr. erlebte die attische Demokratie ihre Glanzzeit. Künste und Wissenschaften blühten auf, es entstanden die Tempel auf der Akropolis und der Glaube der Athener, etwas Besonderes zu sein, wuchs. Der Historiker Thukydides überliefert eine Rede von Perikles, in der dieser Athen als Stadt der Freiheit pries, in der jeder Bürger sich entfalten und gleichberechtigt mitbestimmen könne – Athen als Inbegriff einer offenen Gesellschaft der Gleichen und Freien.

Tatsächlich hatte Athen nur sehr wenig mit der heutigen Vorstellung einer demokratischen Gesellschaft zu tun. Die Idee der Gleichheit war strikt auf das politische Leben beschränkt und galt auch nur für eine Minderheit männlicher Vollbürger. Vom Stimmrecht ausgeschlossen waren Sklaven, Zugezogene (Metöken) und Frauen, deren Tun prinzipiell von Männern bestimmt wurde. Besonders nach dem Tod des Perikles 429 v. Chr. traten die negativen Seiten des permanent tagenden Debattierclubs in Athen immer deutlicher hervor. Demagogen und Populisten hetzten die Menschen auf und beförderten eine chaotische Politik. Es kam zu katastrophal gescheiterten militärischen Abenteuern und willkürlichen Todesurteilen. Das bekannteste ist die Vergiftung des Philosophen Sokrates 399 v. Chr. wegen des Vorwurfs der „Verführung der Jugend“. Dies nahm nicht nur seinen Schüler Platon prinzipiell gegen die Demokratie ein. Auch Aristoteles wertete die Demokratie als „wankelmütige Herrschaft der Vielen“ ab.

Die Frage ist bis heute in der Welt und wird seit der Französischen Revolution immer wieder unterschiedlich beantwortet: Wie stark darf und soll die ganze Bevölkerung bei komplexen politischen Fragen direkt Einfluss nehmen (wie zum Beispiel in der Schweiz)? Oder soll sie vor allem Berufspolitikerinnen und -politiker wählen, die Entscheidungen treffen und sich dafür öffentlich rechtfertigen müssen? Ist eine direkte oder eine repräsentative Demokratie zu bevorzugen? Im Zentrum beider Modelle aber steht weiterhin die alte griechische Idee, dass die Macht letztlich vom Volk ausgehen sollte. ◼

356 v.Chr. Alexander wird als Sohn König Philipps II. von Makedonien geboren. **343 v.Chr.** Der griechische Gelehrte Aristoteles wird zum Lehrer Alexanders berufen. **336 v.Chr.** Alexander übernimmt als 20-jähriger den Makedonischen Thron. **323 v.Chr.** Alexander sirbt aus ungeklärten Gründen am 10. Juni.

Alexander der Große

Superheld der Antike

Er war jung, charismatisch und überaus erfolgreich: Alexander stürmte von Makedonien aus mit seinen Truppen bis ans Ende der damals bekannten Welt. Noch heute streiten sich die Geister über den selbsternannten Weltherrscher, der seiner Zeit weit voraus war.

Mythos Alexander der Große, König von Makedonien, König der Welt – er wurde nur 33 Jahre alt, doch sein Leben faszinierte Generationen von Gelehrten seit der Antike und entzweite sie: Für die Einen war er der antike „Superstar", ein genialer Feldherr und visionärer Herrscher, für die Anderen ein grausamer Zerstörer, irrational und völlig maßlos. Ein märchenhafter Roman über sein Wirken wurde im Mittelalter fast überall gelesen –im christlichen Europa, im islamischen Raum und selbst in China. Alexanders exzentrische Persönlichkeit regte zu jeder Zeit die Fantasie an: War er nicht auch ein ungewöhnlich gebildeter Krieger, der sich selbst in die Tradition von Achilles, dem Helden aus Homers *Ilias*, stellte? Welcher andere Herrscher konnte schon den Philosophen Aristoteles als seinen persönlichen Erzieher vorweisen, dem er noch aus den entlegensten Win-

keln der Welt seine Eindrücke von Menschen und Umwelt mitgeteilt haben soll. Am Ende seines Lebens ließ sich Alexander wohl auch als Gottessohn verehren.

Bei wenigen Herrschern fällt es so schwer, Mythos, Inszenierung und Wirklichkeit auseinanderzuhalten. Sicher ist,

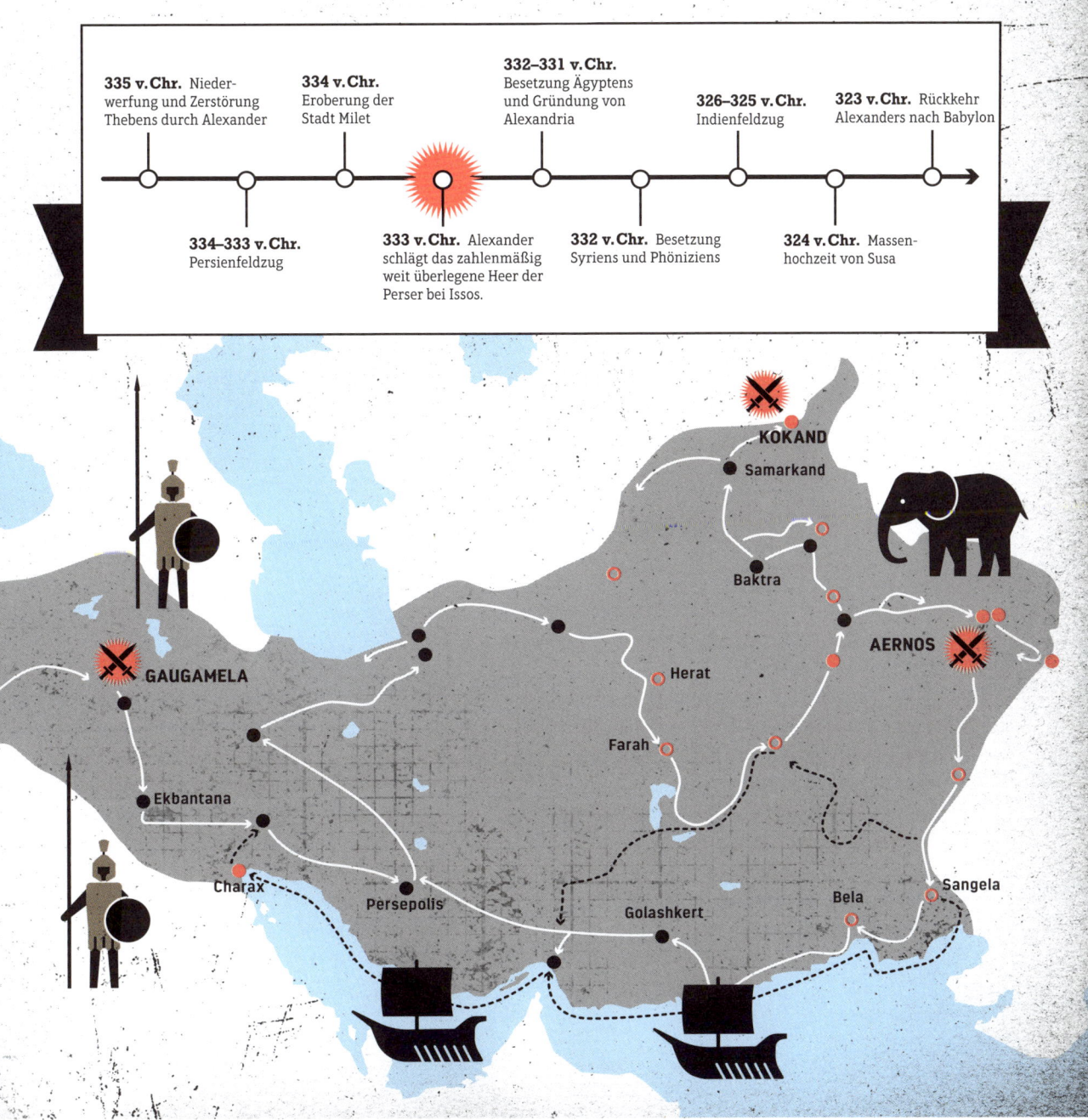

335 v. Chr. Niederwerfung und Zerstörung Thebens durch Alexander

334 v. Chr. Eroberung der Stadt Milet

332–331 v. Chr. Besetzung Ägyptens und Gründung von Alexandria

326–325 v. Chr. Indienfeldzug

323 v. Chr. Rückkehr Alexanders nach Babylon

334–333 v. Chr. Persienfeldzug

333 v. Chr. Alexander schlägt das zahlenmäßig weit überlegene Heer der Perser bei Issos.

332 v. Chr. Besetzung Syriens und Phöniziens

324 v. Chr. Massenhochzeit von Susa

KOKAND
Samarkand
Baktra
GAUGAMELA
Herat
AERNOS
Ekbantana
Farah
Charax
Persepolis
Golashkert
Bela
Sangela

dass Alexander der Große innerhalb von wenigen Jahren die bis dahin bekannte Welt auf den Kopf stellte und politisch wie kulturell nachhaltig prägte. Scheinbar mühelos führte er seine fast 35.000 Mann starken Truppen von Eroberung zu Eroberung über drei Kontinente. Nach erfolgreichen Feldzügen auf dem Balkan siegte er in Klein-

asien und zog über Syrien und Palästina weiter nach Ägypten, wo er sich zum Pharao krönen ließ. Unterwegs gründete er Dutzende Städte mit seinem Namen, wovon das ägyptische Alexandria die größte Bedeutung erlangte. Nach der Eroberung des persischen Großreichs machte Alexander die Metropolen Babylon und Persepolis zu seinen neuen Machtzentralen. Sein Traum, Orient und Okzident zu einem multikuturellen Großreich unter seiner Führung zu vereinen, schien Wirklichkeit zu werden: In der alten persischen Residenz Susa ließ Alexander 80 seiner engen Gefährten mit ausgewählten Perserinnen vermählen, um eine neue, ihm ergebene Elite zu schaffen. Und er marschierte immer weiter. Bis nach Indien trieb der „König von Asien" seine erschöpften Truppen, wo er allerdings von diesen zur Rückkehr nach Babylon gezwungen wurde. Dort starb Alexander 323 v. Chr. an Malaria oder an einer Vergiftung, während er neue Feldzüge plante. Sein Reich zerfiel schnell in den Machtkämpfen seiner Generäle, doch der Hellenismus, in dem sich griechische und orientalische Kultureinflüsse vereinten, bestimmte für die nächsten Jahrhunderte die antike Welt. ∎

>> Als (Alexander) kam, lag Diogenes gerade in der Sonne. Er setzte sich nur ein wenig auf, (…) und blickte Alexander an. Dieser begrüßte ihn und fragte, ob er eine Bitte an ihn habe. Darauf entgegnete Diogenes: „Geh mir nur ein wenig aus der Sonne!" Alexander soll davon sehr beeindruckt gewesen sein und den Stolz und die Größe des Mannes, der ihn mit solcher Nichtachtung behandelt hatte, so sehr bewundert haben, dass er (…) sagte: „Wahrhaftig, wenn ich nicht Alexander wäre, dann möchte ich wohl Diogenes sein." <<

Plutarch

247–183 v. Chr.

264–241 v. Chr. Erster Punischer Krieg.   218–201 v. Chr. Zweiter Punischer Krieg.
218 v. Chr. Hannibal überquert die Alpen.   216 v. Chr. Sieg Hannibals in Cannae.   183 v. Chr. Selbstmord Hannibals im Exil.
149–146 v. Chr. Dritter Punischer Krieg, Zerstörung Karthagos.

Hannibal

Der genialste Verlierer der Geschichte

Unter seiner Führung war die Handelsmetropole Karthago die große Rivalin Roms im westlichen Mittelmeer: Erst unter Aufbringung aller Kräfte konnten die Römer Hannibal bezwingen. Die taktische Brillanz des Feldherrn wird bis heute unter Militärexperten gerühmt.

218 v. Chr.: Im spanischen Sagunt plant der karthagische Heerführer Hannibal Barkas einen Überraschungscoup gegen die Römer. Angeblich war er bereits in jungen Jahren von seinem Vater Hamilkar Barkas auf die Feindschaft gegen die Römer eingeschworen worden. Dieser hatte den ersten Konflikt mit Rom um Sizilien mit einem Friedensvertrag beenden müssen, ohne dass Karthago dabei jedoch seine Stellung als nordafrikanische Großmacht mit Besitzungen auf der Iberischen Halbinsel eingebüßt hätte. Die Römer sollten jetzt für die väterliche Niederlage büßen. Bewusst brach Hannibal die Vereinbarung, doch während sich die Römer in Sizilien in Stellung brachten, wählte Hannibal einen Weg nach Italien, den noch keiner vor ihm gewagt hatte: über die Alpen. Tatsächlich schleppten sich anfangs 38 Kriegselefanten, etwa 8000 Reiter auf Pferden und knapp 40.000 Soldaten über die verschneiten Berge.

Trotz enormer Verluste bei diesem waghalsigen Zug ging Hannibals Kalkül auf. Die Römer waren überrascht und mussten schwere Rückschläge einstecken. Der Sieg der Karthager bei Cannae 216 v. Chr. schrieb Militärgeschichte. In der Folge gelang es Hannibal, einzelne süditalienische Städte auf seine Seite zu ziehen und weitere Allianzen zu knüpfen. Rom war plötzlich in ernster Gefahr. Doch dann verbrauchte Hannibal seine Kräfte in endlosen Kleinkriegen, während die Römer nun selbst karthagische Gebiete angriffen. Hannibal musste nach Nordafrika zurückkehren, wo ihm die Römer bei Zama 202 v. Chr. mithilfe einheimischer Verbündeter die entscheidende Niederlage beibrachten.

Hannibal blieb der Hauptfeind Roms, das alle seine Reserven gegen ihn mobilisieren musste. Aber letztlich behielten die Römer die Oberhand: Im Jahr 146 v. Chr. machten sie Karthago dem Erdboden gleich und errichteten auf dem früheren Herrschaftsgebiet der Stadt die römische Provinz Africa.

Zu diesem Zeitpunkt war Hannibal längst tot. Innenpolitische Gegner hatten ihn ins Exil gedrängt; einer drohenden Auslieferung an die Römer war er um 183 v. Chr. durch Selbstmord zuvorgekommen. Doch sein Name blieb unvergessen: Die Alpenüberquerung, die bis heute als logistische Meisterleistung gilt, machte ihn unsterblich. ■

Spartakus

Der erste Klassenkämpfer der Geschichte?

Spartakus führte am Ende der römischen Republik einen der größten Sklavenaufstände der Geschichte an. Als Symbolfigur für die politische Linke entwickelte der thrakische Gladiator ein eigenständiges Nachleben, das bis heute wesentlich das Bild von ihm bestimmt.

Durchtrainiert, todesmutig, blauäugig und ein markantes Kinn: Wenn von Spartakus die Rede ist, haben viele bis heute noch das Gesicht von Kirk Douglas vor Augen, dem Titelhelden der Hollywood-Großproduktion von 1960. Der mit vier Oscars ausgezeichnete Monumentalfilm erzählt in eindrucksvollen Bildern, wie sich der mutige Sklave Spartakus gegen die brutale römische Weltmacht stellte und für eine Welt ohne Sklaverei kämpfte. Die Story basiert auf dem Roman des linken amerikanischen Schriftstellers Howard Fast, der trotz der Repressionen in der antikommunistischen McCarthy-Ära zum Bestseller geworden war. Für die Linken war Spartakus eine Symbolfigur für den gerechten Kampf der Entrechteten und Unterdrückten. Im 19. Jahrhundert bezeichnete ihn Karl Marx als den „großartigsten Kerl der gesamten antiken Geschichte" und adelte ihn zum „wahren Vertreter des römischen Proletariats". Auch Rosa Luxemburg und Karl Liebknecht sahen sich im Ersten Weltkrieg in seiner Tradition und nannten ihre linke Abspaltung von der Sozialdemokratischen Partei, den Vorläufer der KPD, Spartakusbund. Noch heute schließen sich linksradikale Studierende an Universitäten gerne zu Spartakusbünden zusammen: Ein rebellierender Gladiator der Antike ist zum Urtyp eines Revolutionärs im Kampf gegen eine Welt voller Ungerechtigkeiten geworden. Mit Spartakus ins letzte Gefecht!

Dass Spartacus bis in die Gegenwart als Projektionsfigur dienen kann, liegt sicher auch daran, dass wir aus den zeitgenössischen antiken Quellen über die historische Person nur relativ wenig wissen. Der griechische Schriftsteller Plutarch berichtet, dass Spartakus „sehr intelligent und kultiviert, wie ein Hellene", also keineswegs ein tumber Kämpfer gewesen sei. Als sicher gilt seine Herkunft aus Thrakien. Dort war er wahrscheinlich bei einem Feldzug der Römer auf dem Balkan zwischen 76 und 86 v. Chr. in Kriegsgefangenschaft geraten und an eine Gladiatorenschule in Capua in Süditalien verkauft worden. Die blutigen Schwertkämpfe auf Leben und Tod waren bei den Römern ein beliebtes Freizeitvergnügen und

wurden vor allem von Sklaven, Verbrechern und einzelnen Freiwilligen bestritten. Im Jahr 73 v. Chr. gelang Spartakus zusammen mit 70 bis 78 Leidensgenossen die Flucht, wobei sie auch Waffen erbeuten konnten. Viele Sklaven und Entrechtete schlossen sich ihm an, wohl in der Hoffnung, durch ihn in die Freiheit bzw. in ihre Heimatländer geführt zu werden. Ob Spartakus dies tatsächlich beabsichtigte, ist ebenso wenig überliefert wie ein politisches Programm. Ziellos zog er mit seinem fast 70.000 Mann starken Heer plündernd

und raubend durch Italien. Die Römer unterschätzten zunächst den Aufstand und mussten empfindliche Niederlagen hinnehmen. Doch als die Aufständischen sich spalteten, hatten sie keine Chance mehr. In Kalabrien machten die Römer 71 v. Chr. dem Spuk ein brutales Ende. Spartakus wurde getötet, Tausende seiner Anhänger zur Abschreckung entlang der Via Appia von Capua nach Rom gekreuzigt. Doch schon in der Antike begann Spartacus zu dem Mythos zu werden, der immer noch wirksam ist. ◾

100–44 v. Chr.

133–30 v. Chr. Zeit der römischen Bürgerkriege. **59/58 v. Chr.** Erstes Konsulat Cäsars. **58–50 v. Chr.** Cäsar erobert Gallien. **10. Januar 49 v. Chr.** Cäsar überquert den Grenzfluss Rubikon. **49. v. Chr.** Cäsar übernimmt das Amt des Diktators. **15. März 44 v. Chr.** Cäsar wird ermordet.

Julius Cäsar

Kann es einen „guten Diktator" geben?

Sein Name ist nicht nur Lateinschülern gut bekannt, sondern lebt auch in den Titeln „Kaiser" und „Zar" fort. Gaius Julius Cäsars kurze Zeit als Diktator am Ende der römischen Republik war in vielerlei Hinsicht bedeutend.

Können Alleinherrscher im Interesse eines Landes und seiner Bürger handeln, obwohl sie nicht demokratisch gewählt wurden? Die Frage wird heutzutage in den demokratisch verfassten Gesellschaften des Westens prinzipiell verneint, weil eine Diktatur Menschen grundlegende Freiheitsrechte verweigert. Aber können Diktatoren nicht auch im Sinne einer Mehrheit handeln? Ist der Sturz eines Alleinherrschers automatisch moralisch legitimiert? Das sind demokratiepolitische Grundsatzfragen, die sich in dem berühmtesten Mordfall der Antike widerspiegeln: der Ermordung des Gaius Julius Cäsar. Um eine Tyrannis zu verhindern, tötete eine Gruppe Senatoren um Marcus Iunius Brutus, einen Vertrauten Caesars, den römischen Diktator am 15. März 44 v. Chr. im Senatsgebäude mit 23 Dolchstichen. Befreit fühlten sich in diesem Fall weite Teile des Volks ganz und gar nicht. Statt gefeiert zu werden, mussten die Verschwörer die Flucht ergreifen. War Cäsar also tatsächlich so etwas wie ein guter Diktator? Sein gerade einmal fünfjähriges Wirken an der

Staatsspitze änderte nicht nur Rom grundlegend, sondern strahlt bis heute aus – nicht zuletzt in lateinischen Schulbüchern. Ohne sein Werk *De bello Gallico* kommt bis heute niemand zum Latinum.

Cäsar, der einem altrömischen Patriziergeschlecht entstammte, verdankte seinen rasanten politischen Aufstieg nicht nur seinen überragenden militärischen Fähigkeiten, sondern vor allem auch seinem Gespür für die Bedürfnisse breiter Bevölkerungsschichten. Er profitierte von der Dauerkrise, die die römische Republik im letzten Jahrhundert vor der Zeitenwende bestimmte. Die territoriale Ausdehnung Roms hatte die Organisationsfähigkeiten der Republik überfordert und zu bürgerkriegsartigen Zuständen geführt. Militärische Macht war fast gleichbedeutend mit politischer Macht. Als erfolgreicher Feldherr hatte Cäsar bei seinen Siegen in Gallien, Spanien, Kleinasien und Nordafrika reichlich Beute gemacht. Teure Wahlgeschenke halfen, die Zustimmung in der Volksversammlung zu gewinnen, durch die er seinen politischen Einfluss immer weiter ausbaute. In den Jahren 49/48 v. Chr. konnte Cäsar seine Alleinherrschaft faktisch verwirklichen, ohne formal die republikanischen Institutionen anzutasten. Er wurde zum Diktator ernannt, ein damals in der römischen Verfassungsordnung zeitlich befristetes Amt mit weitreichenden Voll-

machten. In atemberaubender Geschwindigkeit setzte er Sozial- und Gesetzesreformen durch, die seine Beliebtheit, ja fast Vergötterung begründeten und auch nach seinem Tod beibehalten wurden: So modernisierte er die Justiz, weitete das römische Bürgerrecht aus, vereinheitlichte die Provinzverwaltung, versorgte die Kriegsvetera-

nen. Nicht zuletzt schuf er den julianischen Kalender, der im Wesentlichen bis heute gilt. Er wurde zum Vorbild für seine Nachfolger an der Spitze des Römischen Reichs, die seine Alleinherrschaft in Form einer Militärmonarchie institutionalisierten. Cäsars Name wurde fortan zu einem Titel der römischen Kaiser. ■

Julius Caesar

» Cäsar, Rom, das Reich, d[...]
reichte in die Dimension[...]
man seit der Renaissance [...]
Persönlichkeit mit all ihren Fa[...]
bedeutenden Schriftsteller, [...]
Jahrhundert (...) der Französis[...]
allerdings die Zweifel, und z[...]
Man schlug sich mehr ode[...]
zuvor auf die Seite der Fre[...]
genommen, der Republik, [...]
gegen alle diese Zweifel wu[...]
konzipiert: die historische. [...]
Geschäftsführer des Weltg[...]

Christian Meier in seiner Cäsar-Biografie

schien eins zu sein, und das

es Mythischen. Dann fand

ter dem Namen die große

tten, den Feldherren, (...) den

n großen Organisator (...). Im

en Revolution mehrten sich

r aus politischen Gründen.

weniger entschiedener als

eit, die Cäsar den Römern

e er zerstört hatte. (...) Doch

e eine neue Form der Größe

egel sah in Cäsar den

tes.

7 v. Chr.–30 n. Chr

Um 7/4 v. Chr. Jesus vermutlich in Nazareth geboren. **Um 30 n. Chr.** Jesus wird in Jerusalem gekreuzigt. **Um 33/36** Bekehrung des Paulus (sog. Damaskuserlebnis). **64** Erste systematische Christenverfolgung unter Kaiser Nero. **Um 64/68** Paulus wird in Rom hingerichtet. **70–100** Entstehungszeit der vier Evangelien.

Jesus von Nazareth

In Gottes Namen

Der jüdische Wanderprediger wurde nach seinem Tod zum Mittelpunkt einer neuen Glaubenslehre. Die römische Obrigkeit bekämpfte zunächst das Christentum, bereitete ihm dann aber den Weg zur Weltreligion.

Seine Existenz gilt als bewiesen, genauso wie sein grausamer Tod am Kreuz um 30 n. Chr. in der damals römischen Provinzstadt Jerusalem wegen politischer Aufwiegelei. Ansonsten gibt es kaum historisch belegbare Fakten über das Leben des jüdischen Wanderpredigers und Weisheitslehrers, der nach seinem vermeintlichen Heimatort auch Jesus von Nazareth genannt wird. Die Geburt in Bethlehem, seine Wundertaten und Predigten, sein Programm und seine Anhänger – all das überlieferten die vier Evangelisten, deren Texte zur Grundlage des christlichen Glaubens wurden. Sie entstanden zwischen 70 und 100 n. Chr, zu einer Zeit, als in Palästina längst erste jüdische Christengemeinden entstanden waren. Sie verkündeten der Welt die frohe Botschaft: Mit Jesus sei der Messias (hebräisch „der Gesalbte", griechisch „Christos") auf die Welt gekommen und vom Tod auferstanden. Wer an den Sohn Gottes glaube, dem sei Erlösung und das ewige Leben im Reich Gottes gewiss.

» **Echter Glaube setzt immer den tiefen Wunsch voraus, die Welt zu verändern. Das ist die Frage, die wir uns stellen müssen: Haben wir große Visionen und Tatendrang? Sind wir kühn? Oder sind wir mittelmäßig und geben uns mit Reflexionen ,aus dem Labor' zufrieden?**

Papst Franziskus, 9. Februar 2017

Eine Heilslehre, die aus einer kleinen Sekte innerhalb von wenigen Hundert Jahren eine Staatsreligion machte, die heute in ihren vielfältigen Erscheinungsformen mit über zwei Milliarden Anhängern die weltweit größte Religionsgemeinschaft ist. Wie war das möglich?

Da waren zunächst die erfolgreichen Missionsreisen der Apostel, namentlich des Paulus, der nach einer visionären Begegnung mit Jesus zum rastlosen Verkünder des Christentums wurde. Zuerst im Nahen Osten, dann auch in Kleinasien und Griechenland gründete er christliche Gemeinden. Weil Paulus das Christentum ideologisch formte und vor allem auch Nicht-Juden den Übertritt erlaubte, wuchs die Glaubensgemeinschaft langsam aus dem Judentum heraus und entwickelte einen eigenständigen Charakter. Angezogen von der Idee, dass alle Menschen im Reich Gottes gleich seien und Erlösung fänden, zählten anfangs vor allem Unterdrückte und Entrechtete zu den Anhängern. Je mehr Zulauf die Christen erhielten, desto aggressiver gingen die Römer gegen sie vor. Doch Konstantin der Große ließ sich kurz vor seinem Tod 337 als erster römischer Kaiser taufen und Ende desselben Jahrhunderts war das Christentum faktisch römische Staatsreligion. Eine welthistorische Wende, denn mit dem Christentum wurde von nun an vor allem Politik betrieben.

Nach dem Zerfall des Weströmischen Reichs entwickelte sich die Kirche bis in die Neuzeit zu einem zentralen Ordnungsfaktor in Europa. Klöster und Bistümer wurden Träger von Kultur und Wissen und entschieden über Richtig und Falsch. Die christliche Moral war im Abendland Maß aller Dinge und verortete die Menschen in der „gottgewollten" Ständegesellschaft. Im Namen des Christentums zogen Machthaber in den Krieg gegen Andersgläubige, schließlich auch in der eigenen Glaubensfamilie. Die Konfessionskriege im 16. und 17. Jahrhundert verwüsteten ganze Landstriche. Erst mit der Aufklärung und den von ihr getragenen politischen Revolutionen ab dem 18. Jahrhundert verlor das Christentum in Europa sein Deutungsmonopol und ab dem 19. Jahrhundert auch rapide an politischem Einfluss. In den westlichen Gesellschaften der Gegenwart bleiben Symbole und Erzählungen des Christentums zwar präsent, besitzen aber kaum noch kulturelle Prägekraft. Dafür entwickeln christliche Bewegungen in Lateinamerika, Asien und vor allem in Afrika neue Anziehungskraft. ∎

30 v. Chr.–180 n. Chr.

30 v. Chr. Oktavian (Augustus) beendet die Bürgerkriege. **27 v. Chr.** Einführung des Prinzipats, Augustus ist quasi Alleinherrscher. **14 n. Chr.** Tod des Augustus. **98–117** Größte Ausdehnung des Römischen Reichs unter Kaiser Trajan. **180** Tod des Kaisers Mark Aurel, Ende der Pax Romana.

Pax Romana

Der Traum vom ewigen Frieden

„Der Römische Friede" gilt als Zeit der Stabilität in der antiken Welt: Unter den ersten römischen Kaisern ab Augustus war der Mittelmeerraum unter der Führung Roms geeint – ein zeitloses Muster für dauerhafte Friedensordnungen?

Nach dem Zusammenbruch des Sowjetimperiums wähnten viele politische Beobachter die Welt auf dem Weg in eine lichte, liberal-demokratische Zukunft. Der amerikanische Politikwissenschaftler Francis Fukuyama rief 1992 gar das „Ende der Geschichte" aus. Der Kapitalismus und das westliche Verständnis von persönlicher Freiheit und Demokratie hätten sich endgültig durchgesetzt. Mit der „Pax Americana" schien eine Weltordnung etabliert, die von einer ideologischen, wirtschaftlichen und militärischen Vormachtstellung der USA gekennzeichnet war. Begrifflich bezog man sich auf die „Pax Romana", jene etwa 200 Jahre währende Friedenszeit, in der das Römische Reich seine größte Ausdehnung erreichte und nach innen von Ruhe, Wohlstand und kultureller Blüte geprägt war. Zwischen 27 v. Chr. und 180 n. Chr. erlebte Rom sein goldenes Zeitalter. Und nicht wenige sahen die USA nach 1990 als neues Rom – eine überlegene Macht, die gleichermaßen auf Stärke, Effizienz und zivilisatorischen Fortschritt aufbaut.

Mit der römischen Glanzzeit ist vor allem ein Herrschername verbunden: Augustus, der Adoptivsohn Cäsars und erster römischer Kaiser. Sein Sieg über den Rivalen Marcus Antonius beendete die Epoche der Bürgerkriege. Der römische Senat musste die Einführung einer quasi-monarchischen Staatsform akzeptieren. Augustus stabilisierte das Reich, etwa durch eine Neuordnung der Provinzialverwaltung, und schuf damit die Voraussetzung für einen langen wirtschaftlichen Aufschwung. Noch heute zeugen die Überreste spektakulärer Großbauten wie des Kolosseums in Rom von der Leistungsfähigkeit der römischen Gesellschaft. Das Militär wurde vornehmlich an den Grenzen des Reichs stationiert; im Reichsinneren schleiften viele Städte ihre Mauern, und von den Britischen Inseln über Nordafrika bis in den Nahen Osten lebten Menschen unterschiedlicher Sprachen und Religionen in Anerkennung der römischen Oberhoheit weitgehend friedlich zusammen. Die Konflikte an den Außengrenzen, die phasenweise Verfolgung der christlichen Minderheit oder die gelegentlichen gewaltsamen Herrscherwechsel hatten kaum Einfluss auf das Leben der meisten Reichsbewohner. Mit dem Tod des „Philosophenkaisers" Marc Aurel begann der langsame Niedergang der römischen Vormachtstellung. Steht ein solcher jetzt auch den USA bevor? Viele deuten die Wahl des extrem isolationistisch und protektionistisch orientierten US-Präsidenten Trump auch als Ende der vermeintlichen amerikanischen Vorherrschaft. ◼

9 n. Chr.

58–50 v. Chr. Römer erobern Gallien und dringen bis an den Rhein vor. **12–8 v. Chr.** Feldzüge des Drusus, Römer stoßen bis zur Elbe vor. **9 n. Chr.** Arminius besiegt Römer in der sog. Varusschlacht. **1. Jh.** Römer ziehen sich links des Rheins und rechts der Donau zurück. **Ab 1. Jh.** Römer errichten Limes zwischen Rhein, Neckar und Donau.

Die Schlacht im Teutoburger Wald

Brauchen wir mehr Heimat in der Politik?

Vom Cheruskerführer Arminius zu Hermann, dem ersten Deutschen: Ein Sieg von Germanen über die Römer um die Zeitenwende beendete nicht nur den römischen Vormarsch über den Rhein, sondern entwickelte sich ab dem 16. Jahrhundert zu einem deutschen Identitätssymbol.

Seit dem Erstarken nationalistischer Kräfte wird in Europa und in den USA gesamtgesellschaftlich wieder stärker über Sinn und Unsinn von nationaler Identitätspolitik diskutiert. Auch in Deutschland, das sich seit den Exzessen der Nazizeit mit Patriotismus und Nationalstolz schwertut, werden insbesondere von Rechten wieder verstärkt nationale Mythen bemüht, um sich eigener Traditionslinien zu vergewissern. Die sogenannte Schlacht im Teutoburger Wald oder Varusschlacht, in der der römische Vormarsch auf Germanien gestoppt wurde, wird von Medien und Politikern bis heute gern als wichtiger Teil der deutschen Geschichte herausgestellt. Dabei kann sie als Musterbeispiel dafür gelten, wie sehr das Bedürfnis nach historischer Selbstvergewisserung immer wieder Gefahr läuft, von politischen Interessen der Gegenwart missbraucht zu werden. Warum hat diese Auseinandersetzung der Antike so identitätsstiftend für Deutschland gewirkt? Was ist damals wirklich passiert und was ist später daraus gemacht worden?

Schon die Bezeichnung „Schlacht im Teutoburger Wald" führt in die Irre. Sie fand so nie statt. Weder gab es eine einzige Schlacht, noch stimmt der Ort. Die Kämpfe zwischen römischen Legionären und germanischen Kriegern wurden vermutlich im Umkreis von Kalkriese nördlich von Osnabrück ausgetragen. Hier fügte um 9. n. Chr. Arminius, der Anführer des germanischen Stamms der Cherusker, dem Römischen Reich eine seiner großen Niederlagen zu. Nachdem er lange Zeit mit den Römern kooperiert hatte, widersetzte er sich damit dem Plan des Statthalters Varus, in Germanien das römische Rechtswesen einzuführen. Auf unwirtlichem Gelände überraschte Arminius die römischen Truppen und vernichtete in wenigen Tagen eine komplette Streitmacht. In der Folge ließen die Römer von ihren Eroberungsplänen ab und zogen sich fast vollständig auf das Gebiet links des Rheins und rechts der oberen Donau zurück. Befestigte Grenzanlagen, die man in den nächsten Jahrzehnten zusätzlich errichtete, hiel-

» Blaue Augen, rötliche Haare und große Körper haben sie. (...) An Kälte und Hunger sind die Bewohner Germaniens durch ihren Himmel und die kargen Böden gewöhnt. «

Der römische Geschichtsschreiber Tacitus in *Germania*

ten die Germanen für lange Zeit von Einfällen in das Römische Reich ab. Deutsche kannten die Römer damals nicht, nur Barbaren.

Von archäologischen Funden abgesehen stammt das Wissen um die oben geschilderten Ereignisse im Wesentlichen von römischen Geschichtsschreibern. Und auch der deutsche Germanenmythos geht auf römische Schriften zurück. In den Anfang des 16. Jahrhunderts erstmals gedruckten „Annalen" des Tacitus wird Arminius „als Befreier Germaniens" dargestellt. Anders als andere antike Autoren vor ihm zeichnete Tacitus ein durchaus positives Bild der Germanen. Seine Vorlage wurde bis ins 19. Jahrhundert vor allem von Gelehrten und Künstlern immer farbiger ausgeschmückt und für die wachsende Nationalbewegung politisch instrumentalisiert. Aus Arminius wurde der deutsche Hermann, ein genialer Stratege, und aus den vielen Germanenstämmen der Antike das Deutschland von früher.

So projizierte jede Epoche die Vergangenheit immer wieder aufs Neue auf die politischen Debatten der eigenen Gegenwart. An der Wende zum 19. Jahrhundert etwa, im Zuge der napoleonischen Kriege, richtete sich der Kult um Hermann gegen die feindlichen Franzosen, die mit den Römern gleichgesetzt wurden. Im 1871 gegründeten Kaiserreich wurde Hermann zum germanischen Ahnherrn des frisch geschaffenen deutschen Nationalstaats überhöht. Die Nationalsozialisten schließlich erklärten die Germanen zur wertvollsten Rasse unter den Völkern und sahen in Hermann den „ersten politischen Führer der deutschen Geschichte". 1875 war in der Nähe von Detmold im Teutoburger Wald das monumentale Hermannsdenkmal eingeweiht worden. Das fast 54 Meter hohe Kriegerstandbild war damals die höchste Statue der westlichen Welt und zeitgenössischer Ausdruck nationalen Machtstrebens. Mit dem totalen Zusammenbruch des Deutschen Reichs 1945 scheint die mythische nationalistische Verehrung der Germanen und ihres Kriegshelden jede politische Bedeutung verloren zu haben.

Heute ist es schwer vorstellbar, dass das Hermannsdenkmal noch einmal Projektionsfläche einer neuen Großerzählung werden könnte, die das Bedürfnis nach nationaler Gemeinschaft und Zugehörigkeit erfüllt. Es bleibt aber zweifellos der historische Erinnerungsort, wie es der deutsche Grünen-Vorsitzende Robert Habeck im Sommer 2018 ausdrückte, „an dem man besonders präzise studieren kann, wie sich Geschichte und Mythen zu großen Gefühlen aufladen lassen". ∎

Attila

Die Hunnen kommen!

Sie drangen im 4. Jahrhundert tief nach Europa vor und lösten eine fundamentale Neuordnung aus: Die „barbarischen" Hunnen und ihr Anführer Attila wurden zum Sinnbild für rohe Gewalt, das bis ins 20. Jahrhundert von Kriegsparteien propagandistisch eingesetzt wurde.

Für die Engländer im Ersten Weltkrieg waren es die Deutschen, für die Deutschen im Zweiten Weltkrieg die Soldaten der Roten Armee: Allen politischen Vereinnahmungen der Hunnen war gemeinsam, dass mit ihnen ein barbarischer Verlust an Menschlichkeit gemeint war. Das im kulturellen Gedächtnis Europas tief eingeschriebene Feindbild beruht auf den Berichten römischer Geschichtsschreiber über die historischen Hunnen, Reiternomaden aus der eurasischen Steppe, über deren Ursprung kaum etwas bekannt ist. Erhalten haben sich nur die stereotypen Charakterisierungen der spätantiken Autoren, die mit Verachtung auf die fremden Barbaren herabschauten: Als hässlich, tätowiert, trink- und spielsüchtig, geradezu tierisch beschrieb sie etwa Ammianus Marcellinus. Was ihre Zeitgenossen vor allem erzittern ließ, war ihre Gnadenlosigkeit im Kampf und ihre militärische Überlegenheit. Als die Hunnen ab 375 auf ihren schnellen Pferden und mit ihren ausgefeilten Bogenwaffen immer weiter nach Westen vordrangen, hatten die germanischen Stämme tatsächlich kei-

ne Chance. Erst eine Allianz aus Römern und Germanen konnte den Vormarsch der Hunnen 451 im heutigen Frankreich unter großen Verlusten aufhalten. Was die brutalen Feldzüge der Hunnen nicht nur für die Römer so erinnerungsmächtig machte, waren ihre weitreichenden Folgen: die ethnische Neuordnung Europas und der Untergang Roms. Die Germanen flüchteten vor den Angriffen der Hunnen vornehmlich in die westlichen Gebiete des Römischen Reichs, wo sie eigenständige germanische Königreiche etablierten. Im Jahr 476 wurde der letzte in Italien residierende Kaiser abgesetzt. In Europa herrschten jetzt Goten, Vandalen, Franken und Burgunder. Das Erbe des Römischen Reichs wurde nunmehr von Kaisern in Konstantinopel, dem heutigen Istanbul, verwaltet.

Zu diesem Zeitpunkt befand sich die Herrschaft der Hunnen bereits in Auflösung. Sie stand und fiel mit ihrem Anführer Attila, der im christlichen Mittelalter als „Geißel Gottes" und „König Etzel" literarisch weiterlebte. Um Erbfragen hatte sich Attila nie gekümmert – ein fataler Fehler, wie sich nach seinem plötzlichen Tod 453 zeigte, denn so wichtig wie im beginnenden Mittelalter das Herrschen über persönliche Abhängigkeiten wurde, so sehr wurde Familienpolitik zum entscheidenden Instrument langfristiger Machtsicherung. In dieser Hinsicht waren die Hunnen wohl wirklich „barbarischer" als die Germanen. ∎

Als Erben der griechisch-römischen Zivilisation bildeten sich im ersten Jahrtausend n. Chr. zwei zentrale Kulturkreise aus, die wesentlich von neuen großen monotheistischen Glaubenslehren geprägt wurden: Im **Christentum** Seite 048 wie im **Islam** Seite 058 sollte in erster Linie der „rechte" Glaube die Sozialordnungen bestimmen und politische Macht legitimieren. Im europäischen Mittelalter hielt das Christentum die in viele kleine politische Einheiten zersplitterten Gesellschaften zusammen. Die Kirche mit dem Papst als Oberhaupt – so das Idealbild – war für das Seelenheil verantwortlich, die weltliche Führung oblag dem Adel mit dem **vom Papst gekrönten Kaiser** Seite 076 an der Spitze. Die tatsächlichen Machtverhältnisse gründeten jedoch eher auf Aushandlungsprozessen in komplexen Systemen persönlicher Gefolgschaft.

Der langsame Übergang in die Neuzeit

570–1453

Macht
und Glaube

Mittelalter

um 570–632

570 Muhammad wird in Mekka gebohren. **610** Erstes Berufungserlebnis Muhammads. **622** Sog. Hedschra: Flucht Mohammeds aus Mekka, Beginn der Islamischen Zeitrechnung. **630** Mohammed erobert Mekka. **632–661** Nach dem Tod Muhammads folgen ihm die vier sog. Rechtgeleiteten Kalifen nach.

Muhammad

Prophet der islamischen Welt

An der Wende zum 7. Jahrhundert brachte Muhammad die arabischen Stämme in der Gegend von Mekka dazu, den Islam anzunehmen, und wurde damit zum Schöpfer der heute zweitgrößten Weltreligion. Die Frage seiner rechtmäßigen Nachfolge entzweite die Gläubigen, was in der islamischen Welt bis in die Gegenwart politisch spürbar ist.

Er galt als gesellig und hatte wohl mindestens neun Ehefrauen: Muhammad, ein Händler und früherer Schafhirte aus der westarabischen Handelsstadt Mekka, war zeit seines Lebens durchaus den irdischen Freuden zugetan und wurde auch später nie vergöttert. Ihm wurden keine Wunderheilung oder andere übersinnliche Taten zugeschrieben. Auch in den Augen seiner religiösen Anhänger blieb er im Gegensatz etwa zu Jesus immer nur ein Mensch aus Fleisch und Blut. Allerdings ein Mensch, durch den Gott sprach. Etwa um 610 soll der Erzengel Gabriel Muhammad beauftragt haben, die Menschen zum Islam, d. h. zur Hingabe an den einen allmächtigen Gott, zu führen. Er sah sich in der Folge als Medium göttlicher Mitteilungen, die später im heiligen Buch *Koran* (arabisch „Lesung") zusammengefasst und als Offenbarung Gottes zur Glaubenswahrheit wurden. Es galt, den in seiner arabischen Heimat wu-

chernden Aberglauben zu überwinden und eine gottgefällige Ordnung aufzubauen, die auf der Anwendung der erhaltenen göttlichen Gebote aufbaut und so im Jenseits den Eintritt ins Paradies gewährt. Die Durchsetzung des Islam bedurfte konkreter politischer Organisation. So verstand sich Muhammad von Anfang an ebenso sehr als politischer wie als geistlicher Führer. Nachdem er 622 aus Mekka fliehen musste, machte er Medina zum Zentrum eines ersten frühislamischen Gemeinwesens – und zum Ausgangspunkt eines militärischen Siegeszugs auf der Arabischen Halbinsel. Nach der Eroberung Mekkas 630 erhob er die dortige Kaaba, eine vorislamische Kultstätte in Form eines würfelartigen Steins, zum Kultort für die neue Religion, zu der sich heute in ihren vielfältigen Varianten etwa 20 Prozent der Weltbevölkerung bekennen. Für die Gläubigen gehört eine Pilgerfahrt zu dem Heiligtum in Mekka genauso zu den frommen Pflichten wie das täglich fünfmalige Ritualgebet in Richtung Mekka, das Almosengeben oder das jährliche Fasten. Es gibt keine Kirche, im Prinzip auch keine geistliche Hierarchie. Jeder, der sich offen zum Glauben an den Propheten Muhammad bekennt, gehört zur islamischen Gemeinde.

Die Frage, wer diese Gemeinde nach Muhammads Tod im Jahr 632 rechtmäßig als Kalif

(arabisch „Nachfolger") religiös wie politisch leiten sollte, führte bald zu zahlreichen Kriegen und der bis heute folgenreichsten Glaubensspaltung des Islams in Sunniten und Schiiten. Erkannten die Sunniten ab 661 die Omaijaden-Kalifen als Erben von Muhammad an, sahen die Schiiten einzig in Muhammads Schwiegersohn Ali den legitimen Nachfolger. Außer im Iran, wo die Schiiten seit 1500 dominieren, sowie im benachbarten Irak und Aserbaidschan gehört die große Mehrheit der Muslime heute zu den Sunniten. Der gegenwärtige Kampf zwischen dem schiitischen Iran und dem sunnitischen Saudi-Arabien um die Hegemonie in der arabischen Welt hat auch eine ideologische Komponente, die in diesem grundsätzlichen innerreligiösen Konflikt wurzelt. ∎

646–654

646–654 Herrschaft des Tennos Kōtoku. **646** Taika-Reformen, die alles Land Japans zum Eigentum des Tennos machen und im Gegenzug dem Hochadel den exklusiven Zugang zu hohen Ämtern garantieren. **794–1185** Herrschaft von Adelsfamilien in der Heian-Zeit. **1185–1333** Kamakura-Schogunat.

Die Taika-Reformen

Der göttliche Tenno einigt Japan

Mit der Unterwerfung des Adels unter die kaiserliche Autorität im Jahr 646 wird allgemein der Beginn eines einheitlichen japanischen Staatswesens verbunden. Nach wie vor gilt der bis 1945 vergötterte Tenno vielen Japanern als spiritueller Bezugspunkt und Symbol für die Einheit ihres Landes.

„Ein Tenno ist so stark wie acht Divisionen", soll der Chef der US-Besatzungstruppen Douglas MacArthur gesagt haben, als er 1945 Präsident Harry S. Truman darlegte, warum bei der politischen Neuordnung Japans nach dem Krieg das Amt des Tennos unangetastet bleiben sollte. Die Absetzung des Kaisers könne einen Aufruhr hervorrufen. MacArthur muss überzeugt haben. In Artikel 1 der Verfassung von 1946 heißt es kurz und knapp: „Der Kaiser soll das Symbol des Staates und der Einheit des Volkes sein." Damit hielten sich auch die US-Amerikaner an ein Prinzip, das Japan durch alle Zeitläufe hinweg von Anfang an prägte: Unabhängig davon, wer die politische Macht konkret ausübte – das Amt des Tennos als Verkörperung Japans blieb sakrosankt. Nach den Überlieferungen des Schintoismus, der japanischen Urreligion, wurde das Land von Göttern geschaffen, von denen die Kaiser selbst abstammen sollen. Auch wenn der Tenno nach 1945 offiziell seinen göttlichen Status verloren hat, erfüllt er immer noch wichtige sakrale Funktionen, etwa als oberster Priester der Schinto-Kulte.

Obwohl der Tenno (japanisch „Himmlischer Herrscher") immer mehr als nur ein weltlicher Monarch im westlichen Sinne war, verfügte er in einzelnen Phasen der Geschichte auch über effektive Herrschaftsrechte, gerade am Anfang der japanischen Staatlichkeit. Mit den sog. Taika-Reformen (japanisch „große Wende") wurde ab 646 alles Land dem Tenno übertragen und alle Japaner ausnahmslos zu seinen Untertanen bestimmt. Ab dem 10. Jahrhundert zerfiel die zentralisierte Staatsgewalt, und vom 12. bis in das 19. Jahrhundert – immer wieder unterbrochen von Bürgerkriegen und Restaurationsversuchen der kaiserlichen Autorität – lag die faktische Macht zumeist in den Händen sog. Shogune, erfolgreicher Generäle und ihren Dynastien, die sich offiziell durch den Kaiser einsetzen ließen. Das letzte Shogunat endete 1867, und mit Billigung des Meiji-Tennos modernisierte sich Japan nach westlichen Vorbildern. Der verstärkte politische Einfluss der Kaiser endete mit der Niederlage im Zweiten Weltkrieg. Der Showa-Tenno (Hirohito) akzeptierte fortan die ihm von den Amerikanern zugewiesene rein symbolische und zeremonielle Rolle, die seine Nachfolger bis heute ausüben. ◼

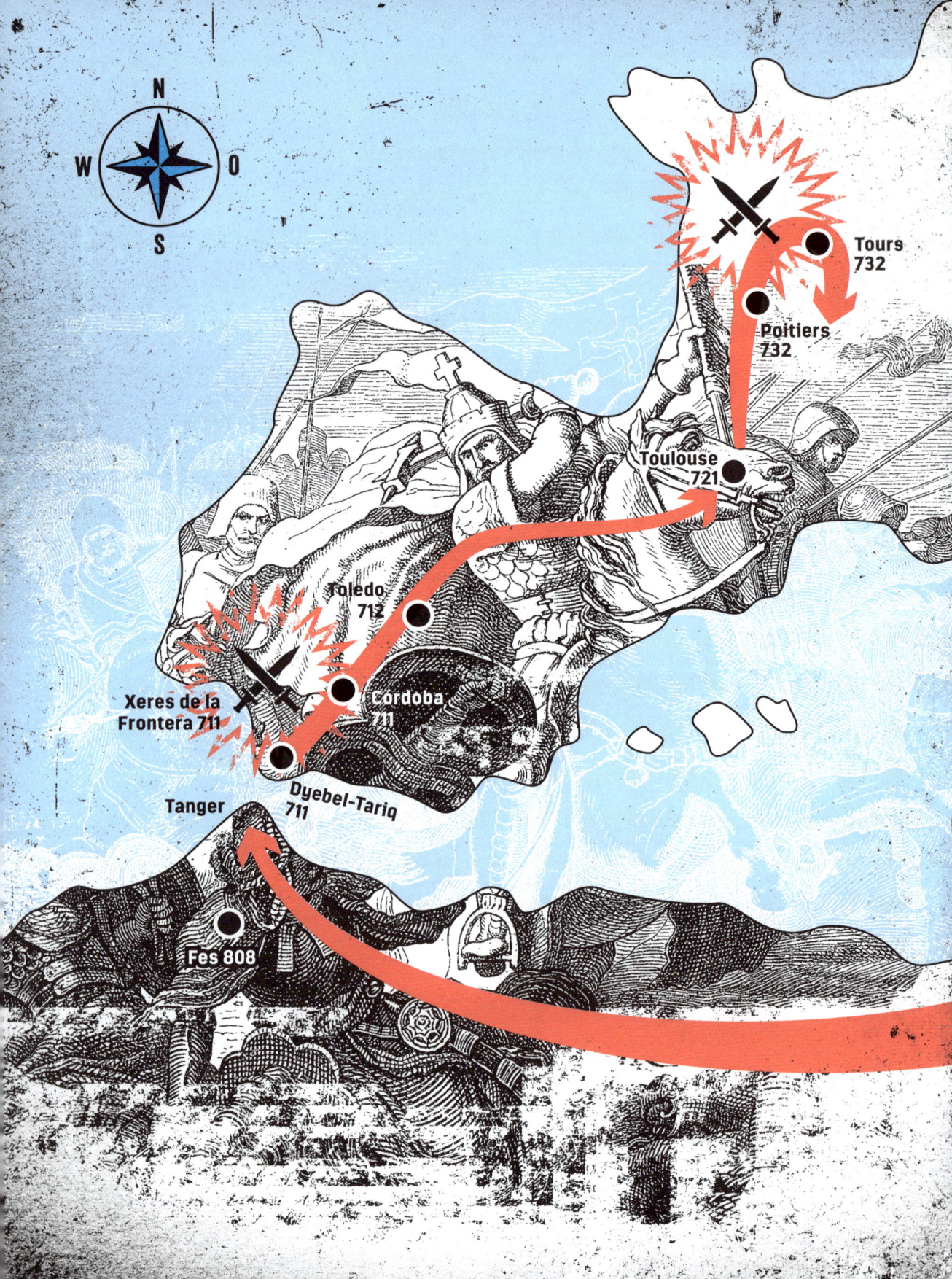

732

661–750 Kalifat der Omaijaden. **Ab 711** Umaijaden erobern die Iberische Halbinsel. **717–741** Karl Martell beherrscht als königlicher Hausmeier das Frankenreich. **732** Schlacht von Tours und Poitiers. **751** Karolinger übernehmen den Königsthron. **768–814** Karl der Große König der Franken, ab 800 Kaiser.

Die Schlacht von Tours und Poitiers

Die erste Rettung des Abendlandes?

Der Sieg der Franken über ein muslimisches Heer im Jahr 732 wurde lange als Symbol für den erfolgreichen Widerstand des Christentums gegen den Islam in Europa überhöht. Tatsächlich schuf er die machtpolitischen Voraussetzungen für die spätere umfassende Christianisierung des Kontinents.

Seit Mitte der 2010er Jahre erzielen rechtsnationale Parteien in Europa mit dem Bild einer ungebremsten Migration aus muslimisch geprägten Ländern spektakuläre Wahlerfolge. Das Narrativ von der drohenden Islamisierung ist in der historischen Tradition Europas tief verwurzelt und lässt sich bis auf Ereignisse im 8. Jahrhundert zurückverfolgen: Innerhalb von wenigen Jahrzehnten war es der muslimischen Umaijaden-Dynastie gelungen, von Syrien aus ganz Nordafrika zu unterwerfen. Nachdem die Muslime ab 711 auch fast die gesamte Iberische Halbinsel erobert hatten, drangen sie weiter nach Norden in das Frankenreich vor. Als der muslimische Gouverneur von Córdoba, Abd al-Rahman al-Ghafiqi, mit einem Heer über die Pyrenäen zog und Aquitanien plünderte, stellte sich ihm im Oktober 732 zwischen Tours und Poitiers der christliche Regent des Frankenreichs, Karl Martell, entgegen. Abd al-Rahman fiel im Kampf, die Reste seiner Truppen mussten sich nach Spanien zurückziehen.

Lange Zeit interpretierten Geschichtsschreiber den Schlachtausgang als epochalen Wendepunkt, ohne den „vielleicht jetzt in den Schulen von Oxford die Auslegung des Korans gelehrt" würde, wie der britische Historiker Edward Gibbon im 18. Jahrhundert mutmaßte. Eine Interpretation, die in der Weite heute kaum mehr geteilt wird. Für die Umaijaden war der Vorstoß in den Norden vermutlich keine auf Dauer angelegte Invasion, sondern eher ein Raubzug, dem noch weitere folgen sollten, und die Niederlage war daher wohl zu verkraften. Doch für das Frankenreich bedeutete der Sieg tatsächlich einen gewissen Einschnitt: Er stabilisierte die Herrschaft von Karl Martell und leitete den Aufstieg seiner Dynastie der Karolinger ein. Karl Martells Enkel, der Frankenkönig Karl der Große, sollte nicht nur neuer römischer Kaiser im Westen werden, sondern auch weite Teile Europas dem Christentum unterwerfen. Das war dann wirklich die Geburtsstunde des christlichen Abendlandes. ■

>> **Ein Siegeszug führte übe**
zu den Ufern der Loire; ei
die Sarazenen bis an die
Highlands von Schottland
passierbar wie der Nil oder
Flotte hätte (...) bis in die
können. Vielleicht würde je
die Auslegung des Koran
würden (...) die Heiligkeit un
Mohammeds verbreiten.
wurde die Christenheit du
Kriegsglück eines einzigen

Edward Gibbon, britischer Historiker des 18. Jahrhunderts und Autor des
wirkmächtigen Werks *Verfall und Untergang des Römischen Imperiums*, gilt
als Impulsgeber für die Bewertung von Karl Martell als „Retter des Abendlandes".

OOO Meilen von Gibraltar

hnlich langer Marsch hätte

enzen von Polen oder den

führt. Der Rhein ist genauso

 Euphrat, und die arabische

ndung der Themse segeln

 in den Schulen von Oxford

gelehrt, und ihre Prediger

Wahrheit der Offenbarung

or solchen Katastrophen

h das Genie und das

annes bewahrt.

Die Wikinger

Globalisierer mit der Axt

Mit dem Überfall auf das englische Kloster Lindisfarne im Jahr 793 begannen die Raubzüge der Wikinger an den europäischen Küsten. Doch die waghalsigen Seefahrer waren nicht nur Krieger, sondern auch Händler, Gründer und nicht zuletzt Entdecker.

Erik der Rote war ein übler Charakter, der wegen seiner Mordlust von den eigenen Leuten zunächst aus Norwegen, dann auch aus Island verbannt wurde. Planlos segelte er über das Nordmeer und erreichte 982 eine große Insel, die er Grönland, „grünes Land" nannte, mit Getreuen besiedelte und wirtschaftlich mit der skandinavischen Heimat verband. Seinen Sohn Leiff Eriksson trieb es noch weiter in die Ferne, und so landete er um das Jahr 1000 in Nordamerika, ohne dort allerdings dauerhaft Fuß zu fassen. Vater und Sohn waren beides: brutal und rücksichtslos, aber auch mutig und abenteuerlustig und damit typische Vertreter der Wikinger (altnordisch „Seekrieger"), die nicht nur bis ins 11. Jahrhundert die Küstenregionen Europas in Angst und Schrecken versetzten, sondern auch die politische Landkarte des Kontinents nachhaltig veränderten.

Die wirksamsten Waffen der Wikinger waren nicht ihre Äxte, sondern ihre hoch entwickelten Schnellboote, mit denen sie urplötzlich an den Küsten auftauchen, auf Flüssen bis weit ins Landesinnere vordringen und blitzschnell den Rückzug antreten konnten. Auf der Suche nach Sklaven, Beute und Proviant hinterließen sie ausgeplünderte und oft völlig zerstörte Dörfer und Städte. Vor den Wikingern war keiner sicher: Sie kamen fast überall hin und ließen sich immer öfter auch dauerhaft nieder. Im Süden gelangten sie über Spanien und Süditalien bis nach Byzanz; im Ostseeraum – hier als Waräger bezeichnet – über das Baltikum und das Flusssystem der Wolga bis ans Schwarze Meer. Fast überall in Europa etablierten sich Wikinger-Siedlungen, zwischen denen auch intensiver Handel getrieben wurde. Einige Niederlassungen wurden zu Keimzellen dauerhafter Staatswesen. Aus Kiew etwa und dem Reich der Kiewer Rus entwickelte sich später unter anderem Russland. In Nordfrankreich gründeten die „Nordmänner" das Herzogtum Normandie, in Süditalien das normannische Königreich Sizilien. Im Zuge der verstärkten Sesshaftigkeit passten sich die Wikinger immer mehr den Lebensgewohnheiten der Einheimischen an, dazu kam die ab 900 einsetzende Christianisierung Skandinaviens. Aus Wikingern wurden Dänen, Schweden, Norweger, Isländer, Briten, Franzosen und Russen. Die Zeit der Raubzüge war vorbei. ■

Karl der Große

Der Vater Europas

Er glaubte an Gott und an den Krieg: Karl der Große einte weite Teile Europas im Namen des Christentums und wurde im Jahr 800 erster Kaiser eines neuen Römischen Reichs, in dem die Deutschen und Franzosen später den Ausgangspunkt ihrer nationalen Geschichte erkannten.

Konrad Adenauer, Winston Churchill, Henry Kissinger, Angela Merkel und mit dem Euro sogar eine Währung haben ihn erhalten: den Internationalen Karlspreis, der seit 1950 an Persönlichkeiten verliehen wird, die sich um die europäische Einigung und friedliche Völkerverständigung verdient gemacht haben. Der Preisträger erhält eine goldene Medaille, die den Namensgeber auf seinem Thron zeigt: Karl der Große. Im frühen Mittelalter schuf der König der Franken und römische Kaiser die machtpolitischen Voraussetzungen für einen einheitlichen europäischen Kulturraum, der bis in die Gegenwart gerne als „christliches Abendland" bezeichnet wird.

Den nach ihm benannten Preis hätte sich Karl nach heutigen Maßstäben allerdings kaum verdient. Während seiner gesamten Regierungszeit war er nämlich vor allem eins nicht: friedlich. Der Frankenkönig rechtfertigte seine mehr als 50 Feldzüge vor allem mit der Ausbreitung des Christentums und seine Siege machten ihn nur noch ehrgeiziger. Denn in jedem Erfolg auf dem Schlachtfeld lag ein Beweis für die Gnade Gottes; davon waren nicht nur Karl, sondern auch seine christlichen Zeitgenossen zutiefst überzeugt. Er galt ihnen deswegen auch als Auserwählter, der noch zu Lebzeiten die Beinamen „der Große", „Vater Europas", ja sogar „Caput mundi" – Haupt der Welt – erhielt.

Karl imponierte schon äußerlich durch seine Erscheinung. Er war sehr groß, kräftig und als passionierter Schwimmer ungewöhnlich fit, was ihn große Anstrengungen wohl problemlos ertragen ließ. Genauso hart wie gegenüber sich selbst war er auch im Krieg. Nach Amtsantritt im Jahr 768 begann Karl die Grenzen des Frankenreichs in alle Richtungen auszuweiten. Zunächst unterwarf er in Italien die Langobarden und trotzte dem arabischen Spanien mehrere Grenzregionen im heutigen Katalonien ab. Als besonders lang und grausam erwiesen sich die Kriege gegen die Sachsen im heutigen Westfalen und Niedersachsen, die 804 mit der Eingliederung der sächsischen Stammesgebiete in das Fränkische Reich endeten. Als Karl seine Herrschaft auch auf das heutige Bayern ausdehnen und die Reichsgrenzen im Norden und Osten gegen Dänen, Slawen und Awaren sichern konnte, waren weite Teile West-, Mittel- und Südeuropas im Namen des

Christentums geeint. Ohne dass es Karl wirklich angestrebt hätte, krönte Papst Leo III. ihn im Jahr 800 in der Weihnachtsmesse in Rom zum Kaiser eines neuen Römischen Reichs. Damit wurde die antike Tradition einer Universalmonarchie im Westen neu begründet. Gleichzeitig etablierten sich Papsttum und Kaisertum als die beiden Machtpole, in deren dynamischem Wechselspiel sich in den nächsten Jahrhunderten die wichtigsten politischen Herrschaftsstrukturen ausbilden sollten. Die oströmischen/byzantinischen Kaiser in Konstantinopel beharrten zunächst auf ihrem Alleinanspruch auf die Kaiserwürde, erkannten aber schließlich 812 den Titel Karls des Großen an. Rom wurde in der Folge zum Fixpunkt der lateinischen Christenheit.

Auch im Inneren des Reichs sollte ein „neues Rom" entstehen. Dafür leitete Karl der Große viele institutionelle und kulturelle Reformen ein. Im Bemühen um eine Hierarchisierung der Verwal-

> **Karl der Große (war) weder ein Franzose noch ein Deutscher, er war immer ein Franke. Seine Sprache dürfte ein althochdeutsches Moselfränkisch gewesen sein, das sagt aber nichts darüber, welcher Nationalität er angehörte. Es gibt noch keine Nationen. (...) Er ist ein stolzer Franke, der sich mit seinem Geschlecht auf die Trojaner zurückführt. Das ist fränkisches, karolingisches Selbstbewusstsein.**

Der Mittelalter-Historiker Johannes Fried in einem Radiobeitrag

tung setzte er etwa Königsboten ein, die regelmäßig die Durchführung der kaiserlichen Verordnungen kontrollieren sollten. Auch reformierte er das Geldwesen und machte den Silberpfennig zur einzig realen Währungseinheit. Bei allen seinen Zentralisierungsbemühungen arbeitete er eng mit der Kirche zusammen, deren Bauten er großzügig finanziell unterstützte. Vor allem aber sorgte er sich um eine bessere Ausbildung des Klerus, wozu die Gründung mehrerer Bibliotheken und Schulen insbesondere an den königlichen Residenzen diente.

Als Lieblingssitz Karls nahm die Kaiserpfalz in Aachen eine Sonderstellung ein. In der dortigen Hofschule, die Vorbild für die mittelalterlichen Klosterschulen wurde, versammelte er Gelehrte aus allen Ländern und förderte die Kenntnis antiker Sprachen und Literatur. Diese Versuche, antike Traditionen wiederzubeleben, werden häufig auch als „karolingische Renaissance" bezeichnet. Karl selbst konnte wohl nicht schreiben, soll aber neben dem Altfränkischen auch Latein und Griechisch gesprochen haben. Als er 814 starb, wurde Karl der Große in der Aachener Pfalzkapelle beigesetzt, die heute Teil des Aachener Doms ist. Hier ließen sich zwischen 936 und 1531 fast alle römisch-deutschen Könige krönen, um sich in die Tradition des großen Kaisers zu stellen. Im historischen Krönungssaal des Aachener Rathauses, in dem früher nach den Krönungen ein Festmahl abgehalten wurde, findet nun jedes Jahr die feierliche Verleihung des Karlspreises statt. ■

750–1258 Kalifat der Abbasiden (bis 1517 in Kairo). **786–809** Herrschaft des Kalifen Harun al-Raschid. **756/929–1031** Emirat, dann Kalifat der Omaijaden von Córdoba. **1037** Tod des Ibn Sina (Avicenna). **1198** Tod des Ibn Ruschd (Averroes). **1258** Mongolen zerstören Bagdad.

Das Goldene Zeitalter des Islam

Und warum wir die alten Griechen noch kennen

Zwischen dem 8. und 13. Jahrhundert standen in der islamischen Welt Kunst, Kultur und Geistesleben in voller Blüte. Die Werke muslimischer Gelehrter waren für Jahrhunderte grundlegend für die Entwicklung der Wissenschaft nicht zuletzt auch im christlichen Abendland.

Bagdad: Die pulsierende Millionenmetropole und Hauptstadt des modernen Irak war im frühen Mittelalter unter den Kalifen aus der Dynastie der Abbasiden das kulturelle und politische Zentrum der islamischen Welt. Im Jahr 797 reiste eine dreiköpfige Gesandtschaft Karls des Großen in den Nahen Osten, um diplomatische Beziehungen aufzunehmen, was den Arabern einen Elefanten als Geschenk, darüber hinaus aber wohl keine einzige Nachricht wert war. Zu unbedeutend erschien ihnen der Frankenkönig. Anfang des 10. Jahrhunderts staunte ein byzantinischer Reisender über den Reichtum der Stadt: „Auf dem Tigris schwammen Schiffe und Boote aller Art, aufs Schönste geschmückt und aufs Beste ausgerüstet.

[Dazu] die Person des Kalifen, gekleidet in strahlende Seide, mit Schwertern und juwelenverzierten Gurten." Bagdad war die fortschrittliche Hauptstadt eines Reichs, das sich unter den Nachfolgern des legendären Kalifen Harun al-Raschid (gestorben 809, heute vielen noch bekannt aus *Tausendundeiner Nacht*) zeitweise von Nordafrika bis an die Grenzen Indiens erstreckte. In der Stadt gab es Apotheken, Observatorien und Akademien wie das sogenannte Haus der Weisheit, in dem Experten neueste arabische Schriften und ebenso die antiken griechischen und persischen Autoren studierten. Gelehrte aus allen Teilen der Welt kamen in diesem mittelalterlichen arabischen „Think tank" zusammen, der vom Kalifen großzügig unterstützt wurde. In praktisch allen Disziplinen setzten arabische Gelehrte ab dem 10. Jahrhundert neue Maßstäbe. So schuf beispielsweise der Mathematiker Al-Chwarismi (787–850) die Grundlagen der Algebra. Erkenntnisse aus Mathematik, Astronomie und auch Kartografie schufen die Voraussetzungen für die Abkehr vom bis da-

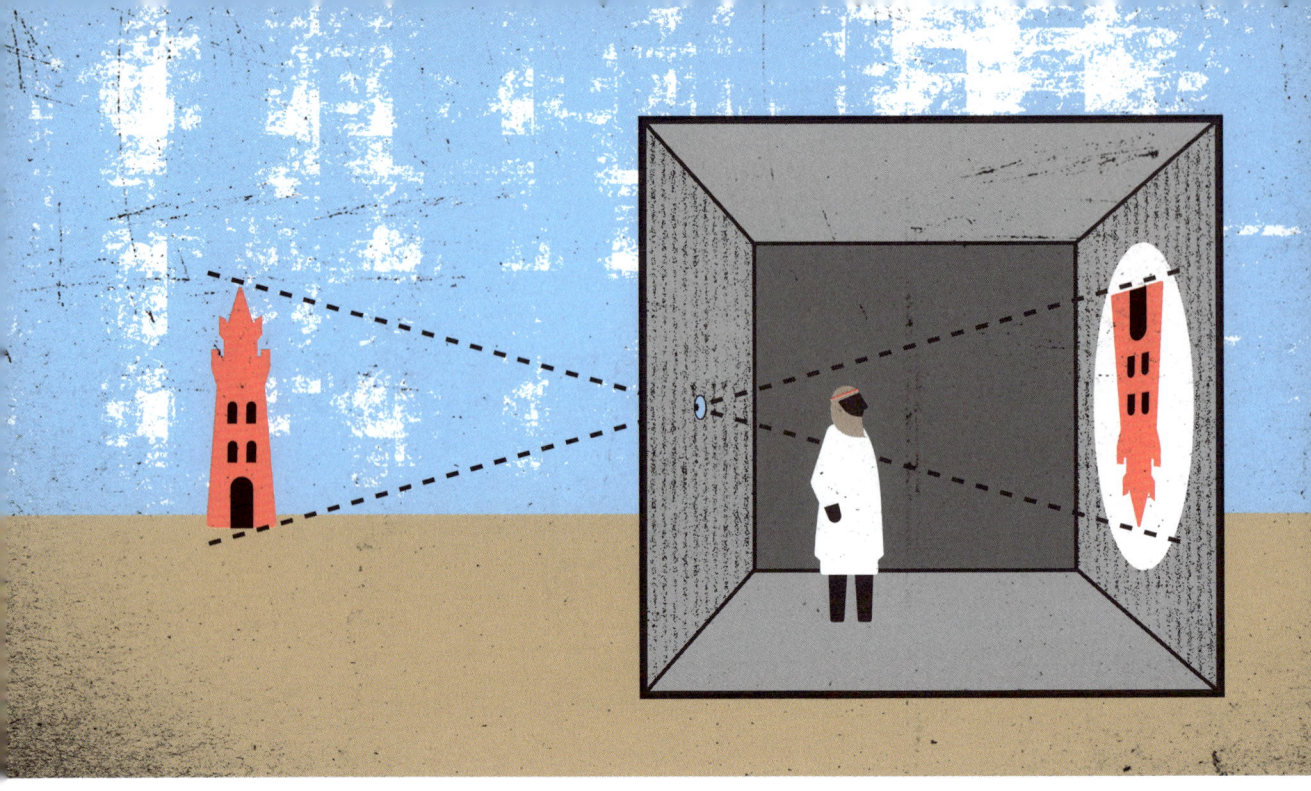

hin allgemeingültigen geozentrischen Weltbild. Lange vor Rene Descartes und Francis Bacon wandten arabische Gelehrte empirische naturwissenschaftliche Methoden an, und so war vor allem die arabische Medizin und Krankenversorgung die fortschrittlichste ihrer Zeit. Während in Europa insbesondere anatomische Forschungen von den meisten Autoritäten aus religiösen Gründen abgelehnt wurden, gab es in Bagdad medizinische Studien, spezialisierte Ärzte und Krankenhäuser. Fortschritte in der Bakteriologie, Pharmakologie und auch Anästhesie ermöglichten erste kleinere Operationen; schließlich entwickelte sich die Chirurgie zu einem eigenen Tätigkeitsfeld. Vorreiter waren islamische Ärzte auch in der Augenheilkunde. Ibn al-Haytham beeinflusste maßgeblich die Entwicklung der Optik und gilt heute als Erfinder der Camera obscura, des Vorläufers der Fotografie. Sein *Buch der Optik* legte die Basis für die spätere Erfindung von Brillen. Der *Kanon der Medizin* von Ibn Sina (latinisiert Avicenna, gestorben 1037) war bis weit ins 17. Jahrhundert ein Standardwerk – und zwar auch

an europäischen Universitäten. Was Bagdad im Osten war, war Córdoba im Westen. Bis ins 12. Jahrhundert erlebte die Hauptstadt der Omaijaden im Süden Spaniens ein goldenes Zeitalter. Der bedeutendste Gelehrte hier war Ibn Ruschd (latinisiert Averroes, gestorben 1198), der die Suche nach der Wahrheit im Zweifelsfall auch über den Glauben stellte – eine Ungeheuerlichkeit in den Augen der religiös Orthodoxen nicht nur in der islamischen Welt. Seine wegweisenden Schriften etwa zur Philosophie von Aristoteles wurden später ins Lateinische übersetzt und gelangten so in das christliche Europa. Ohne Ibn Ruschd und andere Wissenschaftler seiner Zeit wäre die Wiederentdeckung der Antike im Zuge der Renaissance (→ Seite 115) ab dem 15. Jahrhundert und in deren Folge die europäische Aufklärung in der Weise vielleicht nicht möglich gewesen. Der Maler Raffael verneigte sich auf seine Art vor dem großen muslimischen Philosophen und platzierte ihn in seinem berühmten, 1511 vollendeten Fresko *Die Schule von Athen* hinter dem griechischen Mathematiker Pythagoras. ∎

Um 2000 v. Chr.–um 900 n. Chr.

Um 2000 v. Chr.–250 n. Chr. Vorklassische Periode der Maya. **Um 250–900** Klassische Periode der Maya. **Um 900** Zusammenbruch der klassischen Maya-Kultur. **Ab 950** Postklassische Periode der Maya. **Ab 16. Jh.** Spanische Eroberung Mittelamerikas.

Die Maya

Vom Verlust einer Hochkultur

Um das Jahr 900 brach in Mittelamerika eine der am höchsten entwickelten Zivilisationen ihrer Zeit zusammen. Wie kam es zu diesem in der Weltgeschichte fast einzigartigen Verfall?

Majestätisch ragen die riesigen Tempelpyramiden noch heute über die dichten Baumkronen in den zentralen Ausgrabungsstätten Tikal und Palenque. Sie sind stumme Zeugen der Maya-Hochkultur, die sich ab 400 v. Chr. im guatemaltekischen Hochland entwickelte und nach 600 mitten in den Regenwaldgebieten zwischen Ostmexiko und Belize ihre Blüte erreichte. Ähnlich wie das klassische Griechenland bestand das Land der Maya aus zahlreichen glanzvollen Stadtstaaten, in denen zu Hochzeiten jeweils Zehntausende Menschen lebten, manche Forscher sprechen sogar von bis zu 15 Millionen Menschen in der Region – auf jeden Fall viel mehr als in jeder Region Europas zu dieser Zeit. Regiert wurden die Städte von gottgleichen Priestern, die das Wohlergehen der Gesellschaft zu sichern hatten. Die kleine Elite lebte von den Erträgen der intensiv betriebenen Landwirtschaft: vor allem Mais, aber auch Kürbis, Kartoffeln, Kakaobohnen. Die Kultur der Maya war hoch entwickelt, man verfügte über eine ausdifferenzierte Schriftsprache, ein ausgefeiltes Zahlensystem und enormes astronomisches Wissen, das u. a. in einen komplexen rituellen Kalender einfloss. Wie diese Maya-Hochkultur zwischen 700 und 900 kollabieren konnte, dass sie buchstäblich vom Dschungel verschluckt wurde, bleibt umstritten. Wurden die Mayas Opfer einer langen Dürreperiode, die die Landwirtschaft zusammenbrechen ließ? Oder war es doch der Machtverfall der großen Machtzentren Tikal und Calakmul, der eine selbstzerstörerische Eigendynamik auslöste? Auf jeden Fall etablierten sich in der Folge nur noch kleine Maya-Kulturen insbesondere auf der nördlichen Halbinsel Yucatan, die von den spanischen Eroberern ab 1517 komplett zerstört wurden – nicht nur physisch, sondern auch bewusst kulturell. Durch oft gewaltsame Missionierungen sollte die Maya-Vergangenheit aus dem kollektiven Gedächtnis der Bevölkerung getilgt werden. Während in Europa die Kontinuität der eigenen Traditionslinien gepflegt wurde, um die eigene Identität zu schärfen und sich kulturell zu verorten, kam es in Amerika unter den europäischen Okkupatoren zu gewaltsamen Abbrüchen in der Kulturgeschichte. Erst in jüngster Zeit ist eine selbstbewusste Maya-Bewegung unter der indigenen Bevölkerung stärker geworden, die sich in Abgrenzung zu der Mehrheitsbevölkerung verstärkt für die eigenen historischen Wurzeln interessiert. ◼

5. Jh. Sachsen, Angeln und Jüten siedeln sich in Britannien an. **Ab 793** Wikinger greifen angelsächsische Gebiete an. **886** König Alfred der Große von Wessex eint die angelsächsischen Königreiche. **1016–1035** Herrschaft König Knuds des Großen. **1066** Wilhelm Herzog der Normandie siegt in der Schlacht von Hastings.

Die Schlacht von Hastings

England wird europäisch

Der Sieg des Normannenherzogs Wilhelm im Jahr 1066 bei Hastings leitete das Ende der angelsächsischen Herrschaft in England ein. Das Schicksal der Britischen Inseln war nun eng mit den Geschehnissen auf dem europäischen Kontinent verknüpft.

Krieg es ein subtiler Hinweis auf die schwierigen Brexit-Verhandlungen oder einfach nur ein Symbol für die enge historische Verbundenheit der zwei Länder? Das Medienecho war auf jeden Fall groß, als der französische Präsident Emmanuel Macron im Januar 2018 beim Besuch der britischen Premierministerin Theresa May ankündigte, den Briten den Teppich von Bayeux für eine Ausstellung auszuleihen: Der fast 70 Meter lange Wandteppich aus dem 11. Jahrhundert schildert in feinen Stickereien detailliert die Schlacht von Hastings zwischen den einheimischen Angelsachsen und den Normannen aus dem Norden Frankreichs.

Bis 1066 gehörte das angelsächsische Königreich England zur Einflusssphäre der skandinavischen Wikinger. Der dänische König Knud der Große regierte seit 1016 über England als Teil ei-

nes großen Nordsee-Reichs. Erbansprüche auf den englischen Thron riefen 50 Jahre später den normannischen Herzog Wilhelm auf den Plan. Als trotzdem der Angelsachse Harold zum König gekrönt wurde, setzte Wilhelm mit einer Streitmacht über den Ärmelkanal und besiegte im Oktober 1066 die königlichen Truppen in der Nähe der südenglischen Stadt Hastings, wobei Harold und seine Brüder fielen. Was die Schlacht so folgenreich machte, war die Konsequenz, mit der der neue englische König Wilhelm, genannt der Eroberer, das Land in seinem Sinn umwandelte. Bis 1075 entmachtete er den angelsächsischen Adel und unterwarf das Land seiner Feudalgewalt. Auch kulturell wurde England normannisiert: Zahllose neue Burgen und Kirchen wurden gebaut, und auch das Französische drang in die eng-

lische Sprache ein. Das Inselreich war in der Folge auch politisch eng in das komplexe Herrschaftsgefüge des Kontinents integriert. Künftig waren die englischen Könige als Herzöge der Normandie auch Lehensmänner der französischen Krone, was die Grundlage für jahrzehntelange Auseinandersetzungen zwischen England und Frankreich im Hundertjährigen Krieg (→ Seite 103) legte. Die vermeintlich europäische Invasion des Jahres 1066 gilt bis heute britischen Traditionalisten als Trauma der nationalen Geschichte: „Es ist das erste Mal seit 1066, dass sich unsere Politiker willentlich fremder Herrschaft fügen", erzürnte sich im September 2018 zum Beispiel der spätere Premierminister Boris Johnson im September 2018 über einen frisch vereinbarten Brexit-Deal mit der EU. ▪

Der Gang nach Canossa

Auf dem Weg zur Gewaltenteilung

Der erbitterte Machtkampf zwischen Kaiser und Papst um das Recht der Einsetzung von Bischöfen endete 1122 mit einem historischen Kompromiss, der den Westen langfristig prägen sollte: der rechtlichen Trennung von geistlicher und weltlicher Macht.

Im Winter 1077 kommt es in Oberitalien zu einem Gipfeltreffen, wie es die christliche Welt noch nicht gesehen hat. Papst Gregor VII. ist auf dem Weg nach Augsburg, um dort auf Einladung der Fürsten seine Gründe darzulegen, warum er den römisch-deutschen König Heinrich IV. exkommuniziert hat. Als Gregor jedoch hört, dass der König selbst über die Alpen nach Italien unterwegs ist, zieht er sich auf die Burg Canossa der toskanischen Markgräfin Mathilde zurück. Vor der Burg spielt sich am 27. Januar eine unglaubliche Szene ab: Barfuß und im Büßergewand fällt der König auf die Knie und fleht um Vergebung. Nach drei Tagen erbarmt sich Gregor und löst Heinrich vom Kirchenbann. Der König erlangt offiziell sein Amt wieder und erkennt scheinbar die Autorität des Papstes an. Doch die Machtfrage ist noch lange nicht entschieden.

Der später sprichwörtlich gewordene „Gang nach Canossa" ist Symbol und erster dramatischer Höhepunkt im Streit zwischen König und Papst, zwischen Adel und Klerus, der sich ab dem 11. Jahrhundert zunächst über Verfahrensfragen immer mehr zu einem grundsätzlichen Machtkonflikt im römisch-deutschen Reich entwickelt hatte: Wer steht höher in der christlichen Herrschaftsordnung des Abendlandes – die weltliche oder die geistliche Gewalt?

Spätestens seit der Kaiserkrönung Ottos I. 962 war mit dem ostfränkisch-deutschen Herrscheramt eine sakrale Komponente verbunden, aus der der jeweilige Inhaber das Recht ableitete, auch über das geistliche Wohl seiner christlichen Untertanen zu wachen und aktiv in die Kirchenpolitik einzugreifen. Der gesalbte König entschied über die Einsetzung der Bischöfe in seinem Reich und verlieh ihnen im Gegenzug wie seinen weltlichen Vasallen Herrschaftsrechte über Land und Leute. Gegen diese Verweltlichung des Bischofsamtes formierte sich ab dem 11. Jahrhundert eine Reformbewegung innerhalb des Klerus, die die Freiheit der Kirche betonte und eine stärkere interne Führungsrolle des Papstes einforderte. Der Reformpapst Gregor VII. ging noch weiter: Er behauptete ein prinzipielles päpstliches Primat gegenüber dem König. Nur der von Gott allein eingesetzte Papst dürfe Bischöfe ernennen und bevollmächtigen. Bei Zuwiderhandlungen sei auch der König zu entthronen, was Gregor im konkreten Fall mit Heinrich IV. sogleich tat. Als sich eine Fürstenopposition im Reich aus Eigeninteresse mit dem Papst solidarisierte, gab Heinrich vordergründig und vor allem öffentlichkeitswirksam in Canossa klein bei. Nun konnte der Papst nicht anders, als den

vermeintlich reumütigen König zu rehabilitieren. Doch an den gegensätzlichen Positionen beider Seiten in Fragen der Bischofsinvestitur änderte sich wenig, auch unter den Nachfolgern von Gregor und Heinrich.

So kam es vor dem Hintergrund von ständig wechselnden Koalitionen zwischen König und Bischöfen bzw. Papst und Fürsten zu immer neuen, auch härteren Auseinandersetzungen. Dabei schreckte man selbst vor Entführungen von Päpsten nicht zurück. Erst der verstärkte Druck der Fürsten auf Heinrichs Sohn Kaiser Heinrich V. auf dem Reichstag in Würzburg 1121 ermöglichte ein Jahr später im Wormser Konkordat eine Einigung zwischen Monarchie und Kirche: In der Frage der Berufung von Bischöfen verständigte man sich auf die Trennung zwischen geistlichem Amt und weltlichem Besitz. Der König durfte einen Bischof weiterhin mit weltlichen Herrschaftsrechten ausstatten, allerdings durfte ihn nur die Kirche weihen und salben. Eine wegweisende politische Grundsatzentscheidung, die mehr als nur das Herrschaftsgefüge des römisch-deutschen Reichs prägte. An die Stelle der ideellen Einheit von Königtum und Papsttum trat die Aufteilung der Macht in zwei konkurrierende Gewalten, die eigenständige Rechtsordnungen ausbildeten: einerseits die Kirche mit dem Papst als Oberhaupt, andererseits die Monarchie mit dem König an der Spitze.

Diese erste Form einer Gewaltenteilung stand mit der biblischen Maxime „Gebt dem Kaiser, was des Kaisers ist, und Gott, was Gottes ist" noch ganz im Zeichen des Christentums. Aber der Dualismus trug den Keim für die Anerkennung eines prinzipiellen Pluralismus bereits in sich. Damit war die Alleinherrschaft im Namen einer absoluten Transzendenz strukturell fast unmöglich geworden. Nicht nur das römisch-deutsche Königtum verlor langfristig seinen sakralen Anspruch, sondern auch der Vorstellung einer römisch-christlichen Theokratie wurde der Boden entzogen. Das Christentum schlug damit politisch-institutionell einen anderen Weg ein als etwa der Islam. ▪

1095–1291

1095 Papst Urban II. ruft zum Kreuzzug ins Heilge Land auf. **1096–1099** Erster Kreuzzug und Eroberung Jerusalems. **1147–1149** Zweiter Kreuzzug. **1189–1192** Dritter Kreuzzug. **1202–1204** Vierter Kreuzzug und Eroberung Konstantinopels. **1244** Die Christen müssen Jerusalem endgültig räumen. **1291** Die Stadt Akkon fällt.

Die Kreuzzüge

Heilige Kriege der Christen

Auf der Synode von Clermont im Jahr 1095 rief Papst Urban II. zur gewaltsamen Befreiung der heiligen Stätten in Palästina auf. Die Kreuzzüge brachten der lateinischen Christenheit keinen dauerhaften Gewinn, sondern beschädigten nachhaltig das Verhältnis zwischen Islam und Christentum.

Darf eine Religion, die prinzipiell auf Pazifismus gründet, zum Töten aufrufen? Kann es für Christen einen gerechten Krieg geben? Eine grundlegende theologische Frage, die der römische Kirchenvater Augustinus schon zu Beginn des 5. Jahrhunderts angesichts heranstürmender Germanenstämme klar mit einem „Ja" beantwortet hatte – mit problematischer politischer Langzeitwirkung. Für Augustinus war ein Krieg dann gerecht, wenn er bestimmte Merkmale erfüllte: Er musste den gottgewollten Frieden wiederherstellen oder von Gott ausdrücklich gefordert sein. Daraus folgerte man noch Jahrhunderte später: Wenn der Papst als Stellvertreter Gottes zum Kampf aufruft, kann es sich nur um eine gerechte Sache handeln.

Dementsprechend groß war die Resonanz, als Papst Urban II. in seiner Abschlussrede auf einer Kirchenversammlung im Jahr 1095 eine aktive Unterstützung der Christen im Orient anmahnte. Dort sorgte das Vorrücken der frisch zum Islam übergetretenen Seldschuken für politische Umwälzungen und schien auch die Lage der Christen zu bedrohen. Daher sollten ihre Glaubensbrüder aus Europa zum Kampf gegen die Heiden ins Heilige Land ziehen, so die Forderung des Papstes: „Gott will es!" Wanderprediger verbreiteten die Botschaft, und in den nächsten 200 Jahren machten sich fast jedes Jahr irgendwo in Europa größere und kleinere Verbände auf den Weg in Richtung östliches Mittelmeer. Gläubige motivierte sicher das in Aussicht gestellte ewige Seelenheil, viele trieb aber wohl einfach die Hoffnung auf Abenteuer, reiche Beute und schiere Mordlust an. Erste Opfer blindwütiger Zerstörungen und Plünderungen waren oft die einheimischen Juden, die als verhasste religiöse Minderheit seit der Römerzeit sozial weitgehend isoliert in West- und Mitteleuropa lebten.

Besondere politische Bedeutung erlangten die sog. vier großen Kreuzzüge zwischen 1096 und 1204, die zu kurzfristigen Eroberungen im Nahen Osten führten, aber langfristig die Position der Christen schwächten. Die ersten Kreuzritter aus Westeuropa unter der Führung Gottfrieds von Boullion erreichten bereits 1097 Konstantinopel und eroberten zwei Jahre später Jerusalem, wobei sie ein Massaker unter den muslimischen, jüdischen und selbst christlichen Bewohnern anrichteten. Den Kreuzrittern ging es vor allem um die

» Und deshalb ermahne ich, nein, nie Herolde Christi mit aufrechter Bitte welchen, Ritter wie Fußkämpfer, reic diese wertlose Rasse in unseren Län Bewohnern rechtzeitig zu helfen. Ich verkündige es jenen, die abwesend jenen, die dorthin gehen, ob sie auf Meer fahren oder im Kampf geger Gefangenschaft finden, werden ihr Räuber gewesen sind, mögen nun z gegen Brüder und Verwandte käm Barbaren kämpfen. Jene, die käuflic sollen nun ewigen Lohn empfangen Körper und Seele erschöpft haben, s Zur einen Hand, fürwahr, werden die T die Fröhlichen und die Wohlhaben Seine Freunde.

Kreuzzugsaufruf Papst Urbans II. an das europäische Rittertum (1095)

ich, ermahnt Gott Euch als inständige

änner jeglichen Standes, ganz gleich

und arme, wiederholt aufzufordern,

rn auszurotten und den christlichen

chte mich an die Anwesenden, ich

nd; überdies befiehlt es Christus. All

m Landweg marschieren oder übers

e Heiden das Ende dieses Lebens in

ünden vergeben. (...) Jene, die lange

treitern Christi werden. Die, die einst

en, mögen nun rechtmäßig gegen

ewesen sind für einige Stücke Silbers,

ne, die sich selbst zum Nachteil von

en nun um doppelten Ruhm arbeiten.

rigen und die Armen sein, zur anderen

hier die Feinde des Herrn, dort

Ausweitung der eigenen Machtbasis. Statt wie vorher vereinbart die eroberten Gebiete dem christlichen Kaiser in Konstantinopel zu übergeben, errichteten die Kreuzfahrer eigene Königreiche und Adelsherrschaften nach westeuropäischen Mustern mit dem Zentrum Jerusalem. Muslimen und den einheimischen orientalischen Christen wurden kaum Rechte zugestanden, wenn sie nicht sogar versklavt wurden. Ganz anders agierte der legendäre Herrscher über Ägypten und Syrien, Sultan Saladin, als seinem Heer 1187 die Wiedereroberung von Jerusalem gelang. Er ließ die (lateinischen) Christen ziehen und vereinbarte fünf Jahre später mit dem englischen König Richard Löwenherz einen Waffenstillstand, der Christen den Besuch von Jerusalem ermöglichte. Die Kreuzfahrtunternehmen dienten nun vor allem der Sicherung bzw. Wiederherstellung der neu geschaffenen Kreuzfahrerstaaten, schließlich 1204 auch der kurzzeitigen Eroberung Konstantinopels. Allerdings wurde die Gegenwehr von allen Seiten immer größer und 1291 fiel mit Akkon der letzte christliche Stützpunkt in Palästina. Die Zeit der Kreuzzüge in den Nahen Osten war vorüber.

Was von den Kreuzzügen in der islamischen Welt dauerhaft blieb, waren vor allem Ressentiments. Das bis heute propagandistisch wirkungsvolle Bild vom christlichen Eroberer grub sich tief ins historische Gedächtnis ein, aber auch die Idee eines „Heiligen Kriegs" gewann unter Muslimen erstmals Fürsprecher, was eine fatale Denktradition begründete. In Europa nahmen die oberitalienischen Seestädte durch den Orienthandel einen starken Aufschwung, was ein eigenständiges Bürgertum entstehen ließ. Politisch verlor vor allem das Papsttum mittelfristig an Einfluss und nicht zuletzt auch an Ansehen. Heute bringen nur noch ganz wenige Christen die historischen Kreuzzüge mit Gerechtigkeit in Verbindung. Im Jahr 2000 hat sich Papst Johannes Paul II. allgemein für alle Irrtümer und Verbrechen im Namen des katholischen Glaubens entschuldigt. Viele dürften darunter auch die Kreuzzüge subsumieren. ∎

Regensburg

Wien

Marseille

Venedig

Zara

Zagreb

Konstantinopel

Antioch

Damaskus

Acre

Jerusalem

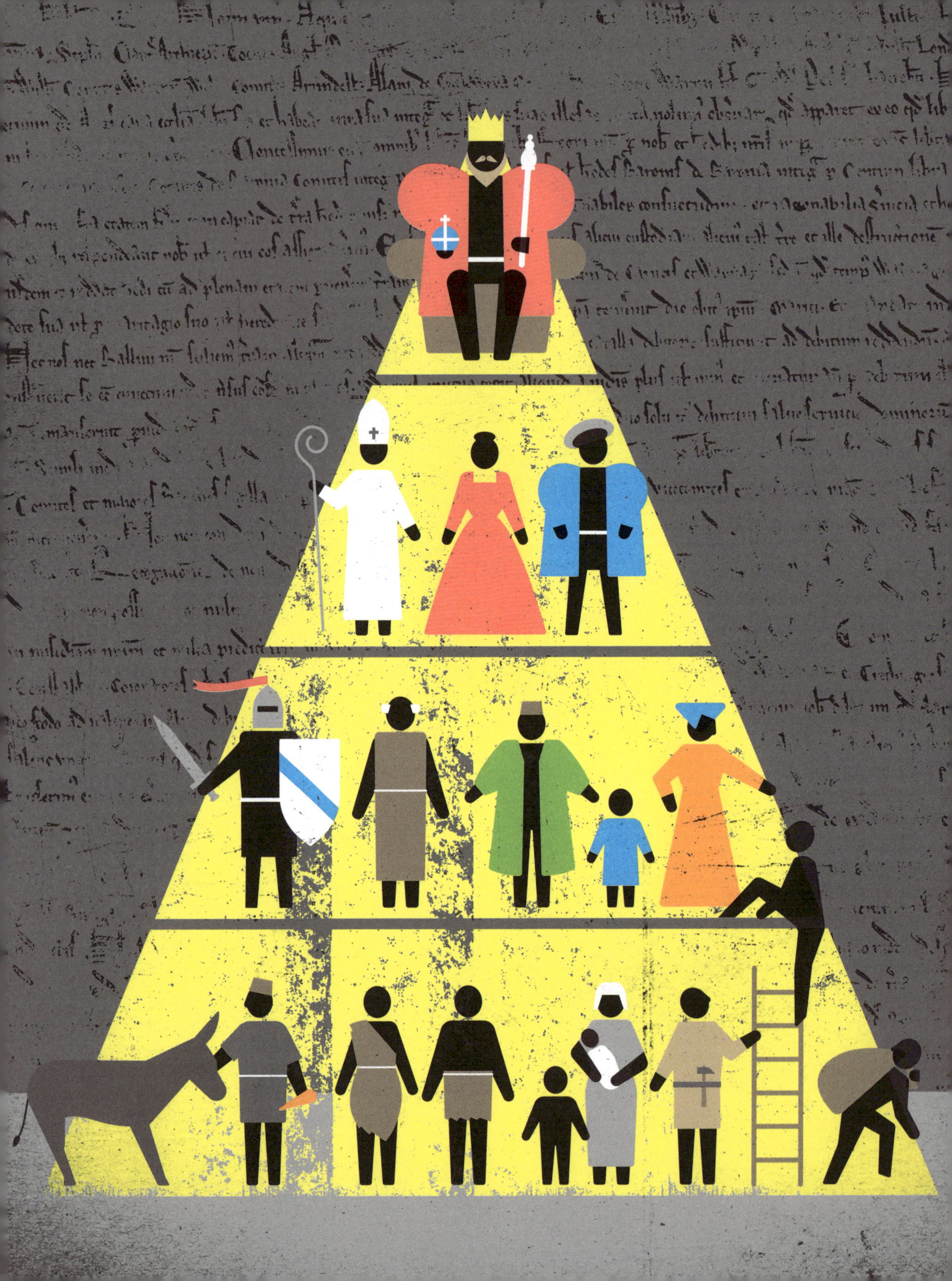

1215–1689

1199–1216 Herrschaft von König Johann von England, genannt Ohneland. 1214 Sieg der Franzosen über Johann Ohneland in der Schlacht von Bouvines. 1215 Anerkennung der „Magna Charta Libertatum" durch den König. 1628 Petition of Rights auf Grundlage der Magna Charta. 1679 Habeas Corpus Act. 1689 Bill of Rights.

Magna Charta

Die Herrschaft des Rechts

Am 15. Juni 1215 musste der englische König Johann Ohneland dem Adel seines Reichs wesentliche Rechte zugestehen. Die weltliche Gewalt wurde erstmals verbindlich aufgeteilt – ein erster Meilenstein auf dem langen Weg zu einer parlamentarischen Demokratie.

Wie dem legendären griechischen König Midas sprichwörtlich alles zu Gold wurde, was er anfasste, schien dem englischen König Johann alles zu misslingen, was immer er auch tat. Der König mit dem wenig schmeichelhaften Spitznamen Ohneland (engl. Lackland) galt als herrschsüchtig, grausam und vor allem politisch völlig glücklos. In seiner kurzen Herrschaft von 1199 bis 1216 verlor er nicht nur den Großteil seiner Besitzungen auf dem Kontinent, sondern brachte auch durch willkürliche Enteignungen und maßlose Steuererhöhungen fast den gesamten englischen Adel und Klerus gegen sich auf. So stand Johann am Ende nicht nur „ohne Land" da, sondern auch ohne echte eigene Machtbasis. Trotzdem schrieb er Geschichte, allerdings ganz anders, als er wollte.

Als Johann 1214 erneut eine große Schlacht verloren hatte, musste der König 1215 dem rebellierenden Adel entgegenkommen und etwas bis dahin Unerhörtes tun: ein schriftlich ausgefertigtes Gesetz unterzeichnen, dass die Macht des Königs prinzipiell an das Recht band. Am 12. Juni setzte Johann in Runnymede an der Themse bei Windsor sein Siegel unter die „Magna Charta Libertatum", die „Große Urkunde der Freiheit". In dem Dokument wurden wesentliche Privilegien von Kirche und Adel verbindlich festgeschrieben und beiden, wenn notwendig, auch ein Widerstandsrecht gegen die königlichen Entscheidungen eingeräumt. Wenn das 1225 endgültig anerkannte Gesetz auch ursprünglich allein der Sicherung der Feudalherrschaft diente, waren einzelne Bestimmungen doch so verfasst, dass sie später als prototypische Sammlung allgemeiner Rechtsgrundsätze zu einer Art demokratischer Urverfassung uminterpretiert werden konnten. Auf diese Weise trägt die Magna Charta bis heute wesentlich zum britischen Selbstverständnis als dem Mutterland der Demokratie bei.

Zur demokratischen Instrumentalisierung eigneten sich nur wenige der insgesamt 63 Artikel der Charta, die mehrheitlich praktische Probleme des Lehnsrechts wie Erbfragen oder Heiratserlaubnisse regelten. Weitreichende Maßstäbe setzten vor allem diejenigen Artikel, die als Grundformen für liberale Freiheitsrechte gegenüber der Staatsgewalt betrachtet werden konnten und damit zur Blaupause für wesentliche Menschenrechte wurden: So wird im Artikel 1 die Freiheit der Kirche festgelegt, was als Vorform der Religionsfreiheit gelten kann. Das Verbot willkürlicher Verhaftungen (Artikel 46) und die Zusicherung eines fairen Prozesses für freie Bürger (Artikel 47) schufen neuartige Rechtschutzgarantien, die heute noch Kern eines liberalen Rechtsstaats sind. Mindestens genauso epochemachend: Die Rechtsdurchsetzung sollte durch einen permanent tagenden Ausschuss der Kronvasallen gewährleistet werden, was erstmals eine institutionalisierte Kontrolle des Königs bedeutete. Aus diesem Ausschuss bildete sich das Parlament heraus, das schon in der Mitte des 13. Jahrhunderts zu einem bedeutenden Machtfaktor im Königreich aufstieg. Indem die Magna Charta bis zum 17. Jahrhundert immer wieder von den Herrschern bestätigt wurde, entwickelte sich die Urkunde zum Grundgesetz des englischen Rechts und war ein erster Schritt zum Aufbau einer parlamentarischen Monarchie. Bis heute hat Großbritannien keine geschriebene Verfassung. Von der originalen Magna Charta Libertatum sind heute noch vier Exemplare erhalten und werden stolz ausgestellt – als internationales Symbol der Freiheit und der Herrschaft des Rechts. ■

» **46. Kein freier Mann soll verhaftet, gefangen gesetzt, seiner Güter beraubt, geächtet, verbannt oder sonst angegriffen werden; noch werden wir ihm anders etwas zufügen, oder ihn ins Gefängnis werfen lassen, als durch das gesetzliche Urtheil von Seinesgleichen, oder durch das Landesgesetz.**

47. Wir werden das Recht oder die Gerechtigkeit an Niemand verkaufen, Niemand verweigern und für Niemand aufschieben. «

Paragrafen aus der Magna Charta

Mansa Musa I.

Der reichste Mann aller Zeiten

Der (bis heute) reichste Mann lebte nicht in den USA, in Asien oder Europa, sondern – in Mali. Der westafrikanische Herrscher Mansa Musa I. soll im 14. Jahrhundert so viel Gold besessen und ausgegeben haben, dass sein Besuch 1324 in Ägypten eine Hyperinflation im Mittelmeerraum auslöste.

Drückende Armut und im Würgegriff von Islamisten und Großkriminellen: Die heutige westafrikanische Republik Mali ist eines der ärmsten Länder der Welt und entspricht in vielem dem afrikanischen Klischee eines „failed state". Zugleich ist das Land ungeheuer reich an Bodenschätzen und immer noch der drittgrößte Goldproduzent der Erde. Wichtigster Handelspartner für Mali ist der arabische Raum, was an bessere, glanzvolle Zeiten erinnert, in denen die Region Westafrika zu den boomenden Wirtschaftsräumen der Welt gehörte. So lebten im Mittelalter viele Gemeinschaften in Westafrika überwiegend vom Gold- und Salzhandel v. a. mit den muslimischen Ländern am Mittelmeer. Über einen gut organisierten Karawanenhandel durch die Sahara gelangten einheimische Herrscher teilweise zu großem Wohlstand und überregionalem Einfluss. Im Zuge der Islamisierung Westafrikas ab dem 11. Jahrhundert stieg Mali zu einem bedeutenden Großreich auf. Es erstreckte sich vom Atlantik bis zum Niger und von der Sahara im Norden bis zum Regenwald in den südlichen Küstenregionen Westafrikas. Insbesondere unter der Regentschaft des legendären Mansa Musa I. zwischen etwa 1307 und 1335 strahlte der materielle wie immaterielle Reichtum der Hauptstadt Timbuktu weit in die Welt hinaus. Besucher schwärmten von der Rechtssicherheit in der Stadt und bewunderten islamische Gelehrsamkeit und kulturelle Pracht. Musa ließ prächtige Paläste und große Moscheen errichten. Seine Verschwendungssucht kannte keine Grenzen – und wirkte sich grenzüberschreitend aus: Als Musa 1324 in Begleitung von angeblich 6000 Trägern auf seiner Pilgerreise nach Mekka durch Nordafrika zog, gab er so viel Gold aus, dass der Goldpreis im fernen Handelsplatz Venedig ins Bodenlose fiel.

Als Portugal ab Mitte des 15. Jahrhundert Handelsstationen entlang der Westküste Afrikas aufbaute, verlor das Malireich zunehmend die Kontrolle über den transsaharischen Goldhandel und ging schließlich im expandierende Songhai-Reich auf. Das heutige Mali liegt mitten im sog. Goldgürtel, der sich von Senegal bis Ghana zieht. In den zahllosen Goldminen schuften auch viele Kinder auf der Suche nach dem wertvollem Metall. Die Schürfrechte gehören fast ausnahmslos internationalen Großkonzernen. Vom heimischen Gold profitiert die eigene Bevölkerung kaum. ■

1162–1227

1162 Geburt Dschingis Khans. **1206** Dschingis Khan einigt die Mongolen. **1227** Tod von Dschinghis Khan. **1238** Batu Khan erobert das russische Fürstentum Wladimir-Susdal. **Bis 1279** Kublai Khan erobert China. **1258** Hülägü Khan zerstört Bagdad. **1325–1340** Iwan I. regiert als erster Großfürst über Moskau.

Dschinghis Khan

Der lange Schatten der Mongolen

Der legendäre „ozeangleiche Herrscher", so die Übersetzung des Titels Dschingis Khan, schuf die machtpolitischen Grundlagen für das bis dahin größte Staatswesen der Geschichte: Das mongolische Großreich veränderte im 13. Jahrhundert das politische Gefüge Asiens und Osteuropas nachhaltig.

Alexander der Große (→ Seite 038) und Dschingis Khan: zwei Weltherrscher, zwei Mythen. Zwei Eroberer, die für den Traum der Weltherrschaft in genau entgegengesetzter Richtung losmarschierten: der eine von West nach Ost, der andere von Ost nach West. Sammelte Alexander seinerzeit seine Truppen im europäischen Makedonien, vereinte Dschingis Khan die mongolischen Stämme unter seinem Oberbefehl in Zentralasien. Drang Alexander mit seinen Truppen über Ägypten und das Perserreich bis nach Indien vor, gelangte Dschingis Khan mit seinen Reitertruppen über den Norden Chinas bis an die Grenzen Russlands. Als Dschingis Khan 1227 starb, hinterließ er das wohl größte Reich der Menschheitsgeschichte, das sich vom Chinesischen Meer bis nach Osteuropa erstreckte und weitaus größer war als das von Alexander. So ähnlich der Erfolg auf dem Schlachtfeld, so unterschiedlich allerdings das heutige Bild der beiden Eroberer.

Alexanders Ruhm strahlt bis heute; dagegen ist von Dschingis Khan vor allem seine oft beschriebene Grausamkeit in Erinnerung geblieben, etwa die Schädelpyramiden seiner Opfer, die er überall nach den Invasionen auftürmen ließ. Der Mongolenherrscher soll sich selbst als „Strafe Gottes" für die Sünden seiner Feinde bezeichnet haben. Die Bevölkerungen ganzer Städte ließ er auf seinen Eroberungszügen massakrieren. Trotzdem war das Reich der Mongolen sehr viel langlebiger als das von Alexander, das nach dessen Tod schnell wieder zerfiel.

Das lag nicht allein an der Tatsache, dass Dschingis Khan, anders als Alexander, zahlreiche erwachsene Söhne hatte. Er soll so viele Kinder gezeugt haben – und seine Söhne und Enkel taten es ihm gleich –, dass heute angeblich 16 Millionen Menschen Gene des Mongolenherrschers in sich tragen. Die Söhne und Enkel von Dschingis Khan teilten das große Reich unter sich auf und konnten es sogar noch erweitern. Bis 1279 eroberte Kublai Khan ganz China und machte Peking zur Hauptstadt der mongolischen Yuan-Dynastie. Vorstöße gegen Japan in den Jahren 1274 und 1281 misslangen allerdings. Im Westen fiel Hülägü Khan in den Iran ein und legte 1258 Bagdad, die alte Kulturmetropole des Islam, in Schutt und Asche. Batu Khan erhielt den Westen Sibiriens

und etablierte das Reich der sog. Goldenen Horde, das große Teile des heutigen Russlands umfasste.

Im Gegensatz zur barbarischen Kriegsführung war die Herrschaftspraxis der Mongolen von hohen Zivilisationsstandards und vor allem von religiöser Toleranz geprägt. Die relative Rechtssicherheit sowie innere Stabilität sorgten für eine lange Friedenszeit, was einen intensiven ökonomisch-kulturellen Austausch zwischen Asien und Europa ermöglichte. Der eurasische Wirtschaftsraum florierte entlang den Routen der Seidenstraße, zumal im Mongolenreich erstmals ein praktisches Papiergeld als Einheitswährung eingeführt und akzeptiert wurde.

Gegenüber den unterworfenen Gesellschaften erwiesen sich die Mongolen jeweils als sehr anpassungsfähig. Die Ilkhane im Iran und Irak sowie die Khane der Goldenen Horde konvertierten zum Islam, während die mongolische Yuan-Dy-

nastie in China die Traditionen des alten Kaisertums übernahm. Den tributpflichtigen russischen Fürstentümern, die dem orthodoxen Christentum anhingen, wurde eine gewisse innere Autonomie gewährt. Zunächst mit Billigung der Goldenen Horde stieg das bis dahin unbedeutende Moskau zum Großfürstentum auf, womit aber der Keim für den eigenen Untergang gelegt war. Denn von Moskau aus begann der Einigungsprozess Russlands, der langfristig zum Ende der mongolischen Vorherrschaft führte und Russlands Aufstieg zur europäischen Großmacht einleitete. Die Zeit der mongolischen Fremdherrschaft blieb in Russland vor allem auch deswegen prägend, weil sie das Land von den folgenreichsten geistigen Emanzipationsbewegungen in Westeuropa des Spätmittelalters abkoppelte, Humanismus und Renaissance (→ Seite 115). Eine Leerstelle, die autoritäre Denkmuster in Russland auf Jahrhunderte verfestigte. ∎

Der Siegeszug des Geldes

Die Erfindung des Kapitalismus

Begriffe wie Konto, Lombard und Bank zeugen noch heute davon, dass die Durchsetzung der Geldwirtschaft in Europa im 14. Jahrhundert von Italien ausging. Der monetäre Handel sorgte für den Aufstieg eines neuen Machtträgers bürgerlicher Herkunft: des Kapitalisten.

Profitorientierte Händler gab es immer. Waren und Produkte möglichst gewinnbringend zu veräußern war selbst in den frühen Agrarkulturen eine zentrale Überlebensstrategie. Der schwerfällige Warentausch wurde in der Antike durch symbolische Wertträger – z. B. Geldmünzen – erleichtert und neben lokalen Umschlagplätzen erlangte bereits in allen frühen Großreichen auch der Fernhandel eine gewisse Bedeutung. Doch während sich im arabischen Raum zwischen dem 7. und 10. Jahrhundert und auch im hochentwickelten China zwischen dem 10. und 14. Jahrhundert differenzierte Marktstrukturen ausbildeten, spielte der überregionale Handel im mittelalterlichen Europa lange Zeit gesamtwirtschaftlich und politisch keine besondere Rolle: Hier dominierte vorerst noch die landwirtschaftliche Eigenversorgung, nicht zuletzt auch weil das Christentum das

Streben nach Reichtum moralisch verdammte. Das änderte sich im 13. Jahrhundert, als oberitalienische Städte wie Genua, Venedig und Florenz zu Drehscheiben für den wachsenden Fernhandel mit Asien wurden und zu enormem Reichtum und Einfluss gelangten. Hier wurden die institutionellen und methodischen Voraussetzungen für die Durchsetzung der Geldwirtschaft und damit auch eines modernen Handelskapitalismus geschaffen.

Ein epochaler Schritt war dabei die Einführung des Wechsels, der den bargeldlosen Zahlungsverkehr ermöglichte und den Handel wesentlich erleichterte: Schuldscheine über einen vereinbarten Betrag konnten an einem entfernten Handelsplatz bei einem Geldwechsler in der eigenen Währung eingelöst werden. Je üblicher dieses Zahlungsverfahren wurde, desto wichtiger wurden die Geldwechsler, die Bankiers, wie sie wegen ihrer charakteristischen Wechseltische (ital. „banca") auch genannt wurden. Sie vergaben außerdem gegen Zinsen Kredite, wodurch Geld im Prinzip jederzeit verfügbar wurde. Nach dem um 1300 in Oberitalien eingeführten Grundsatz der doppelten Buchführung hatten die Händler über Einnahmen und Ausgaben genau Buch zu führen, was eine genaue Kontrolle der geschäftlichen Finanzlage ermöglichte und Grundlage für die Gewährung von Krediten bildete. Indem Banken von reichen Bürgern oder Fürsten Geld annahmen und in aussichtsreiche Unternehmungen investierten, wurden sie selbst zu wichtigen Wirtschaftsakteuren. Durch neue Unternehmensformen und Zusammenschlüsse, die das kaufmännische Risiko des Einzelnen reduzierten, entstanden immer größere, auch multinationale Handelsgesellschaften. So erlangte durch Handel und Finanzgeschäfte ein bürgerlicher Berufsstand gesellschaftliche Relevanz, der sich nicht über gesellschaftliche Herkunft, sondern über wirtschaftlichen Erfolg definierte: der selbstständige Unternehmer.

Ab dem 15. Jahrhundert etablierten sich in vielen Handelsstädten Europas bedeutende Unternehmerfamilien, die wirtschaftliche mit politischer Macht verbanden. Die Medici beherrschten mehr als hundert Jahre lang die Republik Florenz und trugen wesentlich auch zur kulturellen Blüte der Renaissance bei. In Deutschland entwickelte sich die Handelsorganisation der schwäbischen Fugger zu einer Weltfirma mit Niederlassungen in ganz Europa. Sie unterhielten enge Kontakte zu den Habsburgern, die zu ihren Kreditnehmern gehörten. So ermöglichten die Fugger 1519 nachweislich durch Bestechungsgelder die Wahl von Karl V. zum römisch-deutschen Kaiser.

Noch beschränkte sich der Kapitalismus allerdings weitgehend auf Handel und Finanzen. Erst mit der Industriellen Revolution (→ Seite 154) sollte er die Lebenswelt des modernen Westens ganz erfassen. Aber der Aufstieg des finanzkräftigen Stadtbürgertums war Teil des gesellschaftlichen Wandels, der Europa ab dem 16. Jahrhundert erfasste und die Grundlagen für unsere heutige moderne Welt legte. ■

> **O Geld! Nicht ohne Grund hält dich der größte Teil der Menschen für ihren Gott! Du bist die Quelle alles Guten und der Urheber alles Bösen; du bist der Erfinder und Erhalter aller Künste! Deinetwegen werden die Wissenschaften geschätzt und Meinungen verteidigt, Städte befestigt und Festungen der Erde gleichgemacht, Königreiche gegründet und verloren!**

Diego Hurtado de Mendoza in *Leben des Lazarillo von Tormes*, um 1530

1291

1291 Sog. Rütlischwur begründet die Eidgenossenschaft. **1515** Niederlage in der Schlacht von Marignano, Eidgenossen verpflichten sich zur ewigen Neutralität. **1648** Unabhängigkeit der Eidgenossenschaft. **1798–1813** Helvetische Republik. **1848** Neue Bundesverfassung. **1971** Einführung des Frauenwahlrechts.

Der Rütlischwur

Die Gründung der Schweiz

Mit dem Zusammenschluss der drei Urkantone 1291 beginnt die Geschichte der Schweiz, deren historische Selbstdarstellung von Freiheits- und Autonomiemythen geprägt ist. Als multilinguale Willensnation eigener demokratischer Prägung stellt das Land bis heute einen Sonderfall in Europa dar.

Am Ende waren es gerade einmal 54 Prozent: Im Jahr 2002 stimmten die Schweizer in einer Volksabstimmung mit knapper Mehrheit für den Beitritt zur UNO (→ Seite 214) – eine historische Entscheidung, die viele Eidgenossen als Verrat an der Unabhängigkeit des Landes empfanden. Obwohl tief in der politischen Kultur des Westens verankert, ist die Schweiz bis heute kein Mitglied der Europäischen Union oder der NATO und stolz auf ihre eigenständigen demokratischen Traditionen. Diese Sonderstellung ergibt sich aus der Geschichte des Landes, das keine gemeinsame Sprache, sondern vor allem ein gemeinsamer politischer Wille eint. Die Abwehr gegen fremde Herrschaftsansprüche und der Kampf um Unabhängigkeit wirkten von Anfang an identitätsstiftend.

Um ihre Freiheit vor der drohenden Vereinnahmung durch die Habsburger zu schützen, schlossen sich die Bewohner der drei Bergtäler Uri, Schwyz und Unterwalden 1291 auf der Rütliwiese am Vierwaldstättersee zu einem „Ewigen Bund" zusammen. So will es jedenfalls der Gründungsmythos der Eidgenossenschaft, den Friedrich Schiller 1804 in seinem Drama *Wilhelm Tell* kunstvoll popularisierte. Tatsächlich ging es in dem Bundesschluss von 1291 wohl in erster Linie um die Wahrung des Landfriedens und den Schutz gemeinsamer Interessen. Im Zuge der überraschend erfolgreichen Behauptung gegen Habsburg und Burgund traten im 14. und 15. Jahrhundert immer mehr unterschiedliche regionale Gemeinwesen der Eidgenossenschaft bei, darunter Stadtrepubliken wie Zürich, Bauerngemeinden wie Appenzell und Bistümer wie Basel. Bereits Anfang des 16. Jahrhunderts erreichte die „Schwyz", wie sie allgemein nur genannt wurde, ungefähr den Umfang des heutigen Staatsgebietes. In dem durch ein Geflecht aus Verträgen und Abhängigkeiten miteinander verwobenen Bund blieb die volle Souveränität der einzelnen Mitglieder prinzipiell gewahrt. Seit 1515 hatte das Land jeder Expansion abgeschworen und sich zur strikten Neutralität verpflichtet, die seitdem bis auf eine kurze Periode unter der Herrschaft Napoleon Bonapartes zwischen 1798 und 1813 vordergründig immer respektiert wurde. Seit 1648 als eigenständiges Staatswesen offiziell vom rö-

misch-deutschen Reich unabhängig, gelang es der Eidgenossenschaft durch eine pragmatische Anpassungsfähigkeit an die jeweiligen politischen Verhältnisse über Jahrhunderte, die Eigenständigkeit zu wahren. Kampferprobte Schweizer Söldner waren bei ausländischen Armeen bis ins 19. Jahrhundert sehr begehrt und verrichten noch heute im Vatikan ihren Dienst. Heftige interne Konflikte um eine einheitliche Verfassung führten 1848 zur Etablierung eines parlamentarisch verfassten Bundesstaats, der ersten Demokratie – zumindest für männliche Wähler – auf dem Kontinent. Sie beruht bis heute im Wesentlichen auf Konsensbildung, Föderalismus und seit 1874 vor allem auch auf der direkten Beteiligung der

Bürger in vielen politischen Fragen. Dieses Staatsmodell widerstand selbst dem nationalsozialistischen Expansionsdrang im Zweiten Weltkrieg – dank einer mehr oder weniger erzwungenen wirtschaftlichen Kollaboration. Bis heute gilt die wohlhabende Schweiz als größter Vermögensstandort der Welt und zugleich als basisdemokratisches Unikum. Auf regionaler Ebene finden in zwei Kantonen noch immer spätmittelalterliche „Landsgemeinden" statt: Dabei stimmen alle Stimmberechtigten auf dem Dorfplatz über lokale politische Fragen ab, etwa im kleinen Kanton Appenzell Innerrhoden, wo sich das männliche Wahlvolk bis 1990 gegen die Einführung des Frauenwahlrechts wehrte. ■

206–9 v. Chr. Unter der Han-Dynastie expandiert China nach Zentralasien. **618–907 n. Chr.** Tang-Dynastie. **1206–1227** Dschingis Khan begründet das zentralasiatische Großreich der Mongolen. **Um 1298** Marco Polo verfasst seine Reiseberichte über Asien. **1368–1644** Ming-Dynastie.

Die Seidenstraße

Karawane der Global Player

Von der Antike bis zum Ende des Mittelalters war die erst sehr viel später so genannte Seidenstraße die wichtigste Handelsroute zwischen Asien und Europa. Auf ihr wurden nicht nur Waren, sondern auch Wissen und Ideen ausgetauscht. Heute ist der legendäre erste Highway der Weltgeschichte wieder in aller Munde.

Als der chinesische Staatspräsident Xi Jinping im Herbst 2013 unter dem Schlagwort „One Belt, one road" Großinvestitionen in den Ausbau der Infrastruktur zwischen Europa, Asien und Afrika ankündigte, machte schnell der Begriff von der „Neuen Seidenstraße" die Runde. So stark erinnert das ambitionierte Großprojekt an das legendäre Verkehrsnetz, über das jahrhundertelang von der Antike bis ins Spätmittelalter Waren, Ideen und Menschen von China über Zentralasien bis in die Mittelmeerregion gelangten. Die historische Handelsroute verband die gesamte damals bekannte Welt zu einem mehr oder weniger stabilen globalen Wirtschaftsraum. Damit stellt die Seidenstraße auch das gängige Bild von der Immobilität der Menschen in früheren Epochen infrage. Doch wie entstand die Seidenstraße, und wo verlief sie genau?

Als Begründer der Handelsroute gilt der chinesische Militär und Diplomat Zhang Qian, der ab 138 v. Chr. auf seinen Reisen bis nach Baktrien im Norden des heutigen Afghanistans vorstieß. Ihm sollten weitere Expeditionen folgen. Kontinuierlich entstanden neue Verbindungen in viele Richtungen. Anders als der Begriff suggeriert, war die Seidenstraße nie eine klar definierte Strecke, sondern vielmehr ein ganzes Bündel an Pfaden und Wegen durch die unterschiedlichsten Natur-, Sprach- und Kulturräume, was höchste Anforderungen an körperliche Kondition und koordinierende Planung stellte. Oft mussten riesige Gebirgszüge und schier endlose Geröllstrecken in feindlicher Umgebung überwunden, dazu extreme Temperaturunterschiede ertragen werden. Wegen der schwer passierbaren Wege waren bis weit in das 20. Jahrhundert Kamele und Maulesel die bevorzugten Lasttiere – sie waren genügsam und besonders belastbar. Zentraler Ausgangspunkt der Hauptroute im Osten war die langjährige chinesische Hauptstadt Chang'an. Von hier brachen regelmäßig Handelskarawanen in Richtung Nordwesten auf und durchquerten die gefürchtete Taklamakanwüste. In der Oasenstadt Kaschgar zweigten verschiedene Pfade ab, die weitflächig und vielverwinkelt zum Schwarzen Meer, in den Iran oder weiter ans Mittelmeer führten. Wer sich in China aufmachte, brauchte bis zu acht Jahre, um Europa zu erreichen. In der Regel über viele zentralasiatische Zwischenhändler gelangten so etwa Porzellan, Parfüme und das Papier von China über Persien und Arabien bis nach Europa. Umgekehrt hielten zum Beispiel Walnüsse oder Oliven Einzug in China. Nicht zuletzt waren es aber auch Ideen, die sich über Missionare, Pilger und Abenteurer auf der Ost-West-Achse verbreiteten. So gelangte von Indien der Buddhismus nach China, und auch christliche Missionare verkündeten ihre Lehren entlang der Seidenstraße. Fernreisende aus dem Westen wie der berühmte Venezianer Marco Polo prägten die Vorstellungen von Asien nachhaltig. Umgekehrt brachten professionelle muslimische Globetrotter wie der Marokkaner Ibn Battuta mit Reiseberichten Wissen aus Europa und Asien in die Heimat. Dabei galt prinzipiell: Je stabiler das politische Umfeld an den zentralen Knotenpunkten der Route war, desto höher die Frequenz des Handels, desto enger der interkulturelle Austausch. Unter der Tang-Dynastie, die im 7. und 8. Jahrhundert den Einfluss Chinas weit nach Zentralasien ausdehnte, dominierten chinesische Kaufleute die Handelswege auch dank der in Europa so begehrten Seidenprodukte. Eine zweite Glanzzeit war die Herrschaft der Mongolen, die im 13. und 14. Jahrhundert fast alle Gebiete der Seidenstraße kontrollierten und damit für sichere Verkehrs- und Handelswege sorgten. Erst durch die Abschottungspolitik der Ming-Kaiser ab 1368 verlor die Seidenstraße allmählich an Bedeutung, zumal sich Europas Fernhandel ab dem 15. und 16. Jahrhundert zunehmend nach Westen auf den Atlantik und die bald entdeckte „Neue Welt" ausrichtete.

Als neue globale Wirtschafsmacht will China nun die traditionellen Handelsfäden wieder aufnehmen (→ Seite 259). Neue Schienennetze, Häfen, moderne Kommunikationstechniken und Industriestandorte sollen Europa und Asien enger aneinanderbinden und den wirtschaftlichen Austausch massiv verstärken. Das Gelingen dieser ehrgeizigen Pläne hängt wesentlich von der Befriedung der politischen Krisenregionen im Nahen und Mittleren Osten ab, was gegenwärtig nur schwer vorstellbar ist. ■

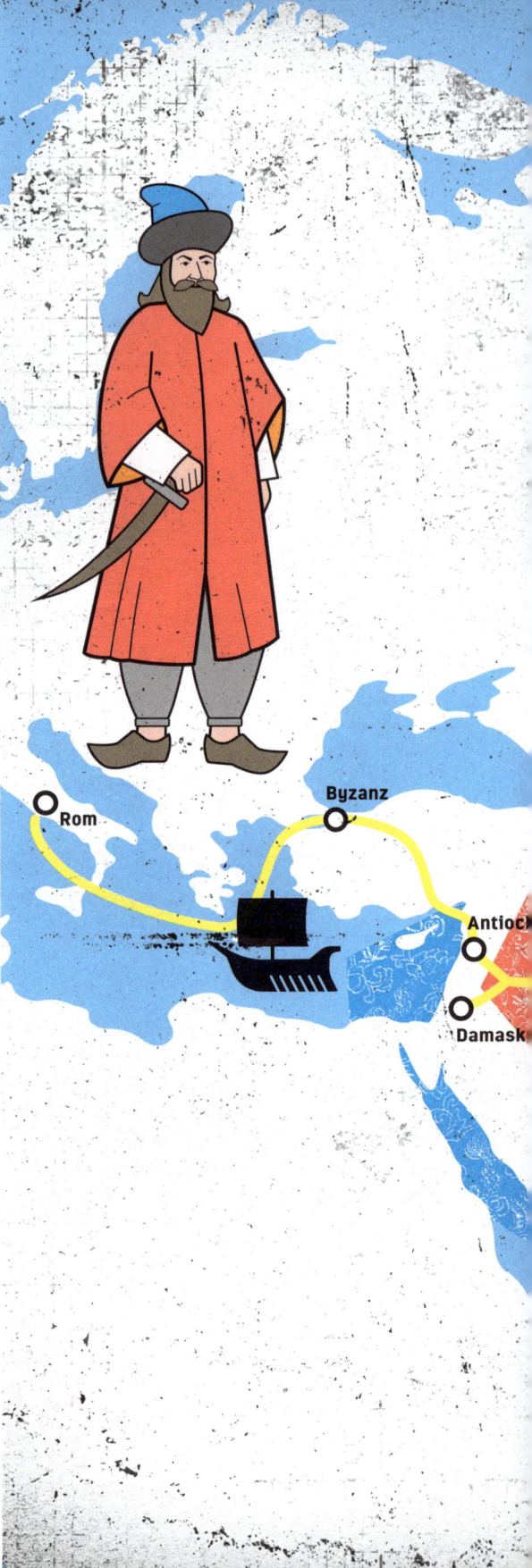

ORDER NOW

Ieukia esiphon

Qumis

Merw

Samarkand

Kokand

Kashgar

Yining

Hotan

Turpan

Anxl

Wuwei

Chang'an

Der Schwarze Tod

Endzeitstimmung und Lebensgier

Sie raffte fast ein Drittel der europäischen Bevölkerung dahin und ist bis heute Synonym für verheerende Seuchen und Epidemien: Die Pest, auch Schwarzer Tod genannt, verschärfte im 14. Jahrhundert eine allgemeine Krisenstimmung, die das Vertrauen in die gottgeschaffene Ordnung fundamental erschütterte.

„Im Juni, Juli und August starben so viele Menschen, dass sie, selbst gegen Entgelt, keiner mehr begraben wollte. […] Es läuteten keine Glocken mehr und niemand weinte. Welch ein Unglück war das, als jeder nur noch seinen Tod erwartete. So schrecklich waren die Ereignisse, dass das Volk glaubte, niemand würde übrig bleiben." Es waren apokalyptische Szenen, die sich 1348 vor den Augen des Chronisten Agnolo di Tura in seiner Heimstadt Siena abspielten. Sie waren exemplarisch für die Schrecken der Pestepidemie, die sich von Italien aus bis Anfang der 1350er-Jahre über Frankreich und das römisch-deutsche Reich in fast ganz Europa ausbreitete. Schon immer hatten die Menschen mit Seuchen und ansteckenden Krankheiten zu kämpfen, aber der Virus, der 1347 aus Zentralasien über den Seeweg an die italienische Küste gelangte, sorgte für ein Massensterben in nie gekanntem Ausmaß – unterschiedslos, grenzenlos und scheinbar ziellos. Keiner war vor der Krankheit sicher, die innerhalb weniger Tage zum Tod führte: Arme und Reiche, Priester und Adelige, Christen und Juden, Städter und Bauern. Niemand ahnte, an welchem Ort die Krankheit als Nächstes ausbrechen würde. Kein Arzt wusste, wie man sich schützen konnte. Ohnmacht und Hilflosigkeit stärkten das Bewusstsein einer existenziellen Gefährdung der Menschheit. Viele interpretierten die Seuche deswegen als Strafe Gottes und als Höhepunkt einer längeren Krisenentwicklung in ökonomischer und moralischer Hinsicht. Wurde das Wetter nicht seit Jahren immer kälter, fielen die Ernten nicht immer geringer aus und kam es nicht immer häufiger zu Hungersnöten? Hatten der Klerus durch seine weltliche Lebensweise und das Papsttum durch Doppelt- und Dreifachwahlen konkurrierender Päpste nicht längst ihre moralische Autorität verloren? Das Ende der Welt schien unmittelbar bevorzustehen, was bei vielen Menschen dazu führte, jede Konvention abzulegen und nur noch im Genuss des Augenblicks zu leben. Andererseits fanden auch antikirchliche Bewegungen großen Zulauf, die zur Umkehr aufriefen. Bettelorden predigten die Vorzüge der Armut, und Prozessionen von Flagellanten hofften, durch öffentliche Selbstgeißelung die Vergebung Gottes zu gewinnen. Überall kam es zu Pogromen an Juden, den

vermeintlichen Christusmördern und Brunnen-
vergiftern, die man zu Sündenböcken für das Un-
erklärliche abstempelte.

Oft ist der Mentalitätswandel beschworen worden, den diese verstörende Episode am Ende des
Spätmittelalters ausgelöst habe. Die Erfahrung,
von Gott verlassen worden zu sein, habe den Menschen auf sich selbst zurückgeworfen und damit
mental den Boden für eine breite Erneuerungsbewegung im 15. und 16. Jahrhundert bereitet.
Nachweislich wurden die sozialen Strukturen gerade in Italien grundlegend erschüttert. Der dramatische Bevölkerungsschwund ließ auch den
Adel verarmen und stellte seine Vormachtstellung infrage.

Die Seuche selbst war auch noch lange nicht besiegt. Bis ins 18. Jahrhundert kam es immer wieder zu kleineren und größeren Pestepidemien in
vielen Ländern Europas, ohne dass man deren
Ursachen verstand. Indem man aber schließlich
die ersten Kranken einer neuen Pestwelle konsequent in Quarantäne nahm, gelang die schnellere
Eindämmung. Der Pesterreger wurde tatsächlich
erst 1894 entdeckt. Heute ist die bakterielle Infek-
tionskrankheit zwar nicht ausgerottet, aber mit
gezielter Einnahme von Antibiotika in der Regel
gut beherrschbar. Die Angst vor einer nicht kon-
trollierbaren Epidemie bleibt aber bis heute lebendig, wie etwa die AIDS-Hysterie Ende der
1980er Jahre belegt. ■

12.–17. Jahrhundert

12. Jh. Beginn einer Welle von Stadtgründungen. **13.–15. Jh.** Ausbildung des Früh- bzw. Handelskapitalismus in italienischen Städten. **1356/58** Erster Hansetage in Lübeck. **Um 1400** Entstehung der ersten Wertpapierbörse in Brügge. **1571** Venedig verliert Zypern an die Osmanen. **1669** Letzter Hansetag in Lübeck.

Stadtentwicklung

Bürgerrechte und Handel
im Spätmittelalter

Im europäischen Spätmittelalter stiegen Städte zu eigenständigen Machtzentren auf, die neuen Lebensformen und Innovationen Raum gaben.

Sei es das Isartor in München, die Porte de Paris in Lille oder das Schwedische Tor in Riga: Stadttore erinnern noch heute in vielen alten Städten an die frühere Bedeutung der in sich geschlossenen Kommunen. Die Tore waren bis in die Neuzeit Durchgangsstationen in Stadtmauern, die das Stadtgebiet vom Umland trennten und in vielem auch den Zutritt zu einer anderen Welt markierten. Wer durch das Tor in die Stadt kam, betrat ein Gemeinwesen mit eigener Rechtsordnung, das von einer ansonsten seltenen Gesellschaftsschicht beherrscht wurde: dem Bürgertum. Als vollwertiger Bürger, was ursprünglich „Burgverteidiger" meinte, galt nur derjenige, der seine Existenz selbstständig bestreiten konnte, vor allem also Kaufleute und Handwerker. Sie besaßen die bürgerlichen Freiheitsrechte, die insbesondere persönliche Freiheit und die Freiheit des Eigentums einschlossen. Bis 1231 galt im römisch-deutschen Reich der Grundsatz, dass jeder, der in die Stadt zog, nach einem Jahr und einem Tag sein eigener Herr wurde. Später war der Bürgerstatus

vielerorts an den Nachweis eines Mindestvermögens gebunden. So wurden überall im Europa des Mittelalters die Städte zu Keimzellen kommunaler Demokratie. Und obschon es im ersten Moment paradox klingen mag, wurden Stadtgründungen gezielt von Landesfürsten und Königen unterstützt – denn Städte waren die entscheidenden Motoren wirtschaftlichen Wachstums und stabiler Einkünfte nicht zuletzt für die Herrscher.

Allerdings blieben Europas Städte lange Zeit klein, verglichen jedenfalls mit China, wo in der Hauptstadt Chang'an im 8. Jahrhundert bereits bis zu einer Million Menschen lebten. So hatte London im 11. Jahrhundert gerade einmal 15.000 Einwohner und Venedig war mit etwa 45.000 eine veritable Großstadt. Erst die Belebung des Fernhandels ab dem 11. Jahrhundert führte fast überall auf dem Kontinent zur fortschreitenden Urbanisierung. Der Großteil der Stadtgründungen in Mitteleuropa fällt in die Zeit zwischen 1100 und 1450, als die Anzahl von Städten und Großsiedlungen von 200 auf fast 5000 hochschnellte. Vorreiter des städtischen Aufschwungs waren besonders die Stadtrepubliken Ober- und Mittelitaliens wie Venedig, Genua, Florenz und Siena, die sich zu führenden Wirtschafts- und Finanzzentren entwickelten. In Westeuropa stiegen die flandrischen Städte Brügge und Antwerpen zu großen Warenumschlagsplätzen auf. Im römisch-deutschen Reich konzentrierte sich der Handel anfangs auf ehemalige Römerstädte oder Bischofssitze wie Köln, Mainz und Regensburg, ab dem 15. Jahrhundert vor allem auf oberdeutsche Reichsstädte, die direkt dem Schutz des Kaisers unterstanden, wie Nürnberg oder Augsburg.

> **Das Städtische ist eine Toleranzleistung, die es in wirklichen Städten am seltensten gibt, die aber mit der Stadtgründung zusammenhängt und immer wieder vorscheint. (...) Die Sehnsucht nach Stadt tragen wir in uns, als Idee.** <

Alexander Kluge

Städte verfügten nicht nur über spezifische Markt- und Zollrechte, sondern in der Regel auch über eine weitgehend autonome Selbstverwaltung. Dabei war die städtische Bürgergesellschaft sehr heterogen strukturiert. An der Spitze des Stadtrats standen wenige reiche Kaufmanns-

familien, die zunächst die Verwaltung dominierten. Die meisten Händler und Handwerker schlossen sich im 14. Jahrhundert in Kooperationen zusammen, den Gilden und Zünften, zur gegenseitigen Unterstützung und Interessenvertretung. Über ihre Vereinigungen konnten sie sich in vielen Stadträten auch ein politisches Mitspracherecht erkämpfen.

Gemeinsame Wirtschafts- und Sicherheitsinteressen führten ab dem 13. Jahrhundert zu vielen regionalen Zusammenschlüssen von Städten. Unter ihnen erlangte ein Städtebund ab Mitte des 14. Jahrhunderts in Nordeuropa besondere ökonomische und politische Bedeutung: die Hanse, eine Genossenschaft nord- und mitteleuropäischer Kaufmannsstädte, die sich von Köln, Hamburg und Lübeck bis nach Königsberg, Riga und Tallinn im Baltikum erstreckte. Die Mitglieder der Hanse beherrschten mit ihren modernen Handelsschiffen zeitweise den gesamten Nord- und Ostseehandel zwischen England und Russland. Die politische Macht, über die die Hanse zeitweilig verfügte, zeigte sich in dem erfolgreichen Krieg gegen Dänemark, das 1370 dem Städtebund wesentliche Vorrechte in der Ostsee garantieren musste. Mit dem Aufstieg der neuen Seemächte England und Holland verlor die Hanse jedoch ab dem 15. Jahrhundert langsam wieder an Bedeutung.

Im östlichen Mittelmeerraum hatte die Republik Venedig zeitweise eine ähnliche Machtstellung wie die Hanse im Norden inne. Durch ihre strategisch günstige Lage war die Lagunenstadt seit dem 9. Jahrhundert zur Seemacht und zum Haupthandelspartner für das Byzantinische Reich geworden. Nach der Eroberung von Konstantinopel 1453 durch die Osmanen begann der langsame Niedergang des venezianischen Handelsimperiums, das sich zeitweise bis nach Zypern erstreckt hatte.

Der einstige Reichtum und Glanz vieler früher Handelsmetropolen ist bis heute sichtbar, so etwa in Venedig, Florenz oder Brügge. Der prächtige Ausbau der großen politischen Machtzentren wie London, Paris oder Rom dagegen begann erst Jahrhunderte später. ▪

1337–1453

1328 Tod König Karls IV. von Frankreich; seine englischen Verwandten beanspruchen die Nachfolge. **1356** Sieg der Engländer in der Schlacht von Poitiers. **1415** Sieg der Engländer in der Schlacht von Azincourt. **8. Mai 1429** Sieg Jeanne d'Arcs über die Engländer bei Orléans. **17. Juli 1429** Krönung Karls VII. von Frankreich. **1431** Hinrichtung Jeanne d'Arcs.

Hundert Jahre Krieg

Die Jungfrau von Orléans rettet Frankreich

Aus einem Thronfolgestreit im Jahr 1328 entwickelte sich zwischen dem französischen und dem englischen Königshaus der längste Krieg in der Geschichte Europas. Gut hundert Jahre später, 1429, krönten die Franzosen einen neuen König – und gewannen eine Nationalheilige.

Ende der 1420er-Jahre standen die Franzosen mit dem Rücken an der Wand. Weite Teile Frankreichs waren von den Engländern besetzt, und der Hof des französischen Thronfolgers war umzingelt. Als 1429 auch noch das strategisch wichtige Orléans von den Engländern belagert wurde, konnte nur noch ein Wunder helfen. Und tatsächlich: Die Rettung brachte ein Bauernmädchen aus Lothringen, Jeanne d'Arc. Beseelt von der gottgegebenen Mission, die Engländer aus Frankreich zu vertreiben und den König zur Krönung zu führen, ließ sich Jeanne an die Spitze eines Heeres stellen. Die Franzosen schöpften neue Hoffnung und schlugen die Engländer vor Orléans in die Flucht. Damit war die entscheidende Wende im sogenannten Hundertjährigen Krieg eingeleitet. Der Weg nach Reims war frei: Dort wurde Karl VII. am 17. Juli 1429 in der traditionellen Krönungskirche zum französischen König gesalbt.

Jeanne d'Arc jedoch wurde 1430 von den Engländern festgenommen, ein Jahr später in Rouen in der Normandie als vermeintliche Ketzerin und Hexe von der Inquisition verurteilt und auf dem Scheiterhaufen verbrannt. Vom späteren französischen Zentralstaat wurde sie zur Ikone erhoben und 1920 durch die katholische Kirche heiliggesprochen. Bis heute wird Jeanne d'Arc vor allem von der französischen Rechten für ihre Zwecke instrumentalisiert.

Im 15. Jahrhundert dauerte es noch bis 1453, bis die Engländer – von Calais abgesehen – vollständig vom Kontinent vertrieben worden waren. Damit fand ein Krieg sein Ende, der von einer Auseinandersetzung um den Anspruch auf den französischen Thron seit 1328 zu einem zerstörerischen Machtkampf zwischen der englischen und der französischen Krone eskaliert war. Im Vertrag von Troyes 1420 hatten Karl VI. von Frankreich und Heinrich V. von England vereinbart, dass Heinrich die französische Krone von Karl erben sollte. Doch beide Könige starben schon 1422, und der neue englische König Heinrich VI. war noch kein Jahr alt. So war für den übergangenen französischen Kronprinzen Karl VII. wieder alles offen.

Der Sieg Karls VII. stärkte das Bewusstsein von der besonderen Heiligkeit der französischen Krone und erleichterte so den langsamen Aufbau eines einheitlichen Staatswesens. ▪

Um 1300 Osman I. begründet ein Staatswesen in Anatolien. 1453 Sultan Mehmed II. erobert Konstanti-nopel. 1526 Die Osmanen erobern das Königreich Ungarn. 1529 Erste Belagerung Wiens durch die Osmanen. 1683 Zweite Belagerung Wiens durch die Osmanen. 1922/24 Ende der osmanischen Dynastie.

Die Eroberung Konstantinopels

Der Aufstieg des Osmanischen Reichs

Mit der muslimischen Eroberung Konstantino-pels 1453 ging das oströmisch-byzantinische Reich endgültig unter. Die nun Kostantiniyye oder Istanbul genannte Stadt wurde zum Zen-trum des Osmanischen Reichs. Bis heute trägt die Metropole am Bosporus das Erbe von Orient und Okzident in sich.

Auf dem Konzil von Florenz 1439 war der byzanti-nische Kaiser zu allen Zugeständnissen bereit. Bei einer militärischen Unterstützung durch die la-teinische Christenheit würde er sogar der Wieder-vereinigung der beiden christlichen Kirchen zu-stimmen. Doch alles Bitten half nichts – Rom überließ Byzanz seinem Schicksal. Seit Ende des 14. Jahrhunderts waren die osmanischen Türken Stück für Stück näher an die Hauptstadt der öst-lichen Christenheit herangerückt. Mit der Erobe-rung Bulgariens, Serbiens und Bosniens hatten sie praktisch die gesamte Balkanhalbinsel in Be-sitz genommen. Als Sultan Mehmed II. im Früh-jahr 1453 Konstantinopel mit etwa 100.000 Solda-ten angriff, unterstützten gerade einmal ein paar Hundert venezianische und genuesische Soldaten die verbliebenen etwa 7000 byzantinischen Ver-teidiger innerhalb der Stadtmauern. Am 29. Mai drangen die Osmanen schließlich in die Stadt ein, in den Straßenkämpfen fiel auch der letzte by-zantinische Kaiser Konstantin XI. Damit war das fast 1000 Jahre alte oströmisch-byzantinische Reich endgültig Geschichte. Mehmed II., genannt „der Eroberer", machte Konstantinopel zu seiner Hauptresidenz, und der Islam wurde zur vorherr-schenden Religion, symbolisiert durch die Um-wandlung der griechisch-orthodoxen Kathedrale Hagia Sophia zur Moschee. Die Stadt am Bosporus entwickelte sich schnell zum kulturellen und wirt-schaftlichen Zentrum des Osmanischen Reichs, das in alle Richtungen weiter expandierte.

In der abendländischen Christenheit rief der Fall Konstantinopels Entsetzen hervor. Die Angst vor der „Türkengefahr" ging um. Flugschriften, die sich durch den neuen Buchdruck schnell ver-breiten ließen, schürten die Endzeitstimmung. Vor allem die österreichischen Habsburger, die bald die Hauptlast in den sogenannten Türken-kriegen zu tragen hatten, versuchten mit allen Mitteln, Unterstützung gegen das Osmanische Reich zu mobilisieren. Trotzdem gelang den Os-manen unter der Herrschaft von Sultan Süley-

man I. (im Westen „der Prächtige" genannt) Anfang des 16. Jahrhunderts der Vormarsch bis nach Mitteleuropa. Hatte sein Vater Selim I. bereits Syrien und Ägypten erobert, standen 1529 osmanische Truppen erstmals vor Wien, von wo sie sich allerdings wieder zurückziehen mussten. Dass die europäische Politik an der Schwelle zur Neuzeit weniger von dem Ideal einer gemeinsamen Verteidigung des christlichen Abendlandes, sondern zunehmend von staatlichen Einzelinteressen bestimmt war, zeigt sich an der antihabsburgischen Koalition, die der französische König Franz I. mit dem osmanischen Sultan einging, einer Allianz, die in den nächsten Jahrhunderten bei Gelegenheit immer wieder neu belebt wurde.

In Religionsfragen war das Osmanische Reich übrigens keineswegs dogmatisch. An der Spitze stand zwar der Sultan als unumschränkter Herrscher, der seit 1517 als Kalif zugleich geistliches Oberhaupt der sunnitischen Muslime war. Doch davon abgesehen konnten auch Nichtmuslime bei Begabung und Verdiensten Karriere machen – gerade in Istanbul, das ein wichtiges Zentrum des griechischen Christentums und auch des Judentums blieb. Der im 19. und 20. Jahrhundert erstarkende Nationalismus hat auch in Istanbul zahllose Opfer gefordert. Trotzdem ist die Millionenmetropole bis heute (und trotz der derzeitigen Staatsregierung) kosmopolitisch und multireligiös geprägt. Die Hagia Sophia wurde von Kemal Atatürk, dem Gründer der modernen Türkei, 1935 zu einem Museum gemacht, das Menschen aller Religionen offensteht. Und noch immer finden sich in Istanbul neben den Palästen der Sultane und den großen Moscheen auch alte christliche Kirchen und Klöster: eine Stadt der angeblich großen Gegensätze, die stellvertretend für die Welt das Miteinander übt. ▪

» Die Vorstellung von Istanbul i
Metapher und Schauplatz ers
Tragödie, im Koran, bei Shakespe
Osmanen bei Machiavelli. Istanb
Kleinen und Großen verdanken
gelebten Kultur mehr, als wir wo
„Lingua franca", die Anbetung
Glaubensbekenntnis, den Name
Chauvinismus, (...) die Grundlage de
ging aus dem Schmelzofen Istar
römische Philosophie, christliche
erstklassige literarische Zeugniss
der Männer (manchmal auch d
Stadt, in den Bibliotheken, Med
viel zur Bereicherung des Zivilisat

Bettany Hughes in *Istanbul – Die Biografie einer Weltstadt*

...) größer als sein Fußabdruck. Als

eint die Stadt in der griechischen

e; es gibt Türken bei Molière und

kommt in OO7 - Filmen vor (...). Im

ir dieser Stadt und der von ihr

scheinlich wissen: den Ausdruck

r Jungfrau Maria, das Nizäische

er Roma, Pässe, die Gabel, den

bendländischen Gesetzes – alles

ul hervor. Griechische Tragödien,

xte, islamische Dichtung – viele

rhielten sich nur dank der Arbeit

Frauen) in den Skriptorien (...) der

en und Klöstern; Istanbul hat

nsspeichers beigetragen.

Seite 056 →

men persönlicher Gefolgschaft.

Der langsame Übergang in die Neuzeit ging ab dem 13./14. Jahrhundert von den Städten aus, die vom Bürgertum beherrscht wurden. Eine neue Offenheit im Denken Seite 115 und Handeln, neue Formen des Wirtschaftens und bahnbrechende Entdeckungen Seiten 110, 113 erweiterten den menschlichen Horizont und brachten traditionelle Machtordnungen ins Wanken. An die Stelle von feudalen Personenverbänden trat in Europa ab dem 17. Jahrhundert zunehmend der moderne Flächenstaat mit einer starken Zentralgewalt. Könige und Fürsten gelang es immer besser, Heer, Adel und Geistlichkeit an sich zu binden und eine einheitliche staatliche Politik durchzusetzen. Aber ob sie nun in souveränen Nationalstaaten Seite 131 oder in einem der vielen regionalen Kleinterritorien im römisch-deutschen Reich lebten – die allermeisten Menschen blieben vor allem Untertanen ihrer Obrigkeit mit beschränkten Entfaltungsmöglichkeiten.

Vernunft als einzige anerkannte Autori-

← Seite 152

Kapitel 4

1455–1784

Die Entdeckung der Welt

Frühe Neuzeit

8. Jahrhundert Blockdruckverfahren in China, Korea und Japan. **12. Jahrhundert** Papierherstellung erreicht Europa. **13. Jahrhundert** Hand- und Reibedruck mit beweglichen Metallstempeln in Korea. **1377** Druck einer buddhistischen Textsammlung (kurz „Jikji") in Korea. **1452/55** Druck der sog. Gutenberg-Bibel.

Erfindung des Buchdrucks

Das größte Ereignis der Weltgeschichte?

Der französische Schriftsteller Victor Hugo sollte später vom größten Ereignis der Weltgeschichte sprechen: Die Einführung des Buchdrucks mit beweglichen Lettern durch Johannes Gutenberg revolutionierte Mitte des 15. Jahrhunderts die Kommunikation und ermöglichte neue Formen der Informationsvermittlung und politischen Massenpropaganda.

So folgenreich die Erfindung, so wenig bekannt ihr Erfinder: Von dem Mainzer Metallhandwerker Johannes Gensfleisch genannt Gutenberg sind kaum Äußerungen überliefert; sein Geburts- wie sein genaues Todesdatum bleiben genauso unbekannt wie sein Aussehen. Ohne die zahlreichen Gerichtsakten, die der streitbare Gutenberg hinterlassen hat, wüssten wir so gut wie nichts über den „Mann des Jahrtausends", wie das TIME Magazin ihn betitelte. Während der Tüftler ab 1434 in Straßburg und Mainz im Verborgenen an einer „geheimen Kunst" – wie seine drucktechnischen Experimente in Prozessakten genannt wurden – arbeitete, stritt er sich regelmäßig vor Gericht mit

Geschäftspartnern um Geld. Daran änderte sich auch prinzipiell nichts, als ihm um 1450 die entscheidende Optimierung der damals bereits eingeführten Druckverfahren gelang. Bis dahin war es in Europa üblich, Bücher in mühsamer Kleinarbeit von Hand abzuschreiben. Nur in China, Korea und Japan war die Technik, Bilder oder Wörter auf Papier zu drucken, schon seit Langem bekannt. Gutenbergs Innovation war es, im Handgießverfahren für alle Buchstaben einzelne bewegliche Bleiklötzchen herzustellen, die in Setzrahmen beliebig zu einer unbegrenzten Zahl an Texten kombiniert werden konnten. Diese Druckplatten wurde mit Farbe bestrichen, in eine neuartige Druckpresse eingesetzt und dann wurde Papier aufgedrückt. Damit schuf Gutenberg die technischen Voraussetzungen für die zweite Medienrevolution nach der Erfindung der Schrift: Es begann die Zeit des gedruckten Wortes.

In Windeseile verbreitete sich der Buchdruck in Europa, wo er eine grundlegende Bildungsrevolution einleitete, die das gesellschaftliche Zusammenleben dauerhaft verändern sollte. Plötz-

lich war es möglich, preiswert und massenhaft Texte zu drucken. Zwischen 1450 und 1500 entstanden so viele Bücher wie in den 1000 Jahren zuvor. Neue Kommunikationsformen kamen auf wie zum Beispiel Flugblätter und ab dem 17. Jahrhundert die ersten Zeitungen, die lesekundige Menschen schnell mit Informationen, Meinungen und Ideen aus Nah und Fern versorgten. Mit diesen neuen Foren der Öffentlichkeit ergaben sich auch neuartige Werbe- und Propagandamöglichkeiten, die prinzipiell jedem offenstanden, der schreiben und lesen konnte, Herrschenden wie Beherrschten. Dadurch hatte der Buchdruck auch unmittelbare soziale und politische Folgen. So wäre die schnelle Ausbreitung der Humanismus-Bewegung (→ Seite 115) oder der Reformation (→ Seite 123) in Europa ohne diesen Medienwandel nicht möglich gewesen. Da jedermann, Adeli-

ge wie Bürger, Bücher erwerben konnte, verlor die Kirche langfristig ihr Bildungsmonopol. An Fürstenhöfen und Universitäten wurden große Bibliotheken aufgebaut. Die Wissenschaften begannen sich jetzt auch jenseits der Klöster zu etablieren – ein erster Schritt zur Verweltlichung.

Wenn seine Erfindung auch Epoche machte, so profitierte Gutenberg persönlich nur wenig von ihr. Bis zu seinem Tod um 1468 blieb sein Leben von Existenzsorgen geprägt. Um seine später berühmt gewordene 42-zeilige „Gutenberg-Bibel" drucken zu können, hatte er sich viel Geld von einem Geschäftspartner leihen müssen. Über die Rückzahlung kam es erneut zu einem Prozess, den Gutenberg verlor. Er stand vor dem Ruin und musste seine Druckerwerkstatt aufgeben. Heute gilt er den Bewohnern von Mainz als größter Sohn ihrer Stadt. ◼

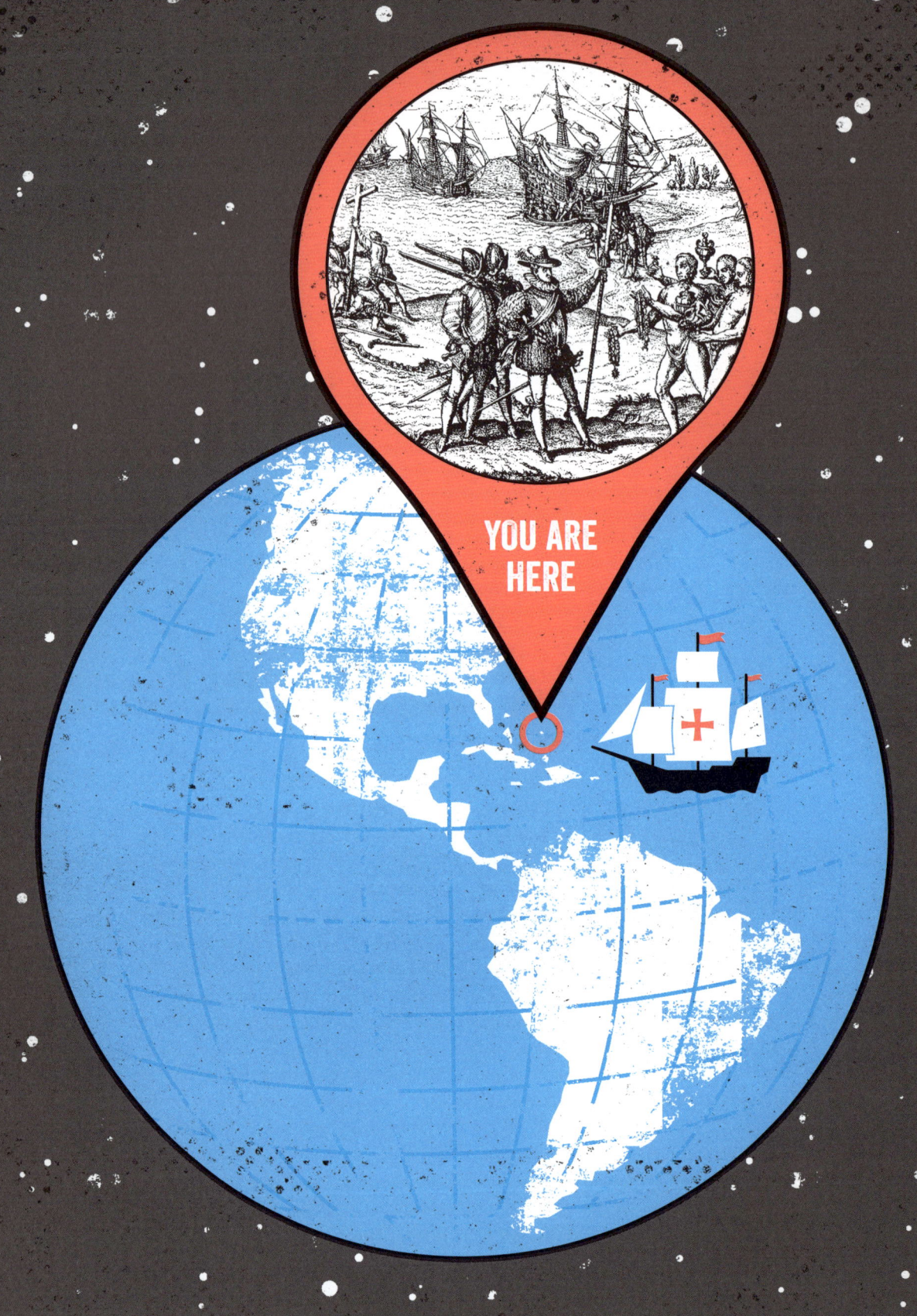

YOU ARE HERE

Um 1298 Marco Polo verfasst seine Asien-Reiseberichte. **1487** Bartolomeu Diaz umsegelt die Südspitze Afrikas. **12. Oktober 1492** Christoph Kolumbus betritt auf den Bahamas erstmals amerikanischen Boden. **1498** Vasco da Gama erreicht Indien. **Um 1499–1502** Reisen des Amerigo Vespucci; er belegt, dass das erstmals 1507 nach ihm benannte Amerika ein neuer Kontinent ist. **1519–21/22** Erste Weltumsegelung durch Fernão de Magalhães (Magellan).

Christoph Kolumbus

Der Beginn der europäischen Expansion

Er war visionär und gierig nach Gold: Christoph Kolumbus nahm die von ihm eroberten Inseln der „Neuen Welt" skrupellos in Besitz und begründete eine dunkle europäische Kolonialtradition. Mit dem „Entdecker Amerikas" begann der Aufstieg der europäischen Staatswesen zu führenden Weltmächten.

Im Jahr 2002 wurde in Venezuela der bis heute noch in vielen amerikanischen Ländern um den 12. Oktober herum gefeierte „Kolumbustag" offiziell abgeschafft und zu einem Tag des nationalen Widerstands umgedeutet. In der Folge verwüsteten Studierende sein Denkmal: Die historische Figur Christoph Kolumbus bewegt bis heute die Gemüter. Gilt er im Westen allgemein immer noch als ein heldenhafter Pionier der Seefahrt, der die Menschheit zu neuen Horizonten führte, wird Kolumbus insbesondere von der indigenen Bevölkerung in Mittel- und Südamerika als Symbolfigur der europäischen Kolonialherrschaft empfunden. Tatsächlich setzte Kolumbus mit seiner brutalen Ansiedlungs- und Missionierungspolitik im Namen des Christentums die Vorzeichen für ein Ausbeutungssystem, das für die nächsten Jahrhunderte die Entwicklung von Mittel- und Südameri-

ka bestimmte. So war der von Kolumbus 1495 eingeleitete Massenmord an der indigenen Bevölkerung auf der Karibikinsel Hispaniola nur der Auftakt zu einer rücksichtslosen Zerstörung alter Hochkulturen. In Kolumbus' Fußstapfen eroberte Hernán Cortés bis 1521 das Aztekenreich im heutigen Mexiko; später unterwarf Francisco Pizarro bis 1533 das Inkareich in den peruanischen Anden. Die neuen Herren führten ein System der Zwangsarbeit ein und ließen vor allem Gold und Silber stehlen bzw. abbauen: Von Anfang an war die Erschließung von Rohstoffen und Edelmetallen ein wesentliches Motiv für die großen Erkundungsfahrten.

Angesichts der sich ausbreitenden Geldwirtschaft (→ Seite 091) herrschte in der Mittelmeerregion am Ende des Mittelalters eine große Nachfrage nach Gold. Gleichzeitig behinderte der Vormarsch der Osmanen den direkten Handel mit Indien und China über den Landweg (→ Seite 095). So verstärkten sich in Europa im 15. Jahrhundert die Bemühungen, über den Seeweg nach einer alternativen Route nach Asien zu suchen. Portugiesische Seefahrer erschlossen zuerst die Küsten Afrikas und erreichten 1498 über den Pazifik tatsächlich den indischen Subkontinent.

Christoph Kolumbus, überaus ehrgeizig und ganz unter dem Eindruck der Berichte Marco Polos vom Reichtum Chinas, konnte 1492 das spanische Königspaar Ferdinand und Isabella davon überzeugen, eine Expedition über den Westweg nach Indien zu finanzieren. Am 12. Oktober desselben Jahres erreichte Kolumbus schließlich die Karibikinseln der Bahamas und nahm sie für die spanische Krone in Besitz. Auf weiteren Reisen gelangte er bis 1500 u.a. nach Kuba, Jamaika und Puerto Rico. Die Erfolge von Kolumbus führten zu einem Boom an Expeditionen von Europa aus. Ab dem 16. Jahrhundert wurden immer mehr Gebiete in Afrika, Asien und Amerika erschlossen. In den Verträgen von Tordesillas und Saragossa teilten Spanien und Portugal 1494 und 1529 die Welt fein säuberlich unter sich auf: Fast ganz Amerika sollte an Spanien fallen, Afrika und Teile Asiens an Portugal. Durch den massenhaften Zufluss an Gold und Silber und die Profite aus dem Handel mit Gewürzen und anderen exotischen Waren stiegen Spanien und Portugal zu europäischen Großmächten auf. Der Erfolg rief Neider auf den Plan: Engländer, Holländer, Franzosen und andere suchten ihren Anteil an den gewaltigen Gewinnen. Von nun an wurde der Besitz von Kolonien zu einer zentralen Machtfrage zwischen den europäischen Staatswesen. Insbesondere dank der systematischen Ausbeutung des amerikanischen Kontinents konnte sich Europa jahrhundertelang als globale Führungsmacht etablieren.

Kolumbus selbst wollte von Amerika nie etwas wissen. Bis zu seinem Tod war er überzeugt, in Indien gelandet zu sein. Die Bezeichnung „Indianer" oder „Indios" für die indigenen Völker Amerikas zeugt bis heute von seinem Irrtum. ■

> Christoph Kolumbus verengte nicht allein den Atlantischen Ozean, er verringerte auch in gleichem Maße die Dimensionen der Erdkugel selbst. Niemals hat eine rein die Körperwelt betreffende Entdeckung durch Erweiterung des Gesichtskreises eine dauernde Veränderung in geistiger Beziehung hervorzurufen vermocht: Damals endlich wurde der Schleier gehoben, hinter welchem Jahrtausende hindurch die andere Hälfte der Erdkugel verborgen gelegen hatte. «

Alexander von Humboldt

14. Jahrhundert Die Dichter und Schriftsteller Francesco Petrarca und Giovanni Boccaccio orientieren sich an antiken Vorbildern. **Ab 1434** Unter der Herrschaft der Familie Medici wird Florenz zu einem kulturellen Zentrum Italiens. **1486** Giovanni Pico della Mirandola veröffentlicht seine Rede „Über die Würde des Menschen". **1543** Nikolaus Kopernikus erläutert in „De revolutionibus orbium cœlestium" das heliozentrische Weltbild.

Humanismus und Renaissance

Der Mensch wird zum Maß aller Dinge

Vom schuldigen Sünder zum selbstbewussten Schöpfer seiner Umwelt: Die literarisch-künstlerische Bildungsbewegung des Renaissance-Humanismus stellte das bisherige Menschenbild auf den Kopf und legte den intellektuellen Grundstein für den modernen Individualismus.

„Es ist eine Freude zu leben! […] Es blühen die Studien, die Geister regen sich!", schwärmte der deutsche Reichsritter Ulrich von Hutten 1518 in einem Brief verzückt. Ein exemplarischer Ausdruck für das zeitgenössische Hochgefühl, das die sogenannten Humanisten, ein kleiner, aber einflussreicher Kreis von Wissenschaftlern, Künstlern und Literaten, im Europa an der Wende zur Neuzeit miteinander teilten. Altsprachliche Gelehrte wie Ulrich sahen sich als Teil einer intellektuellen Erneuerungsbewegung, die ab der Mitte des 14. Jahrhunderts von den oberitalienischen Städten, insbesondere Florenz, ausging und auf weite Teile Europas übergriff. Die Humanisten entdeckten antike Schriften in Bibliotheken wieder, übersetzten sie und verbreiteten deren Ge-

danken. Das gründliche Studium des griechisch-römischen Erbes trage zur Persönlichkeitsbildung bei und liefere zahllose Anregungen und Impulse für neue Ideen und Wege – so die humanistische Grundüberzeugung. Geistige Erneuerung durch Rückgriff auf die Werte der Antike war die Formel, die der kulturgeschichtlichen Umbruchepoche auch ihren Namen gab (wenn auch erst im 19. Jahrhundert): Renaissance – „Wiedergeburt". Dies war keineswegs ein originär neuzeitliches Phänomen. Schon im Mittelalter unter Karl dem Großen hatte man versucht, an antike Bildungsideale anzuknüpfen, doch blieb die Wirksamkeit der sogenannten karolingischen Renaissance (→ Seite 068) auf eine Elite von Geistlichen beschränkt.

Was die Renaissance-Bewegung zwischen dem 14. und 16. Jahrhundert mittel- und langfristig so gesellschaftsrelevant machte, waren ihre vergleichsweise große soziale Bandbreite und ihr häufig kirchenkritischer Impetus: Viele Gelehrte und Künstler entstammten dem Adel bzw. dem aufstrebenden Bürgertum und wollten das ver-

meintlich überholte „mittelalterliche" Denken überwinden. Sie wollten an die Stelle von Glauben und Folgen Forschen und Wissen setzen. In der Natur, der Welt, beim Menschen und in seinem Handeln erkannte man Gesetzmäßgkeiten, die man nun in den Mittelpunkt der neuen Weltsicht stellte.

Hatte die Kirche im Mittelalter den Mensch vor allem als Mangelwesen verstanden, als erlösungsbedürftigen Sünder, und das Leben vor allem als eine Vorbereitung auf das ewige Leben im Jenseits, so betonten die Humanisten in antiker Tradition seine schöpferischen Potenziale im diesseitigen Hier und Jetzt. Für Gelehrte wie Pico della Mirandola war der Mensch ein vollkommenes Geschöpf Gottes, das auch ohne Kirche eigenstän-

dig denken und handeln konnte. Einer, der dank seiner Vernunft sein Wissen stetig erweitern, seine Umwelt gestalten kann und individuell Verantwortung für sein Tun trägt: der Mensch als einzigartige Persönlichkeit!

Es war ein neues Selbstbewusstsein, das sich in Wissenschaft, Kunst und Kultur unterschiedlich äußerte. In der Naturerforschung wurde die exakte Mathematik zur Leitwissenschaft. Auf dieser Basis veröffentlichte der Astronom Nikolaus Kopernikus 1543 als Erster die Theorie, dass die Erde um die Sonne kreist und nicht umgekehrt – ein radikaler Umsturz des Weltbildes, das die Kirche noch lange bekämpfte. Der Florentiner Niccolò Machiavelli begründete die moderne politische Philosophie mit seinem 1513 erschienen Werk *Der*

Fürst, einer Anleitung für erfolgreiches Regieren jenseits christlicher Moralgesetze. In Florenz und anderen mächtigen italienischen Stadtstaaten erlebten vor allem Kunst und Architektur eine Glanzzeit. Großzügig gefördert von reichen Mäzenen, entstanden zahllose, an antiken Vorbildern orientierte Paläste und Sakralbauten. In der Kunst rückte die Individualität des Menschen in den Mittelpunkt, und die Porträtmalerei erlebte eine Hochblüte. Michelangelos Kolossalstatue des jungen biblischen Kämpfers David repräsentiert das klassische männliche Schönheitsideal der Renaissance. Über das geheimnisvolle Lächeln der „Mona Lisa", des wohl bekanntesten Ölgemäldes der Welt, wird bis heute gerätselt. Sein Schöpfer, Leonarda da Vinci, war nicht nur Maler, sondern auch Erfinder und Forscher. Seine genauen anatomischen Studien gaben dem medizinischen Wissen über den Menschen eine neue Basis. Da Vinci verkörperte den idealen Renaissance-Künstler: Er war hochbegabt, vielseitig interessiert und schon zu Lebzeiten eine Berühmtheit. Noch heute macht man – halb spöttisch, halb bewundernd – „Renaissance-Menschen" aus, die mit ihrer exzentrischen Persönlichkeit und oft künstlerischen Neigungen aus dem Rahmen fallen und genauso nach öffentlicher Geltung wie nach Erkenntniserweiterung streben, wie etwa der britische Premierminister Winston Churchill, der nicht nur Nazi-Deutschland die Stirn bot, sondern sich auch als Maler und Schriftsteller hervortat und mit einem Literaturnobelpreis ausgezeichnet wurde. ■

>> Gott (...) stellte den Mensche
zu ihm: Wir haben dir keine
eigenes Gesicht, noch irgende
Den übrigen Wesen ist ihre Nat
benen Gesetze bestimmt und w
Du bist durch keinerlei unübe
sondern du sollst nach deinem
Hand ich dein Geschick gelegt
vorherbestimmen. (...) Wir haben
als einen Irdischen, weder al
Unsterblichen geschaffen, dam
frei und ehrenhalber schaltend
die Form bestimmst, in der du zu
die Unterwelt des Viehs zu enta
höhere Welt des Göttlichen di
eigenen Geistes zu erheben.

Giovanni Pico della Mirandola 1486 über die „Würde des Menschen"

n die Mitte der Welt und sprach

bestimmten Wohnsitz, noch ein

e besondere Gabe erliehen (...).

durch die von uns vorgeschrie-

dadurch in Schranken gehalten.

indliche Schranken gehemmt,

genen freien Willen, in dessen

abe, sogar jene Natur dir selbst

ch weder als Himmlischen noch

einen Sterblichen noch einen

lu als dein eigener, vollkommen

Bildhauer und Dichter dir selbst

eben wünscht. Es steht dir frei, in

n. Es steht dir ebenso frei, in die

durch den Entschluß deines

Ab 1492 Kolonialisierung Amerikas durch europäische Mächte. **Anfang 16. Jahrhundert** Erste afrikanische Sklaven nach Amerika verschleppt. **1807** Großbritannien und die USA verbieten den Sklavenhandel. **1861–1865** Amerikanischer Bürgerkrieg beendet die Sklaverei in den USA.

Transatlantischer Sklavenhandel

Die Ware Mensch

Im 16. Jahrhundert begann die systematische Versklavung Millionen Schwarzafrikaner zur Bewirtschaftung der europäischen Kolonien in Übersee. Der Menschenhandel der Europäer hinterließ nicht nur in Afrika Spuren. Auch in Amerika, etwa in der US-Gesellschaft, sind die sozialen Folgen bis heute spürbar.

Barack Obama ist in Afrika geboren und gar kein Amerikaner: Das ist die Kernaussage einer Verschwörungstheorie, die während der Amtszeit des 44. US-Präsidenten im Netz sehr populär war und auch von Donald Trump bis 2016 vertreten wurde. Trump spielte – wohl in erster Linie aus wahltaktischen Gründen – lange Zeit mit den tief verwurzelten rassistischen Vorurteilen vieler weißer US-Amerikaner gegenüber den Millionen Afroamerikanern vor allem im Süden des Landes, deren Vorfahren zwischen dem 16. und 19. Jahrhundert als Sklaven aus Afrika verschleppt worden waren und die vielerorts noch heute um ihre soziale Gleichberechtigung kämpfen müssen.

Der historische Auslöser für die Menschentransfers von Afrika nach Amerika lag nicht zuletzt in der Unterdrückung der amerikanischen Ur-Bevölkerung durch die neuen europäischen Kolonialherren. Krankheiten, Zwangsarbeit und massenhafte Verfolgung hatten die einheimische Bevölkerung Amerikas stark dezimiert. Auf der Suche nach billigen Arbeitskräften für ihre Minen und Plantagen wandten sich die Europäer nach Afrika, wo sie auf Formen der Sklaverei und des Menschenhandels trafen, die ihren kommerziellen Interessen entgegenkamen.

Den Spaniern und Portugiesen folgten ab dem 16. Jahrhundert vor allem Engländer und Holländer. Sie bauten im Dreieck von Europa, Afrika und Amerika einen lukrativen transatlantischen Handel auf, der die Kolonien mit Arbeitskräften versorgte und den Export von Rohstoffen und Edelmetallen nach Europa sicherstellte. Dabei steuerten die europäischen Menschenhändler zunächst die westafrikanischen Küsten an. Im Tausch gegen Waren führten ihnen die lokalen Könige und Stammesfürsten arbeitsfähige Sklaven aus dem Hinterland zu. Zu Hunderten unter Deck zusammengepfercht und der Gewalt der Besatzung ausgeliefert, starben nicht wenige schon auf der Überfahrt. Nach der Ankunft in Südamerika, auf den karibischen Inseln und später in

den nordamerikanischen Kolonien wurden die Überlebenden meistbietend zur Zwangsarbeit verkauft. Voll beladen mit den von Sklaven hergestellten bzw. gewonne Produkten kehrten die Schiffe nach Europa zurück. Exotische Waren wie Zucker, Gewürze, Schokolade oder auch Tabak fanden reißenden Absatz und wurden nach und nach auch für größere Bevölkerungsschichten erschwinglich.

Die jahrhundertelange Ausbeutungspraxis deformierte langfristig die Gesellschaften in Afrika und in Amerika: Große Gebiete in West- und Zentralafrika wurden systematisch entvölkert und so langfristig in ihrer ökonomisch-politischen Entwicklung zurückgeworfen. Gleichzeitig bildete sich in den Kolonien in Übersee, da der Sklavenstatus vererbt wurde, eine rassistisch hierarchisierte Gesellschaft aus, in der Menschen über Menschen wie über Waren bestimmten. Die schwarzen Sklaven waren Eigentum ihrer weißen Besitzer und von deren Willen abhängig. Erst auf dem Wiener Kongress 1815 ächteten die europäi-

schen Monarchen die Sklaverei. Wie Großbritannien hatte auch die USA bereits 1807 den Sklavenhandel verboten, doch änderte sich an der Sklavenhaltung selbst nur zögerlich etwas. Die meisten Gründerväter der USA waren Sklavenhalter. Erst nach einem Bürgerkrieg zwischen 1861 und 1865 (→ Seite 179) wurde die Sklaverei in den USA formal abgeschafft. Zur vollen formalen Anerkennung der Bürgerrechte für die dunkelhäutige US-Bevölkerung kam es allerdings erst 1964.

Tatsächlich gibt es wohl eine Verbindung zwischen Barack Obama und der Geschichte der Sklaverei. Genealogen sind überzeugt, dass Obama mütterlicherseits entfernt mit John Punch verwandt ist, dem angeblich ersten schwarzen Sklaven in den USA. Dass ein vermeintlicher Nachkomme eines Sklaven 2009 US-Präsident werden konnte, belegt die Lebendigkeit des amerikanischen Traums – doch die soziale Wunde, die durch die jahrhundertelange Erniedrigung und Entmenschlichung vieler Generationen in den USA entstanden ist, ist noch nicht geheilt. ■

1517 Martin Luther veröffentlicht seine 95 Thesen. **1520** Luther veröffentlicht seine Schrift *Von der Freiheit eines Christenmenschen*. **1524–1525** Deutscher Bauernkrieg. **1534/40** Gründung des Jesuitenordens. **1536/41** Jean Calvin veröffentlicht die *Institutio Christianæ Religionis*. **1545–1563** Konzil von Trient leitet die katholische Reform ein. **1555** Augsburger Religionsfriede.

Die Reformation

Von der Freiheit eines Christenmenschen

Von der Kirchenreform zur politisch-konfessionellen Spaltung Europas: Ohne es zu wollen, erschütterte Martin Luther nicht nur die vermeintliche Glaubenseinheit des christlichen Abendlandes, sondern machte das christliche Bekenntnis auch zu einem wirksamen Instrument im Kampf um Einfluss und Macht zwischen den weltlichen Herrschern Europas.

England anglikanisch, Schottland calvinistisch, Irland katholisch, fast ganz Norddeutschland und Skandinavien lutherisch, Frankreich wie Süddeutschland und Österreich überwiegend katholisch, die Schweiz sowohl als auch. Mit Ausnahme von Spanien, Portugal und Italien ist die Verteilung der christlichen Konfessionen in Europa weitgehend das Erbe von Reformation und Konfessionalisierung ab dem 16. Jahrhundert. Ob der Augustinermönch und Theologe Martin Luther 1520 seine kirchenkritischen Schriften veröffentlicht hätte, wenn er um die weitreichenden Folgen gewusst hätte? Schwer vorstellbar, denn nichts lag ihm ferner als die Begründung von neuen Kirchen. Vielmehr wollte er die bestehende Universalkirche zu ihren Ursprüngen zurückführen. Doch die sich durch den Buchdruck (→ Seite 110) rasant verbreitenden Ideen Luthers trafen Anfang des 16. Jahrhunderts den Nerv einer allgemeinen Umbruch-

zeit, sodass sie teils von Politikern aus Eigeninteressen übernommen, teils von anderen Reformern weiterentwickelt bzw. uminterpretiert wurden. Innerhalb weniger Jahrzehnte wurde aus einem Streit zwischen Luther und der Papstkirche bzw. dem Kaiser eine grundlegende Auseinandersetzung zwischen lutherischen und kaisertreuen Fürsten im römisch-deutschen Reich. Ähnliche Krisensymptome und Konfliktlagen fanden sich auch in den Nachbarländern, und so entwickelten auch dort kirchliche Reformbestrebungen eine politische Eigendynamik. Die Folge waren Konfessionskriege innerhalb und zwischen den sich ausbildenden europäischen Territorialstaaten. Religiöse und politische Interessen waren kaum mehr voneinander zu trennen.

Seit dem 14. Jahrhundert gab es in der Kirche starke Erneuerungsbewegungen. Die konkrete Kritik Luthers am Ablasshandel, die er 1517 in 95 Thesen darlegte, bot das ideologische Ventil für das lange empfundene Unbehagen an der Glaubenspraxis der Kirche. In den nächsten Jahren führte Luther seine Lehren in verschiedenen theologischen Schriften weiter aus. Vor allem bestritt er die Autorität der römischen Kurie und betonte die prinzipielle Gleichheit und Freiheit des einzelnen Christen: Alleinige Grundlage des Glaubens sei die Heilige Schrift, die jeder Gläubige frei und ohne Interpretation durch die Kirche beurteilen könne. Den päpstlichen Führungsanspruch lehnte Luther radikal ab, die Kirchengemeinde sollte ihre Priester selbst bestimmen. Eine Provokation für den Klerus, die mit ihrer prinzipiellen Herrschaftskritik auch enormen sozialen Sprengstoff in sich trug. Als sich 1524/25 in Teilen des römisch-deutschen Reichs die Bauern gegen ihre Grundherren erhoben und dabei auf Luthers Lehren Bezug nahmen, wurde dies von dem Reformator streng zurückgewiesen und verurteilt. Luther unterschied scharf zwischen geistlicher und politischer Freiheit: So frei der Mensch in geistlichen Angelegenheiten sei, so sehr habe er den weltlichen, von Gott eingesetzten Macht-

habern zu gehorchen. Der 1521 von Kaiser Karl V. für vogelfrei erklärte Luther stand zu dieser Zeit bereits unter dem Schutz seines Landesherren, des Kurfürsten von Sachsen. Nicht zuletzt wegen des ideologisch begründeten Gehorsams gegenüber der weltlichen Obrigkeit hegten viele Landesfürsten Sympathien für die neue Lehre, ermöglichte sie doch zweierlei: Zum einen erhielten sie die Kontrolle über die Kirche in ihren eigenen Territorien, zum anderen konnten sie die Macht des Kaisers und des römischen Klerus zurückdrängen. Als viele Fürsten im römisch-deutschen Reich eigene Landeskirchen im Sinne der Lehren Luthers einführten, gewann die Reformation politische Durchschlagskraft und löste eine umfas-

> » Wenn ich nicht durch Zeugnisse der Schrift und klare Vernunftgründe überzeugt werde; denn weder dem Papst noch den Konzilien allein glaube ich, da es feststeht, dass sie öfter geirrt und sich selbst widersprochen haben [...]. Daher kann und will ich nichts widerrufen, weil wider das Gewissen etwas zu tun weder sicher noch heilsam ist. Gott helfe mir, Amen! «

Martin Luther auf dem Reichstag zu Worms, 1521

sende Gegenreaktion aus. Auf dem Konzil von Trient, an dem katholische Kirchenvertreter aus ganz Europa teilnahmen, wurden zwischen 1545 und 1563 die zentralen katholischen Glaubensinhalte definiert und insbesondere die bischöfliche Bereicherungspraxis eingedämmt.

Langfristig war die Glaubenseinheit jedoch weder intellektuell noch militärisch wiederherzustellen. Auf dem Augsburger Reichstag 1555 musste der Kaiser den Fürsten im Reich zugestehen, in ihren Gebieten die Konfession frei wählen zu können nach dem Prinzip „cuius regio, eius religio". Anerkannt wurde allerdings nur das lutherische Bekenntnis. Andere reformatorische Lehren blieben weiterhin verboten, etwa der in der Schweizer Stadtrepublik Genf entstandene Calvinismus, der eine strenge Kirchenzucht verlangte und von der Vorherbestimmtheit des menschlichen Schicksals ausgeht: Erst ein frommes Leben belege die Auserwähltheit durch Gott. Der Calvinismus gewann zeitweise in Frankreich durch die Hugenotten und später vor allem in Großbritannien, den Niederlanden und den USA an Einfluss. In Deutschland blieb Luther prägend, wobei sein Erbe weit über die Landeskirchen hinausgeht. Mit seiner Bibelübersetzung wurde Martin Luther auch zum Begründer der neuhochdeutschen Schriftsprache. Viele seiner Wortschöpfungen und Redewendungen sind heute noch Teil der Alltagssprache – „für immer und ewig". ■

1455–1485 Bürgerkrieg zwischen den Häusern Lancaster und York (Rosenkriege). **1485–1603** Herrschaft des Hauses Tudor. **1509–1547** Regierungszeit Heinrichs VIII. **1534** Suprematsakte begründet anglikanische Staatskirche. **1535** Hinrichtung des Staatsmannes Thomas More. **1558–1603** Regierungszeit Elisabeths I.

Heinrich VIII.

Der erste Brexit

Unter den nicht wenigen exzentrischen britischen Herrschern war er der schillerndste und wirkmächtigste: König Heinrich VIII. begründete eine eigene Nationalkirche und schuf damit die Grundlagen für die Ausbildung eines spezifisch englischen Patriotismus, der bis heute spürbar ist.

Für die einen war er einfach „ein unerträglicher Raufbold", so Charles Dickens, der nicht nur zwei seiner sechs Ehefrauen, sondern auch zahllose Regierungsmitglieder hinrichten ließ, die Zerstörung uralter Klöster zu verantworten hatte und in dessen Namen zahllose Oppositionelle ermordet wurden. Für die anderen war er vor allem ein begabter Herrscher, der das Land nach den sogenannten Rosenkriegen innerlich befriedete und die Basis für den späteren Aufstieg Englands zu einer modernen europäischen Macht legte. Unbestritten ist die schrille, widersprüchliche, vielfach literarisch und filmisch verarbeitete Persönlichkeit Heinrichs: sein umfassendes Bildungsinteresse sowie seine Gier nach Ruhm und Erfolg – Eigenschaften, die ihn als echten Renaissanceherrscher kennzeichnen. Dann aber auch seine Spielsucht, seine Sportbesessenheit und seine zunehmende Fresssucht und Leibesfülle, die ihn am Ende seines Lebens sogar am Laufen hinderte. Heinrichs vielfach überlieferter Jähzorn und seine Sprunghaftigkeit waren nicht nur eine menschliche Reak-

tion auf die einschneidenden politischen Umbrüche in seiner Regierungszeit, sondern lösten diese oft erst aus. Die Persönlichkeit des Königs ist nur schwer von seinen politischen Leistungen zu trennen. Beide bedingten einander.

Als Heinrich VIII. 1509 seinem Vater, dem ersten Tudor-König Heinrich VII., auf den Thron folgte, war die Herrschaft seiner Dynastie noch lange nicht gefestigt. Diese dauerhaft zu sichern war

zentrale Triebfeder von Heinrichs Politik. Zunächst zusammen mit dem Lordkanzler, Kardinal Thomas Wolsey, baute der König seine Macht im Inneren kontinuierlich aus. Durch eine pragmatisch-flexible Bündnispolitik auf dem Festland machte Heinrich sein Königreich zu einer relevanten Kraft in Europa – ein Vorläufer der später so erfolgreichen Politik der „Balance of Power". Doch das Ausbleiben eines männlichen Thronerben gefährdete Heinrichs Überzeugung nach die Stabilität der Dynastie. Seine während der ersten Ehe geborenen Söhne starben früh. Durch eine Verbindung einer Tochter mit einem auswärtigen Prinzen hätte ganz England in fremde Hände gelangen können – ein Alptraum. Er suchte eine neue Ehefrau, die er in seiner Geliebten Anne Boleyn auch schnell fand.

Als der Papst ihm die Scheidung von seiner ersten Ehefrau Katharina von Aragon aber verweigerte, kam es zu einer historischen Entscheidung: Obwohl er wenige Jahre zuvor noch die Reformationstheologie eines Martin Luthers (→ Seite 123) mit harschen Worten gegeißelt hatte, löste Heinrich 1534 in einem Gewaltakt die englische Kirche von Rom. Niemals sollte eine noch so hohe ausländische Autorität über sein Tun bestimmen. Keine wirklich protestantische Kirche, sondern in erster Linie eine nationale Kirche wollte der König schaffen. Mit aller Härte wurde das Kirchenwesen dem römischen Einfluss entzogen und den englischen Interessen untergeordnet. Mit der anglikanischen Kirche – die bis heute mit etwa 80 Millionen Mitgliedern drittgrößte der Welt – entstand eine neue nationale Institution, die nach außen geschützt werden musste. Nicht zuletzt durch Übersetzung der *Heiligen Schrift* ins Englische gewann auch die eigene Sprache immer mehr an Bedeutung für das nationale Selbstverständnis; insbesondere nach Heinrichs Tod 1547 erblühte die englische Nationalliteratur. Ausgerechnet eine seiner Töchter sicherte Heinrichs politisches Erbe: Unter der Regentschaft von Elisabeth I. ab 1588 setzte sich nicht nur endgültig das anglikanische Staatskirchentum durch, sondern stieg England auch zur neuen Seemacht auf. ∎

1607 Die Virginia Company of London gründet Jamestown. **1620** Die Pilgerväter erreichen auf der „Mayflower" das heutige Massachusetts. **1624** Niederländer gründen Nieuw Amsterdam (seit 1664 New York). **1692/93** Hexenprozesse von Salem in Massachussetts. **1776** Unabhängigkeitserklärung der Vereinigten Staaten von Amerika.

Die „Mayflower"

Umzug in God's own country

Die Überfahrt der 102 Pilgerväter 1620 aus England ist bis heute zentraler Bestandteil des US-Gründungsmythos. Die ersten Kolonien auf dem nordamerikanischen Kontinent, die Keimzelle der USA, waren geprägt von Unternehmergeist, Pionierbewusstsein – und Ignoranz gegenüber der indigenen Bevölkerung.

Es ist ein heiliges Ritual in den USA. Jedes Jahr am vierten Donnerstag im November kommen Familien aus dem ganzen Land zusammen, um gemeinsam mit einem großen Essen „Thanksgiving" zu feiern. Es dient als Erinnerung an das legendäre erste Erntedankfest im Herbst 1621, das die „Pilgerväter" als Dank zusammen mit indianischen Ureinwohnern drei Tage lang gefeiert haben sollen. Weil sie in England verfolgt wurden, waren diese strenggläubigen Puritaner ein Jahr vorher an Bord der „Mayflower" in See gestochen und hatten sich im heutigen Massachusetts angesiedelt. Der Mythos der „Pilgerväter" speist sich aus dem noch auf der Überfahrt geschlossenen Vertrag, der in den späteren USA zum zentralen Gründungsdokument verklärt worden ist: In ihm verpflichteten sich alle zum Aufbau einer gottgefälligen Gemeinschaft, die auf den Prinzipien der Selbstverwaltung, Gleichheit und religiöser Autonomie basiert. Dieser Traum von einem „neuen Jerusalem" ist in säkularisierter Form heute noch in dem charakteristischen Sendungsbewusstsein der USA spürbar in dem Glauben an die USA als den Hort von Freiheit und Demokratie, als einzigartiges Vorbild in der Welt, als Heimat der Mutigen, denen die Freiheit bestimmt ist: „the land of the free and the home of the brave" – wie es in der US-Nationalhymne heißt.

Immer mehr Menschen kamen ab dem 17. Jahrhundert in das Land mit der vermeintlich grenzenlosen Freiheit. Bis 1640 erreichten etwa 20.000 englische Puritaner Massachusetts. In den mehr oder weniger rigide sozial und geistig kontrollierten Gemeinschaften arbeiteten viele erfolgreich als Kaufleute oder Schiffsbesitzer. Wegen religiöser Differenzen kam es zu mehreren Abspaltungen, in deren Folgen neue Kolonien wie Connecti-cut, Rhode Island und New Hampshire gegründet wurden.

Aber nicht nur religiöse Verfolgung trieb Menschen über den Atlantik. Frühe Kolonien wie das 1607 gegründete Jamestown entstanden auf Initiative von Kaufleuten oder adeligen Investoren, die vor allem Landwirtschaftsbetriebe aufbauen wollten. Je erfolgreicher die Geschäfte in den Kolonien liefen, desto größer wurde ihre Anziehungskraft, gerade für viele ärmere Europäer. Um 1700 kamen über 80 Prozent der Kolonisten entlang der nordamerikanischen Ostküste aus England oder Wales, 70 Jahre später war schon fast jeder Dritte Neuankömmling anderer europäischer Herkunft. Handelte es sich anfangs mehrheitlich um privat organisierte Eigentümer- oder Handelsgesellschaftskolonien, unterstanden bis zum Ende der Kolonialzeit in den 1770er Jahren acht Kolonien direkt einem von der britischen Krone eingesetzten Gouverneur vor Ort. 1664 hatte England von den Holländern die dank Pelz- und Fellhandels florierende Kolonie „Niew Amsterdam" erobert, die von nun an „New York" hieß – benannt nach dem Bruder des englischen Königs Karl II., dem Herzog von York. Die britischen Besiedelungsgebiete wuchsen auch durch Kriegsgewinne immer mehr zu einer fast geschlossenen Fläche entlang der Ostküste zusammen. Die Kolonien wurden immer besser in den Wirtschaftskreislauf des Empires eingebunden, wobei ihnen von Anfang an politisch relativ große Freiräume gelassen wurden. Unabhängig vom konkreten Rechtsstatus entwickelten sich in den 13 Kolonien eigenständige, nach Zensuswahlrecht gewählte Regionalparlamente, die immer stärker ihre Zuständigkeit für die politischen Entscheidungen vor Ort einforderten (→ Seite 158). Der Umgang mit den indianischen Ureinwohnern spielte allerdings in keinem Parlament eine Rolle. Sobald sich eine Stammesgemeinschaft gegen die Landnahme durch europäische Siedler wehrte, wurde sie erbarmungslos verfolgt – auch schon von den Pilgervätern. Erst 1924 erhielten alle in den USA geborenen sogenannten Native Americans die volle amerikanische Staatsbürgerschaft. ∎

= proportionaler Anteil
der Kriegstoten

1618–1648

1555 Augsburger Religionsfriede sucht Ausgleich zwischen Katholiken und Lutheranern. **1562–1598** Hugenottenkriege in Frankreich. **1568–1648** Achtzigjähriger Krieg der (nördlichen) Niederlande gegen Spanien. **1618–1648** Dreißigjähriger Krieg. **1648** Westfälischer Friede von Münster und Osnabrück.

Der Dreißigjährige Krieg

Neue Spielregeln für das Staatensystem

Die Zeit der Glaubenskriege endete mit dem Dreißigjährigen Krieg, dem bis dahin verheerendsten Krieg in Europa. Die 1648 vereinbarte Friedensordnung institutionalisierte nicht nur die religiöse Toleranz, sondern schuf einen modernen politischen Akteur: den souveränen Staat nach innen und nach außen.

Der Dreißigjährige Krieg galt bis ins 20. Jahrhundert als die größte Katastrophe in der mitteleuropäischen Geschichte. Aus einem regionalen Aufstand in Böhmen entwickelte sich ab 1618 der – so Golo Mann – „verrückteste Krieg" der Neuzeit, in dem fast alle europäischen Mächte in wechselnden Koalitionen und mit zunehmender Grausamkeit gegeneinander ankämpften. Im Verlauf der Auseinandersetzungen wurde das Söldnerwesen perfektioniert, und private Kriegsunternehmer wie der kaiserliche General Albrecht von Wallenstein häuften große Vermögen an. Insbesondere in den letzten Kriegsjahren wechselten die Söldner je nach finanziellem Angebot immer schneller die Seiten oder gingen bei ausbleibendem Lohn eigenmächtig auf Raubzug. Als der Krieg 1648 zu einem Ende kam, hatte das römisch-deut-

sche Reich ungefähr ein Viertel seiner Bevölkerung eingebüßt, ganze Landstriche waren entvölkert und verwüstet. In einigen Gebieten Deutschlands sind die strukturellen Auswirkungen noch heute spürbar, etwa im eher dünn besiedelten Mecklenburg.

Die Friedensverhandlungen in den westfälischen Städten Münster und Osnabrück hatten eine grundsätzliche politische Neuordnung Europas zur Folge. Insbesondere zwei Prinzipien wurden als Grundlage des europäischen Staatensystems wegweisend: die Anerkennung der konfessionellen Vielfalt in Europa und die territorialstaatliche Selbstbestimmung. Eigenständige Staaten sollten nach innen den öffentlichen Frieden sichern und nach außen einen Ausgleich suchen.

Seit Mitte des 16. Jahrhunderts waren in ganz Europa die konfessionellen Spannungen immer weiter angewachsen. In Frankreich begann 1562 ein langjähriger Bürgerkrieg zwischen Calvinisten und Katholiken; sechs Jahre später erhoben sich die Niederländer gegen ihre katholischen Herrscher aus Spanien. Im konfessionell zersplitterten Reich hatten sich die konfessionellen Lager

» **Es hat Gott der Herr nicht allein Teutschland mit Krieg, Feuer, Krankheiten, sondern auch mit dass wohl bei Menschengedenk dergleichen nie gesehen und e diese Teuerung und Hungersnot Grausen und Erschrecken kann ni zu Ruffach, einer Stadt (...) im Elsass zum Totengräber gekommen se fleißig mit diesen Worten ang aufgewartet, dass sie von dem S könnte, aber vergeblich und se halben darum (...) gekommen, bitten, ob nicht vielleicht noch e nam vorhanden wäre, den wollte Hunger dadurch zu büßen, mit Lus**

Zeitgenössischer Bericht aus dem Jahr 1636

iese Zeit das ganze hochbetrübte

rstörung und Pestilenz und allerlei

uerung dermaßen heimgesucht,

, ja so lang die Welt entstanden,

ört worden, sondern überwindet

e Strafen, (...) also dass auch ohne

beschrieben werden, was nämlich

passierte, dass an einem Sonntag

gnes Ebsteinrein (...) und ihn ganz

det, sie (...) hätte etliche Tage

nder etwas tot Rossfleisch haben

vegen großer Kälte und Hungers

Totengräber insbesonderheit zu

unger toter unbegrabener Leich-

ohne einiges Ekel , den großen

ssen.

bereits zu Verteidigungsbündnissen zusammengeschlossen, als im Jahr 1618 ein regionaler Konflikt zwischen den böhmisch-mährischen Ständen und den katholischen Habsburgern einen Flächenbrand auslöste. Der anfängliche Glaubenskrieg entwickelte sich schnell zu einem reinen Machtkampf: Während Frankreich versuchte, sich aus der Umklammerung der Habsburger von Spanien, den Niederlanden und vom Reich aus zu lösen, ging es den skandinavischen Ländern um die Vorherrschaft über die Ostsee. Frankreich, Dänemark und Schweden verbanden sich jeweils mit Reichsfürsten, die ihrerseits vor allem gegen die Oberherrschaft der Habsburger Kaiser kämpften. Insbesondere in der letzten Phase des Krieges ab 1635 spielten religiöse Bekenntnisse gar keine Rolle mehr, als etwa das katholische Frankreich

mit dem protestantischen Schweden ein Bündnis einging, um gegen die katholischen Habsburger zu kämpfen, die nun ihrerseits mit den protestantischen Reichsfürsten kooperierten.

Bereits Jahre vor dem eigentlichen Kriegsende begannen in Münster und Osnabrück die Friedensverhandlungen, deren Erfolg vor allem auch darin bestand, dass sie überhaupt stattfanden und abgeschlossen werden konnten. Weil man die Existenz von verschiedenen Konfessionen nicht mehr infrage stellte und das prinzipiell gleiche Recht jedes Herrschers über sein Territorium respektierte, gelang es erstmals, einen Konflikt durch Verhandlungen auf diplomatischem Wege dauerhaft zu lösen. Kriege wurde in der Folge zwar nicht weniger, aber bis zur Französischen Revolution vielfach anders geführt. In den Terri-

torialstaaten unterhielten die Fürsten oder Könige stehende Heere, die unter größtmöglicher Schonung der Zivilbevölkerung gezielt und eher geschäftsmäßig in sog. Kabinettskriegen eingesetzt wurden. In der Regel ging es um einen Herrschaftswechsel in einem anderen Staat und nicht um die Zerstörung des Landes.

Die im Westfälischen Frieden geschaffene außenpolitische Ordnung fußte wesentlich auf dem Souveränitätsprinzip der Staaten, das bis heute ein zentraler Baustein internationaler Friedensdiplomatie ist: Kein Staat sollte sich in die inneren Angelegenheiten seiner Nachbarn einmischen dürfen. Davon profitierten nicht nur die Schweiz und die heutigen Niederlande, die 1648 ihre staatliche Unabhängigkeit erlangten. Gerade auch die Fürsten des römisch-deutschen Reichs bestimmten nun relativ eigenständig über ihr Territorium und durften etwa auch mit fremden Mächten koalieren. Die Voraussetzungen für den späteren Aufstieg Preußens und Österreichs zu deutschen Großmächten wurden so bereitet. Lange galt daher vor allem der Kaiser als großer Verlierer des Friedensschlusses. Er blieb in wesentlichen Fragen von der Zustimmung der Reichsstände abhängig.

Der lockere Ordnungsrahmen des römisch-deutschen Reichs in Zeiten der Ausbildung mächtiger Einzelstaaten wurde in der Rückschau häufig als Anachronismus bewertet. Heutzutage wirkt er überraschend modern und anpassungsfähig, weil er supranationalen europäischen Organisationsstrukturen wie denen der EU ähnelt. ∎

Wissenschaftliche Revolution

Isaac Newton erklärt die Welt neu

Der englische Naturphilosoph Isaac Newton gilt als Vater der modernen Physik. Er steht exemplarisch für den grundlegenden Paradigmenwechsel in den Naturwissenschaften, Naturgesetze ohne Bezug auf Gott nur noch mit Empirie und Logik entschlüsseln zu wollen.

Praktisch sein ganzes Leben verbrachte der Jahrhundertforscher Isaac Newton in Einsamkeit. War er tatsächlich ein Autist? Waren seine chronischen Depressionen Folge von Vergiftungen durch seine Forschung mit Chemikalien? Es gibt Psychiater, die hinter Newtons außergewöhnlichen geistigen Fähigkeiten einen klassischen Krankheitsfall vermuten. Wenn auch der persönliche Preis womöglich sehr hoch gewesen sein mag – seine Veröffentlichungen, insbesondere seine dreibändigen *Mathematischen Prinzipien der Naturwissenschaft* von 1687, setzten wissenschaftliche Maßstäbe. Sie gelten als Höhepunkt der „wissenschaftlichen Revolution" im Europa des 16. und 17. Jahrhunderts, einer Epoche großer Fortschritte vor allem in der Naturforschung. In dieser Zeit wurden die Grundlagen für die modernen exakten Naturwissenschaften gelegt.

Vorhandenes oder tradiertes Wissen kann erst dann als gesichert gelten, wenn es sich durch systematische Beobachtungen und Experimente wiederholt beweisen lässt, lautete das neue Wissenschaftsparadigma. Es war bereits 500 Jahre zuvor von Gelehrten der islamischen Kultur aufgestellt worden (→ Seite 071), aber nicht nachhaltig ins Abendland eingedrungen. Die Frage nach dem Warum hatte die Frage nach dem Wie bis dahin stets überlagert. Physik, Chemie, Optik, Botanik, Zoologie, Astronomie, Physik, Medizin: In einigen der nun neu entstandenen Wissenschaften forschte auch Newton. Wegweisend waren aber vor allem seine Entdeckung der Infinitesimalrechnung, ein heutiger Grundpfeiler der Mathematik, und seine Grundlegung der Mechanik. Newton bewies, dass Gesetze der Natur allgemein gültig sind und mithilfe der Mathematik ausgedrückt werden können. So formulierte er drei einfache Formeln zu den Bewegungsgesetzen von Körpern, mit denen man ebenso die Flugbahnen von Äpfeln wie auch von Planeten berechnen kann. Erst mit der Entwicklung der Quantenphysik Anfang des 20. Jahrhundert wurden die Newton'schen Gesetze relativiert. ■

Glorious Revolution

Englands demokratischer Sonderweg

In der konservativen, weitgehend friedlichen Revolution von 1688/89 verlor die englische Krone endgültig ihren langjährigen Kampf um die absolute Herrschaft. Mit der Verabschiedung der *Bill of Rights* wurde der Weg zu einer parlamentarischen Monarchie geebnet.

Viele Zeremonien im britischen Unterhaus wirken heute als Theater ohne rechten Sinn. Warum wird vor jeder Sitzung in einer feierlichen Prozession der königliche Zeremonienstab in die Mitte der Parlamentskammer getragen? Oder warum muss der Speaker, der Parlamentssprecher, nach seiner Wahl gegen seinen vermeintlichen Willen von einigen Abgeordneten zu seinem Sitz in der Kammer geführt werden? Zwei exemplarische Rituale, die skurril scheinen und nur vor dem Hintergrund der langwierigen Kämpfe des Parlaments mit den Monarchen im 17. Jahrhundert verständlich sind. Erst infolge der sogenannten Glorious Revolution kam es zu dem bis heute gültigen historischen Kompromiss zwischen Krone und Parlament, in dem sich beide Institutionen gegenseitig prinzipiell anerkannten und eine Gewaltenteilung zwischen dem König oder der Königin als Exekutive und dem Parlament als Legislative rechtlich festgeschrieben wurde.

Seit der Magna Charta (→ Seite 085) von 1215 war der englische Monarch nicht mehr allmäch-

tig, sondern in vielen Fragen von der Zustimmung hoher Adeliger abhängig. Aus dem königlichen Beratungsgremium entwickelte sich ab dem 14. Jahrhundert ein Parlamentssystem mit zwei getrennt tagenden Kammern: dem Oberhaus für Hochadel und Klerus sowie dem Unterhaus für Ritter und Bürger. Die Kämpfe begannen 1625, als der neue König Karl I. Stuart das Parlament zu entmachten suchte. Hinzu kamen religiöse Konflikte zwischen Puritanern, Katholiken und Anglikanern, die diese grundsätzliche Machtfrage zwischen König und Parlament immer weiter eskalieren ließen. Aus dem offenen Bürgerkrieg ab 1642 ging der radikale Puritaner Oliver Cromwell als Sieger hervor: Er erklärte sich zum Regierungschef einer Republik und ließ am 30. Januar 1649 König Karl I. köpfen. Die Hinrichtung des gesalbten Monarchen war ein verstörendes Ereignis in einer Zeit, als überall in Europa die Fürsten eine Ausweitung ihrer Herrschaftsrechte auf Basis absolutistischer Prinzipien und des Gottesgnadentums anstrebten. Und sie war ein Menetekel für die Zukunft: Zum ersten Mal wurde in Europa ein königliches Oberhaupt im Namen des Volkes getötet.

Aber die Republik blieb ebenso eine Episode wie die 1660 restaurierte Stuart-Monarchie unter Karl II. Erst als Wilhelm III. von Oranien 1689 den englischen Thron bestieg, wurde der Konflikt dauerhaft befriedet: In der *Bill of Rights*, die heute zu den Staatsgrundgesetzen Großbritanniens gehört, gestand der neue König dem Parlament weitreichende Rechte zu. Ohne Zustimmung des Parlaments sollten keine Gesetze oder Steuern erlassen oder kein stehendes Heer unterhalten werden. Die königlichen Parallelgerichte wurden abgeschafft, dafür dem Parlament regelmäßig freie Wahlen und den Abgeordneten freie Rede zugesichert. Es dauerte allerdings noch einige Jahrzehnte, bis in der konstitutionellen britischen Monarchie wirklich das Parlament zum bestimmenden Machtfaktor wurde. Im Jahr 1721 übernahm mit Robert Walpole zum ersten Mal der Führer der Unterhausmehrheit als Premierminister die Re-

gierungsgeschäfte. Zu einer umfassenden Demokratisierung kam es erst 1918, als das allgemeine (Männer-)Wahlrecht für das Unterhaus eingeführt wurde. An der strikten Gewaltenteilung zwischen Krone und Parlament hat sich bis heute nichts geändert. Immer noch darf der Monarch das Unterhaus nicht betreten, weswegen der Zeremonienstab im Parlament die königliche Autorität repräsentiert. Der scheinbare Widerwille des Speakers, nach der Wahl sein Amt anzutreten, ist auf seine einstige Funktion zurückzuführen, stellvertretend vor dem Monarchen die Belange des Parlaments zu vertreten – was einige Amtsinhaber das Leben gekostet hat. ■

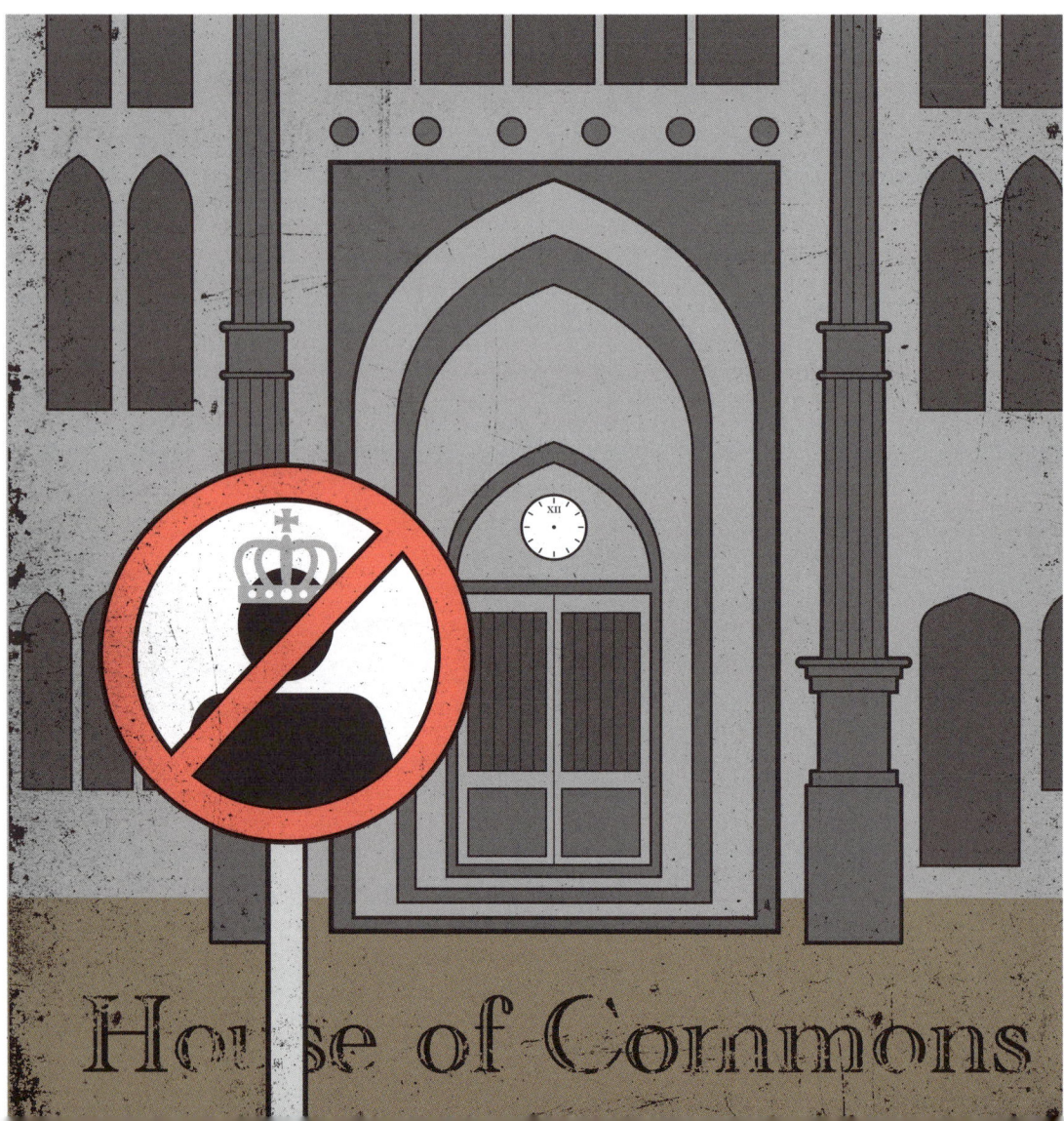

>> Es lässt sich die These vertreten, dass langfristig das besitzende Bürgertum den größten Nutzen aus der Niederlage der absolutistischen Kräfte in der „Englischen Parlamentsrevolution" gezogen hat (...). Die Ereignisse von 1688/1689 erweiterten die politischen Spielräume der dynamischen Kräfte der englischen Gesellschaft, die ein Jahrhundert später zu Trägern einer anderen Umwälzung wurden: der Industriellen Revolution, die nicht nur in England die wirtschaftlichen und sozialen Verhältnisse von Grund auf verändern sollte. <<

Der Berliner Historiker Heinrich August Winkler stellt die „Glorious Revolution" in den großen historischen Zusammenhang.

Peter der Große

Gehört Russland zu Europa?

An der Wende zum 18. Jahrhundert modernisierte der russische Zar Peter I. sein Reich rücksichtslos nach westlichem Vorbild und machte so das riesige Land zu einem relevanten Machtfaktor im europäischen Staatensystem. Bis heute ist das Verhältnis zwischen Russland und Europa von ambivalenten Gefühlen gekennzeichnet.

„Zar Peter wäre durchaus ein Mann nach meinem Geschmack, wofern er's lassen könnte, bei der Hoftafel sich ins Tischtuch zu schnäuzen." Die Kurfürstin Sophie von Hannover war auch 1713 nicht von Peters höfischen Umgangsformen überzeugt, worüber er sich wohl am meisten ärgerte. Denn der russische Zar hatte seit der Übernahme der Alleinherrschaft 1689 alles daran darangesetzt, mittelalterliche russische Gepflogenheiten zu überwinden und seinem Volk europäische Umgangsformen beizubringen. Am Zarenhof zirkulierten Etikettenbücher, die zeitgemäße Benimmregeln lehrten. Russische Männer hatten ihre Bärte abzuschneiden, die Bevölkerung westeuropäische Kleidersitten zu übernehmen. Europa galt vor allem aber in politisch-ökonomischer Hinsicht als Vorbild und Ziel. Durch Übernahme westlicher Techniken und Herrschaftsstrukturen sollte der wirtschaftliche und administrative Rückstand Russlands aufgeholt werden. Peter

höchstselbst war zwischen 1697 und 1698 zum Teil inkognito durch Preußen, England und die Niederlande gereist. Dort hatte er sich unter anderem als Schiffbauer ausbilden lassen, um so ein eigenes Bild von modernen Arbeitsmethoden zu gewinnen. Ungewöhnliche volksnahe Hemdsärmeligkeit, aber auch brutale Durchsetzungsfähigkeit zeichneten den Zaren aus, der Russland innerhalb kurzer Zeit grundlegend veränderte.

Nach seiner Europareise schlug Peter einen Militärputsch mit äußerster Brutalität nieder und begann, sein Land nach zeitgenössischen absolutistischen Maßstäben umzugestalten. Er unterstellte die orthodoxe Kirche seiner direkten Herrschaft und verschärfte die Kontrolle über den Adel. Experten aus Europa gründeten im Land Manufakturen und Akademien. Ein neuer Dienstadel, der sozialen Aufstieg nach dem Leistungsprinzip ermöglichte, sollte die Effizienz der Verwaltung erhöhen. Vor allem modernisierte Peter das Heer und die Flotte und erlangte so im Nordischen Krieg eine Vormachtstellung im Ostseeraum. Als Zeichen der neuen Westorientierung verlegte er die Hauptstadt 1713 von Moskau ins noch unbedeutende Sankt Petersburg, eine Hafenstadt an der Ostsee, die er ab 1703 unter schlimmsten Arbeitsbedingungen aus dem Boden hatte stampfen lassen. Schätzungen zufolge verloren bis zu 100.000 Menschen bei den Bauar-

beiten ihr Leben. Im Gegensatz zum traditionelle-ren Moskau gilt Sankt Petersburg bis heute in Russland als ein kulturelles Zentrum mit starker westlicher Prägung.

Als Peter der Große 1725 starb, hatte er Russ-land als europäischen Machtfaktor etabliert. Das Verhältnis zu Europa blieb aber zweischneidig. Nach dem Sieg über Napoleon Bonaparte wurde Zar Alexander I. 1814/15 auf dem Wiener Kon-gress noch als „Retter Europas" gefeiert, und bis Anfang des 20. Jahrhunderts war Russland nicht zuletzt dynastisch eng mit Europa verbunden. In politisch-ökonomischer Hinsicht jedoch fiel das Riesenreich seit dem 19. Jahrhundert immer wei-ter hinter den Entwicklungen in Westeuropas zu-rück. In der Zeit der Sowjetunion verstärkten sich die Unterschiede noch weiter. Mit dem Ende des Kalten Krieges war die Hoffnung in Russland groß, das Land durch verschiedene Modernisie-rungs- und Partnerschaftsabkommen erneut im Sinne Peters des Großen stärker an die politische Kultur und gesellschaftlichen Werte Westeuropas anzuschließen. Trotz anfänglich positiver Signale entwickelt sich der russische Präsident Putin seit den 2010er Jahren immer mehr zu einem Anti-Peter: Mit einer traditionell-autoritären Politik-orientierung nach innen und außen scheint er Russland gerade bewusst als ideologisches Ge-genmodell zur offenen, „globalisierten" Kultur des Westens zu positionieren – durchaus mit Erfolg. ■

1643–1715 Regierungszeit Ludwigs XIV. **1658–1652** Bürgerkrieg gegen die Stände und den Adel (sogenannte Fronde). **Ab 1661** Ausbau von Schloss und Park von Versailles. **1672–1678** Holländischer Krieg. **1688–1697** Pfälzischer Erbfolgekrieg (Neunjähriger Krieg). **1701–1714** Spanischer Erbfolgekrieg.

Ludwig XIV.

Der Staat bin ich!

Seinen berühmtesten Satz „L'État c'est moi" hat er nie gesagt. Aber wie kein anderer Herrscher seiner Zeit verkörperte der französische König Ludwig XIV. einen absoluten Machtanspruch. Unter seiner Regentschaft wurde Frankreich zumindest kulturell zur unbestrittenen Führungsmacht auf dem Kontinent.

Bis ins hohe Alter war sein Tagesablauf im Schloss klar geregelt: Nach dem Wecken durch den Kammerdiener wählte Ludwig XIV. in Anwesenheit enger Familienmitglieder Perücken für den Tag aus und nahm ein kleines Frühstück ein, bevor er sich anziehen ließ, umgeben von etwa 40 Günstlingen. Nach einem festen Protokoll stießen nach und nach Diplomaten, Kleriker und andere Würdenträger hinzu. Dem Besuch der Messe folgten Beratungen mit den Ministern im Kabinett. Den Nachmittag verbrachte der König mit Höflingen im Park, bevor er abends mit seinen Sekretären bis etwa 22 Uhr wieder Regierungsarbeit verrichtete. Die Nachtvorbereitungen folgten wieder einem festen Ritual in zwei Etappen, wobei auch das Ausziehen jedes Kleidungsstücks sorgsam geregelt war. Streng bewacht legte sich der König gegen Mitternacht schlafen.

Der ausgefeilte Tagesablauf war Teil eines strengen Hofzeremoniells, mit dem Ludwig XIV. seine unantastbare Machtstellung gegenüber den

hohen Ständen demonstrieren wollte. Seit den Adelsaufständen gegen die Krone von 1648 bis 1652 wusste Ludwig um die Gefährdung der königlichen Herrschaft. Deswegen versuchte er jeden, der in Frankreich Rang und Namen hatte, an seinen Hof zu binden, an dem zeitweise über 20.000 Menschen lebten. Bewusst schürte er die Konkurrenz unter den Adeligen, indem er ihnen Privilegien und eben auch den persönlichen Zugang zu seinen Gemächern gewährte und wieder entzog.

Die Größe des Königtums sollte sich auch in Kunst und Architektur widerspiegeln. An der prunkvollen Schlossanlage von Versailles arbeite-

ten rund 35.000 Menschen fast 30 Jahre lang. Der großzügige Park mit den unzähligen Fontänen und Terrassen war geometrisch genau auf das Schloss ausgerichtet. Vor allem dank seiner kunstvollen Selbstinszenierung wurde Ludwig XIV. zum Vorbild für die Königshäuser Europas und Inbegriff absolutistischer Prachtentfaltung, wenn er auch faktisch nie so unabhängig war, wie er theoretisch sein wollte.

Tatsächlich war Ludwig vor allem auch ein disziplinierter Arbeiter, dem es ab 1661 zusammen mit wenigen Vertrauten gelang, die Stellung des Adels zu schwächen und so die Staatsgewalt in seiner Hand kontinuierlich zu festigen: Königliche Beamte übernahmen die Aufgaben der Provinzfürsten, adelige Gerichte wurden entmachtet und die Mitbestimmung ständischer Vertretungen minimiert. Unter Ludwig XIV. vollzog sich die bereits von den leitenden Ministern und Kardinälen Richelieu und Mazarin zwischen 1624 und 1661 eingeleitete Zentralisierung der politischen Strukturen, die Frankreich bis heute prägen. So nachhaltig er im Inneren wirkte, so wenig erfolgreich waren Ludwigs Versuche, sich mit einer modernisierten Streitmacht auch eine Führungsrolle in Europa zu sichern. Die Kriege um die Pfalz, Spanien und die Niederlande brachten nur kurzzeitig territoriale Gewinne. Als Ludwig XIV. 1715 starb, hielt sich die Trauer im Land in Grenzen: Das Volk war verarmt und der Staat vor allem wegen der enormen Kriegskosten hoch verschuldet. Doch das Geld hat Ludwig post mortem mit Zins und Zinseszins dem Land zurückgezahlt. Von seinem Kunst- und Kultursinn und seinem großzügigen Mäzenatentum profitieren insbesondere Paris und sein Umland bis heute. Vor den Toren der Stadt entstanden neben Versailles noch weitere Schlösser, in der Stadt selbst errichtete der König unter anderem die Place Vendôme und den Invalidendom und ließ den Prachtboulevard der Champs-Élysées als städtebauliche Achse anlegen. Ohne Ludwig XIV. wäre Paris wohl nie die Kultur- und Stilmetropole von Weltrang geworden, die bis heute Millionen Gäste jährlich anzieht. ◼

Piraterie

Freibeuter im Namen der Krone

In ihrer Hochzeit zwischen dem 16. und dem 18. Jahrhundert waren Piraten nicht nur gesetzlose Seeräuber, sondern oft auch wichtige Handlanger im Dienste der europäischen Seemächte.

Wie sehr das romantisierte Bild von den Piraten heute noch im kollektiven Gedächtnis verankert ist, zeigt der weltweite Erfolg der Piraten-Filmreihe *Fluch der Karibik* (seit 2003). Bis heute umweht Piraten und Piratinnen wie Edward Teach, genannt Blackbeard, Mary Read oder Anne Bonny in zahlreichen Anekdoten ein Flair von Freiheit und Abenteuer. Oder sie werden gar zu heroischen Gegnern der herrschenden Gesellschaftsordnung überhöht wie zum Beispiel in Deutschland der berüchtigte Klaus Störtebeker, der im 14. Jahrhundert mit seinen Raubzügen als vermeintlicher „Robin Hood der Ostsee" eine permanente Bedrohung für den Hanseraum darstellte.

Tatsächlich einte die Piraten in der Regel vor allem die Hoffnung auf schnellen Reichtum und die Flucht vor persönlichen Notlagen. In drangvoller Enge zusammengepfercht, war der Alltag auf einem Piratenschiff meist von Hunger, Konflikten und Willkür geprägt. Von Freiheit und Ungebundenheit war selten etwas zu spüren. Und doch erlebte das Piratenwesen ab dem 16. Jahrhundert eine ungeheure Blüte. Denn mit dem Beginn der europäischen Expansion (→ Seite 113) stiegen die Güterströme über den Atlantik massiv an, was bald zu einer rasanten Zunahme der Piraterie führte. Das offene Meer war faktisch rechtsfreier Raum, der kaum geschützt werden konnte. Um sich Vorteile in Übersee zu verschaffen, entwickelte sich zwischen den europäischen Staaten ein fast permanenter Seekrieg, wobei man sich auf allen Seiten, bei Bedarf auch in den Kolonien in Übersee, der Dienste von Piraten bediente. Insbesondere die Niederlande und stärker noch das aufstrebende England statteten Männer wie Francis Drake oder Henry Morgan mit Kaperbriefen aus, um Schiffe oder Häfen gegnerischer Mächte zu überfallen. Drake wurde sogar von der englischen Königin Elisabeth I. mit einem Überfall auf die Spanische Armada beauftragt und sie beteiligte sich persönlich an der Finanzierung. Einige besonders erfolgreiche Freibeuter wurden für ihren „Staatsdienst" offiziell ausgezeichnet und mit hohen militärischen Rängen ausgestattet.

Ab Beginn des 18. Jahrhunderts gingen die Kolonialmächte jedoch mit schnelleren Militärschiffen und gut dotierten Ausstiegsangeboten immer erfolgreicher gegen das ausufernde Unwesen der Piraten vor.

Seeräuberei war nie romantisch oder heldenhaft, auch heute nicht. Noch immer stellt sie eine Bedrohung dar: Zwischen 2011 und 2018 zählte man weltweit 2063 Überfälle auf See. ■

1740–1786

1739–1740 Kronprinz Friedrich und Voltaire arbeiten am *Anti-Machiavel*. 1740–1786 Regierungszeit Friedrichs II. 1740–1748 Österreichischer Erbfolgekrieg. 1740–1742/1744–1745 Erster und Zweiter Schlesischer Krieg. 1756–1763 Siebenjähriger Krieg. 1772–1795 Aufteilung Polens zwischen Preußen, Österreich und Russland.

Friedrich II.

Preußens Glanz und Gloria

Unter König Friedrich II. stieg Preußen ab Mitte des 18. Jahrhunderts zu einer europäischen Großmacht auf, die lange als Keimzelle späteren deutschen Größenwahns galt. Als Militarist und Schöngeist verkörperte Friedrich selbst die beiden prägenden preußischen Traditionslinien.

Am Ende stand ein nüchterner Verwaltungsakt. „Der Staat Preußen, der seit jeher Träger des Militarismus und der Reaktion in Deutschland gewesen ist, […] seine Zentralregierung und alle nachgeordneten Behörden werden hiermit aufgelöst", hieß es im Alliierten Kontrollrat-Gesetz Nr. 46 vom 25. Februar 1947. Preußen sei die Wurzel allen Übels, das das nationalsozialistische Deutschland zwischen 1933 und 1945 über die Welt gebracht hatte, davon waren nicht nur die Alliierten nach dem Zweiten Weltkrieg überzeugt. Hatte nicht Adolf Hitler am sogenannten Tag von Potsdam im Februar 1933 durch seinen Handschlag mit dem preußischen Feldmarschall und deutschen Reichspräsidenten Paul von Hindenburg die Kontinuität zwischen konservativem Preußentum und Nationalsozialismus öffentlich dokumentiert? Und hing nicht als einziges Bild über seinem Schreibtisch im Führerbunker ein Porträt von Friedrich II.?

Allerdings wird man dem historischen Preußen keineswegs gerecht, wenn man von Friedrich II. eine direkte Verbindungslinie zu Hitler zieht. Tatsächlich prägten Militär- und Machtverherrlichung sowie Untertanengeist die hierarchisch geordnete preußische Klassen- bzw. Ständegesellschaft bis ins 20. Jahrhundert – aber ebenso von Anfang an auch kulturell-religiöse Toleranz, Weltoffenheit und Kreativität. Diese beiden widersprüchlichen Kontinuitätsstränge personifiziert symbolisch die charismatische Herrscherfigur Friedrich II., der Preußen im 18. Jahrhundert mit Gewalt auf die Weltbühne führte.

Sein Vater Friedrich Wilhelm I., genannt der Soldatenkönig, hatte Brandenburg-Preußen, die ressourcen- und einwohnerarme „Sandbüchse" des Reichs, in der ersten Hälfte des 18. Jahrhunderts zu einem straff organisierten Militär- und Beamtenstaat geformt. Anders als sein relativ ungebildeter Vater interessierte sich Friedrich aber vor allem für schöngeistige Dinge. Auf Schloss Sanssouci in Potsdam traf er sich regelmäßig mit Gästen zum Musizieren oder zu Gesprächen über Wissenschaft, Literatur und Philosophie; am bekanntesten ist sein jahrelanger Austausch mit dem französischen Aufklärer Voltaire, aus dem unter anderem Friedrichs berühmter aufklärerischer Essay „Anti-Machiavel" hervorging. Tatsächlich waren seine ersten politischen Handlungen kurz nach seinem Machtantritt 1740 radikal aufklärerisch: Er verbot die Folter, die in Europa gängige Praxis war, versprach Toleranz gegenüber allen Religionen und gewährte Pressefreiheit – zumindest auf dem Papier. Gleichzeitig aber betrieb Friedrich skrupellose Machtpolitik im machiavellistischen Sinn und führte mehrere Angriffskriege gegen seine Nachbarn, die Preußen mitunter an den Rand des Untergangs führten. So fiel er schon im Jahr seiner Thronbesteigung in das ressourcenreiche Schlesien ein und löste damit eine Reihe von Kriegen mit Österreich und Russland aus. Er befehligte seine Truppen in der Regel selbst und ging dabei kalkuliert, teils aber auch draufgängerisch vor. Dank der enormen Schlagkraft der preußischen Armee machte Friedrich bedeutende Gebietsgewinne wie Schlesien und Teile Polens. Als er 1786 starb, war Brandenburg-Preußen eine anerkannte Großmacht.

Friedrichs außenpolitische Erfolge schufen den „Mythos Preußen", den Glauben an die eigene militärische Stärke. Sich selbst sah Friedrich aber immer als Freigeist. „Ich habe als Philosoph gelebt und will als solcher begraben werden, ohne Pomp und ohne Prunk. Man bringe mich beim Schein einer Laterne (…) nach Sanssouci und bestatte mich dort ganz schlicht auf der Höhe der Terrasse", schrieb er 1752 in seinem Testament. Erst im Jahr 1991 wurde der Wunsch erfüllt und seine sterblichen Überreste wurden nach Sanssouci überführt. ▪

Aufklärung

Der Ausgang des Menschen aus seiner selbstverschuldeten Unmündigkeit

Im 17. und 18. Jahrhundert entwickelte sich unter den Gebildeten Europas die sogenannte Aufklärung zur bestimmenden Geistesbewegung, die nachhaltig alle Lebensbereiche beeinflusste. Wenn auch einige europäische Herrscher sie zu integrieren suchten, wirkte sie als politische Weltanschauung doch letztlich systemsprengend. Bis heute hat sie nichts von ihrer Radikalität verloren.

Alle Menschen sind gleich. Unabhängig von ihrem gesellschaftlichen Rang sind sie vernünftige Wesen, die durch kontinuierliche Erziehung und Weiterbildung mithilfe des Verstands ihre eigene Unwissenheit überwinden und ein selbstbestimmtes Leben führen können. Dabei sollen sie sich von jedweder Autorität emanzipieren, die den Maßstäben der Vernunft nicht standhalten kann. Denn je mehr der Mensch sein Handeln nach der Vernunft ausrichtet, desto mehr verbessern sich auch die Gesellschaftsverhältnisse. Die Vernunft ist der Schlüssel zu einem besseren Leben genauso wie zu einer besseren Welt.

Jedenfalls waren dies zentrale Ideen der Philosophie der Aufklärung, die ab dem 17. Jahrhundert aus Humanismus, Renaissance und Reformation erwuchs und im 18. Jahrhundert bei einer gebildeten Minderheit in den europäischen Gesellschaften zunehmend die Theologie als Richtschnur für das richtige Handeln ablöste. Gleichgesinnte (potenziell aller Schichten) trafen sich in Lesegesellschaften und Salons, um sich durch gemeinsame Lektüre bzw. im Gespräch weiterzubilden. Überall boomten Zeitungen, Zeitschriften und Wochenschriften, die zielgruppengerecht Wissen vermittelten, aber auch moralische und ethische Fragen behandelten. In Frankreich wurde 1780 die Publikation einer Enzyklopädie abgeschlossen, die in 35 Bänden das damals bekannte Wissen bündelte. So entstand Stück für Stück erstmals eine Öffentlichkeit, die ideologisch den herrschaftlichen Strukturen fast überall in Europa grundsätzlich entgegenlief. Insbesondere die Annahme einer Gleichheit aller Menschheit barg in den ständisch hierarchisierten Gesellschaftsordnungen im Europa des 18. Jahrhunderts soziale Sprengkraft und setzte die Machthaber unter enormen Rechtfertigungsdruck. Die konkrete politische Stoßkraft der Aufklärungsbewegung war dabei in den einzelnen Ländern je nach Ausgangslage recht unterschiedlich.

In der konstitutionellen Monarchie Englands erregten aufklärerische Vordenker wie John Locke kein Aufsehen. Dessen liberale Staatstheorie

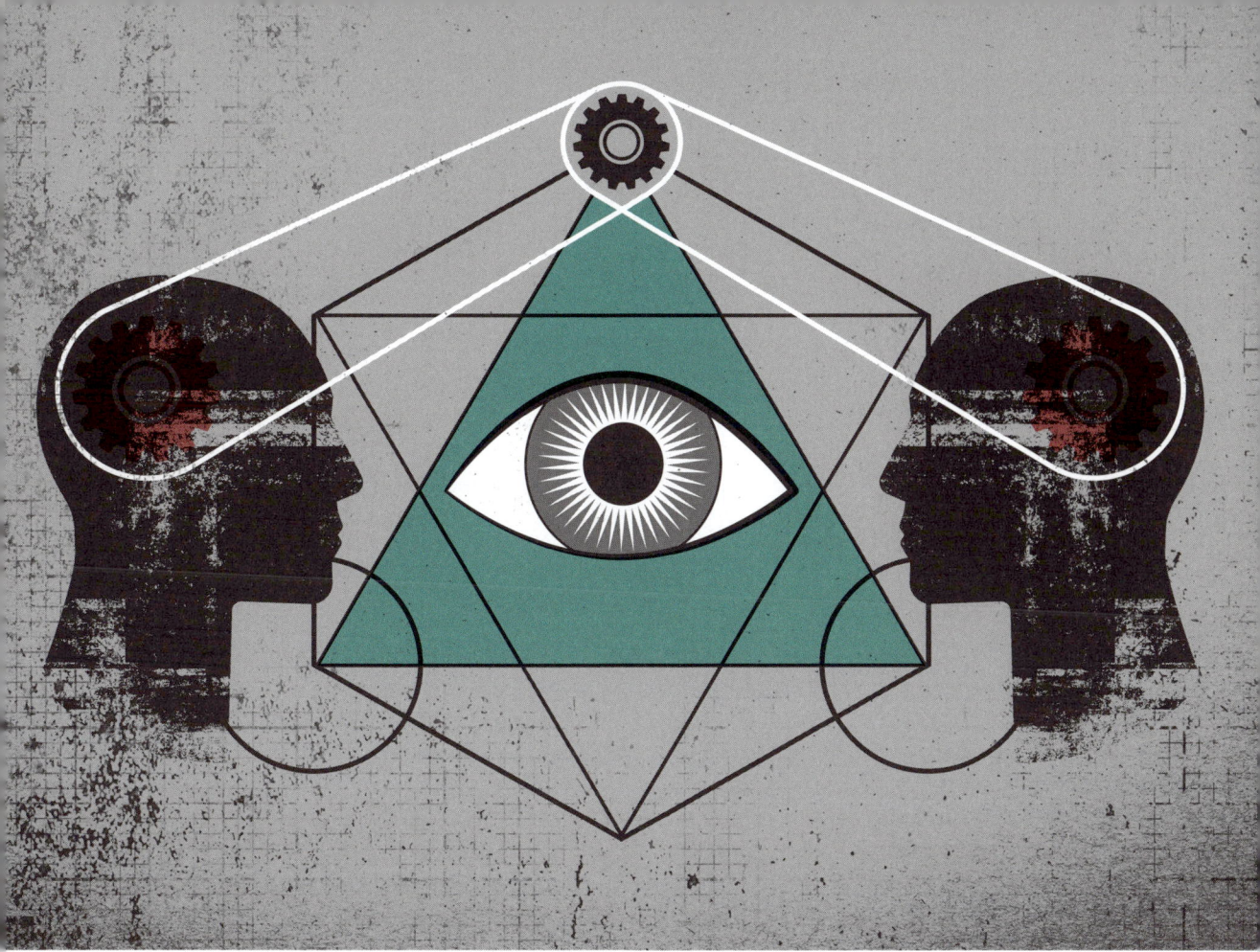

diente vielmehr als Legitimierung des politischen Status quo. In Kontinentaleuropa übernahmen viele Herrscher einzelne Gedanken der Aufklärung, ohne jedoch den eigenen uneingeschränkten Machtanspruch aufzugeben. Insbesondere in Preußen, Spanien, Schweden und später auch in Österreich sahen sich „aufgeklärte" Monarchen als „erste Diener des Staates" vor allem dem Wohl ihrer Untertanen verpflichtet. Vielerorts wurden Bildungs- und Rechtsreformen verabschiedet und in engen Grenzen auch vorsichtig Pressefreiheit gewährt. Den inneren Widerspruch des „aufgeklärten Absolutismus" brachte der deutsche Philosoph Immanuel Kant 1781 in Bezug auf König Friedrich II. von Preußen mit folgendem Bonmot auf den Punkt: „Räsonniert, so viel ihr wollt und worüber ihr wollt; nur gehorcht!". Am radi-

kalsten wirkte sich das politische Denken der Aufklärung dort aus, wo die Abwehrhaltung der ständischen Eliten am stärksten war: in Frankreich. Hier entfaltete auch Jean-Jacques Rousseaus revolutionäres Konzept der direkten Demokratie politische Wirkungskraft. Der Gedanke der direkten Demokratie beeinflusste wesentlich die gesellschaftlichen Umwälzungen, die ab Ende des 18. Jahrhunderts Europa grundlegend veränderten.

Wenn auch viele Errungenschaften der Aufklärung wie Menschenrechte und Toleranz in liberalen Demokratien heute Rechtsstatus haben, bleiben sie doch faktisch immer wieder gefährdet. In diesem Sinn ist Aufklärung nicht nur ein geschichtlicher Zeitabschnitt, sondern vor allem auch ein nie wirklich abgeschlossenes Projekt der Moderne. ◾

>> Die Aufklärung ist de[r] aus seiner selbstvers[tändlichen] Unmündigkeit ist das Verstandes ohne die L[eitung] bedienen. Selbstverschu[ldig]keit, wenn die Ursache d[...] des Verstandes, sonde[rn] des Mutes liegt, sich s[...] anderen zu bedienen. [...] dich deines eigenen Ve[rstandes] ist also der Wahlspruch

Immanuel Kant in *Beantwortung der Frage: Was ist Aufklärung?*, 1784

Ausgang des Menschen
huldeten Unmündigkeit.
nvermögen, sich seines
tung eines anderen zu
det ist diese Unmündig-
selben nicht am Mangel
 der Entschließung und
ner ohne Leitung eines
apere aude! Habe Mut,
tandes zu bedienen!
er Aufklärung.

beschränkten Entfaltungsmöglichkeiten.

Vernunft als einzige anerkannte Autorität und der Glaube an die prinzipielle Gleichheit von Menschen: Die Ideen der **Aufklärung** Seite 148 lieferten im 18. Jahrhundert den geistigen Nährboden für die **Nordamerikanische Revolution** Seite 158 und die **Französische Revolution** Seite 160, die die Gesellschaftsordnungen nachhaltig demokratisierten und säkularisierten. Die Zeit der aristokratischen Vorherrschaft ging zu Ende. Das Bürgertum zwang im 19. Jahrhundert die traditionellen Eliten fast überall in Europa zur Annahme von Verfassungen. Die **Industrielle Revolution** Seite 152 hatte ganze Bevölkerungsschichten aus jahrhundertealten Lebensschicksalen und Abhängigkeiten gerissen und nun kämpften Gewerkschaften und Sozialisten für Gleichberechtigung auch der sozial Schwachen. Sie trugen wesentlich dazu bei, dass Anfang des 20. Jahrhunderts vielerorts in Europa politische Mitbestimmungsrechte durchgesetzt werden konnten.

Dabei ging der radikale soziale Wandel

Kapitel 5

1764–1900

Revolution und Emanzipation

Neuere Geschichte

1764 Erfindung der Spinnmaschine mit mehreren Spindeln. **1769** Weiterentwicklung der Dampfmaschine durch James Watt. **1784/86** Erfindung des mechanischen Webstuhls. **Bis 1814** Erfindung der Dampflokomotive. **1825** Erste Eisenbahnstrecke mit Dampflokomotiven in England.

Industrielle Revolution

Maschinen verändern die Welt

Revolutionäre technologische Neuerungen veränderten im 19. Jahrhundert nicht nur die Wirtschaft, sondern auch Alltag und Gesellschaft in Europa radikal. In dieser Zeit begann eine Lebens- und Arbeitswelt zu entstehen, wie wir sie heute kennen.

Der Historiker Jürgen Osterhammel hat das 19. Jahrhundert als Zeitraum der „Umwandlung der Welt" bezeichnet. Innerhalb von hundert Jahren hatte sich die Lebens- und Arbeitswelt des Einzelnen durch die Industrialisierung stärker verändert als zuvor in einem ganzen Jahrtausend. Wo früher im Rhythmus der Natur von Hand oder mit Tieren gearbeitet wurde, übernahmen nun vielfach Maschinen die Aufgaben. Straßenbahnen, Eisenbahnen und Dampfschiffe revolutionierten das Verkehrswesen zu Wasser und zu Land und beschleunigten den nationalen wie internationalen Transport von Waren und Personen in nie gekanntem Ausmaß. Entfernungen verloren ihre Dimension, die Welt wuchs enger zusammen und es kam zu einem ersten Schub der Globalisierung. Auch gesellschaftlich erhöhte sich die Mobilität. Viele Menschen zogen vom Land in die neuen industriellen Ballungsräume, wo in Großfabriken Produkte aller Art hergestellt wurden. Der langsame Wandel von der feudalen Agrargesellschaft zur bürgerlichen modernen Industriegesellschaft hatte begonnen. Die gesell-

schaftlichen Verhältnisse gerieten ins Wanken: Wenn auch vielerorts die ständischen Hierarchien noch erhalten blieben, wurde doch nach und nach das Bürgertum mit seiner wirtschaftlichen Potenz zur gesellschaftsprägenden Schicht und der Kapitalismus zur vorherrschenden Ideologie. Bis heute setzt sich die Industrialisierung in immer neuen Innovationsschüben fort. Ihren Ausgang nahm sie Ende des 18. Jahrhundert dort, wo die Rahmenbedingungen besonders günstig waren: in England.

Hier hatte sich das Bürgertum weitreichende politische Freiheiten erkämpft und ausreichend Kapital angehäuft, um die technischen Neuerungen optimal wirtschaftlich verwerten zu können. Die Industriekapitalisten wurden so primär aus Eigeninteresse zu Motoren des Fortschritts. Insbesondere eine Erfindung brachte einen Quantensprung im Produktionsprozess: Die von James Watt 1769 weiterentwickelte und 1781 praktikabel gemachte Dampfmaschine als zentrale Antriebskraft für Fertigungsanlagen führte zu einer sprunghaften Steigerung der Produktivität und ermöglichte Massenproduktionen in fast allen Wirtschaftszweigen. Dies betraf gerade auch die Landwirtschaft, wodurch Arbeitskräfte freigesetzt wurden, die dann für die Industrie zur Verfügung standen. Durch hohe Ertragssteigerungen in der Lebensmittelproduktion verbesserte sich die Ernährungslage nachhaltig und die Bevölkerungszahl wuchs stark an. Die so kontinuierlich ansteigende Güternachfrage musste durch noch größere Produktionsleistungen gedeckt werden. Die mit immer mehr Kapital angefeuerte dynamische Wechselwirkung von Erfindungen und Produktionssteigerung beförderte einen langen, sich selbst tragenden Wirtschaftsaufschwung, der von England aus im 19. Jahrhundert in unterschiedlicher Stärke das europäische Festland erreichte und von dort schließlich die gesamte Welt erfasste. Ende des 19. Jahrhunderts waren die USA die führende Industrienation der Welt. Dabei wechselten im Laufe der Zeit die innovationstreibenden Produktionszweige. Sorgte zunächst neben der Textilherstellung vor allem die Kohle- und Stahlindustrie für Wachstum, war es ab Ende des 19. Jahrhunderts vor allem die Chemie- und Elektroindustrie. Ab Mitte des 20. Jahrhunderts begann der Siegeszug der Computerindustrie, dessen Ende bis heute nicht absehbar ist. ▪

1736–1796

1736–1796 Regierungszeit Qianlongs. **1754–1761** Krieg gegen die Dsungaren (heutiges Xinjiang). **1767–1769** Feldzug gegen Birma (heutiges Myanmar). **1791–1792** Feldzug nach Tibet. **1793** Gesandtschaftsreise des Briten George Macartney nach China.

Qianlong-Ära

Das Mandat des Himmels in China

Die Herrschaft von Kaiser Qianlong im 18. Jahrhundert gilt allgemein als goldenes Zeitalter der chinesischen Zivilisation. Das Land erreichte seine bis dato größte territoriale Ausdehnung – mit der die moderne Volksrepublik China teils bis heute ihre Gebietsansprüche legitimiert.

Die schriftliche Absage des chinesischen Kaisers Qianlong an den britischen König 1793 war demütigend. „Ich habe keine Verwendung für die Waren Eures Landes. Unser himmlisches Reich besitzt alle Dinge im Überfluss, und ihm mangelt es an nichts innerhalb seiner Grenzen. Deshalb besteht kein Bedürfnis, die Waren fremder Barbaren zum Austausch für unsere eigenen Erzeugnisse einzuführen." Wie vor ihnen bereits Niederländer und Portugiesen waren auch die Briten kläglich mit ihrem Versuch gescheitert, in China Fuß zu fassen. Nur in wenigen ausgewählten Häfen war es Europäern erlaubt, begehrte chinesische Waren wie Porzellan, Seide und auch Tee einzukaufen. Zwischen 1662 und 1796 entwickelte das chinesische Kaiserreich eine Stärke und einen Glanz, der bis nach Europa ausstrahlte und vor allem im 18. Jahrhundert zu einer allgemeinen Begeisterung für das „kultivierteste Reich der Welt" (Immanuel Kant) führte.

Unter der Herrschaft von Kaiser Qianlong zwischen 1736 und 1796 stand China im Zenit seiner Macht. Weite Teile Ostasiens, darunter das bis heute politisch umstrittene Tibet, unterstanden direkt oder indirekt dem Kaiser, der sein Reich über ein straff organisiertes System hochgebildeter Beamten zentral regierte. Unter dem bekennenden Kunstliebhaber Qianlong erlebten Kunst und Literatur einen kreativen Boom. Aber auch die Wirtschaft blühte durch den starken innerasiatischen Handel. Der relative Wohlstand auch in der breiten Bevölkerung ließ die individuelle Lebenserwartung ansteigen. Urbane Handelszentren entstanden, darunter Shanghai und Peking, das bis 1800 die größte Stadt der Welt war.

Spätestens gegen Ende des 18. Jahrhunderts traten jedoch immer stärker die Schattenseiten der Qianlong-Ära zutage: Die Bevölkerungsexplosion führte zunehmend zu Versorgungsengpässen, dazu häuften sich Fälle von Korruption in der geistig erstarrten Staatsverwaltung. Es kam zu Revolten gegen den herrschenden Konfuzianismus, von denen der Taiping-Aufstand Mitte des 19. Jahrhunderts fast 20 Millionen Chinesen das Leben kostete. Der Druck der europäischen Kolonialmächte auf das geschwächte China war zu diesem Zeitpunkt bereits so groß geworden, dass es nur eine Frage der Zeit war, bis China den Briten das zugestehen musste, was es lange verweigert hatte: fremdländische Handelsniederlassungen im Reich der Mitte. ∎

1776

1773 Erhebung gegen britische Steuerpolitik in der „Boston Tea Party". **1775–1783** Amerikanischer Unabhängigkeitskrieg. **1776** Unabhängigkeitserklärung der Vereinigten Staaten von Amerika. **1783** Großbritannien erkennt die Unabhängigkeit der USA an. **1787** Verfassungsgebende Versammlung in Philadelphia.

Die Idee USA

We the People

Die 1783 anerkannten Vereinigten Staaten von Amerika waren das erste Gemeinwesen, das sich politische Demokratie und Menschenrechte auf die Fahnen schrieb. Die US-Verfassung wies den Weg in die politische Moderne und wurde zum Vorbild für die liberalen Kräfte in Europa.

Als sich die 13 aufständischen Kolonien in Nordamerika im Juli 1776 auf dem Kongress in Philadelphia feierlich vom britischen Mutterland lossagten und die Vereinigten Staaten von Amerika proklamierten, lag die historische Bedeutung weniger in der Erklärung der staatlichen Unabhängigkeit. Revolutionär war vor allem, was sie politisch anstrebten: den Aufbau einer demokratisch organisierten Republik, die die Postulate der Aufklärung in die Tat umsetzt. „Folgende Wahrheiten erachten wir als selbstverständlich: dass alle Menschen gleich geschaffen sind; dass sie von ihrem Schöpfer mit gewissen unveräußerlichen Rechten ausgestattet sind; dass dazu Leben, Freiheit und das Streben nach Glück gehören", heißt es feierlich zu Beginn der Unabhängigkeitserklärung vom 4. Juli 1776, der Gründungsurkunde der USA. Machtausübung kann nur durch den Schutz der elementaren Menschenrechte legitimiert werden. Jede Kolonie sollte deswegen eine schriftliche Verfassung verabschieden, die Macht strukturell begrenzte und einen verbindlichen Katalog

an Grundrechten wie die Meinungs-, die Versammlungs- und die Religionsfreiheit beinhaltete.

Dass das staatspolitische Experiment tatsächlich Bestand hatte und nicht reines Wunschdenken blieb, war vor allem der militärischen Hilfe eines fernen europäischen Alliierten zu verdanken: Frankreich. Großbritannien war nämlich nicht bereit, die nordamerikanische Rebellion von 1776 hinzunehmen. Die Krone schickte gut ausgebildete und zahlenmäßig hoch überlegene Truppen nach Übersee. Erst als die Franzosen, die großen britischen Rivalen auf dem Kontinent, 1778 ein Bündnis mit den Aufständischen eingingen, dem sich später auch Spanien und die Niederlande anschlossen, veränderten sich die Kräfteverhältnisse in Amerika. Letztlich musste Großbritannien 1783 in Paris die Unabhängigkeit der Vereinigten Staaten völkerrechtlich anerkennen.

Über die konkrete Ausgestaltung des Demokratieprinzips in dem neuen Staatswesen war zu dieser Zeit unter den neuen nordamerikanischen Herrschaftseliten längst Streit ausgebrochen. Sollte das Volk direkt über Gesetze entscheiden oder nur seine Repräsentanten wählen dürfen? Wie sollte das Machtverhältnis zwischen Einzelstaaten und Zentralregierung gestaltet werden? Die 1787 einstimmig verabschiedete US-Bundesverfassung setzte auf konsequente Volksrepräsentation durch direkte oder indirekte Wahl und stärkte die Zentralgewalt, die nicht nur Außenpolitik, sondern wesentlich Finanz- und Innenpolitik bestimmte. Im Sinne einer gegenseitigen Machtbeschränkung und Machtkontrolle waren Gesetzgebung, Regierung und Rechtsprechung strikt voneinander getrennt. Dem gesetzgebenden Kongress mit seinen zwei Kammern steht der mächtige Präsident gegenüber, Staatsoberhaupt und Oberbefehlshaber der Armee. Immer wieder wurde die Verfassung mit Zusätzen ergänzt, aber bis heute substanziell nicht geändert. Die amerikanische Verfassung mit ihrer strikten Gewaltenteilung wurde zum Vorbild der konstitutionellen Bewegung in Europa, die auf eine Beschränkung der Macht durch eine Verfassung abzielte und anfangs die Französische Revolution entscheidend prägte. Von Anfang an war allerdings die Diskrepanz zwischen dem Gleichheitsideal der Verfassung und der Gesellschaftsrealität in den USA charakteristisch. So waren bis ins 20. Jahrhundert Frauen von politischer Teilhabe ausgeschlossen, und bis heute werden schwarze Amerikaner benachteiligt. Die Wahl Barack Obamas zum US-Präsidenten 2008 war ein historischer Einschnitt. Eine neue Verfassung brauchte es für seine Wahl nicht. ■

5. Mai 1789 Generalstände treten in Versailles zusammen. **14. Juli 1789** Sturm auf die Pariser Bastille. **26. August 1789** Erklärung der Menschen- und Bürgerrechte. **21. Januar 1793** Hinrichtung des früheren Königs Ludwig XVI. **28. Juli 1794** Hinrichtung Robespierres, Ende der Terrorherrschaft. **9. November 1799** Staatsstreich des 18. Brumaire VIII; Napoleon Bonaparte wird Erster Konsul.

Französische Revolution

Freiheit, Gleichheit, Brüderlichkeit

Von den liberal-demokratischen Anfängen bis zur Terrorherrschaft im Namen des Volkes: Die „Mutter aller Revolutionen" sprengte in Frankreich binnen eines Jahrzehnts das alte Ständesystem und erwies sich als Gründungsmoment einer neuen demokratischen Kultur – und ihrer immanenten Gefährdungen.

Es gehört zur Ironie der Geschichte, dass das absolutistische Frankreich mit seiner militärischen Unterstützung der nordamerikanischen Unabhängigkeitsbewegung (→ Seite 158) Ende des 18. Jahrhunderts die Basis für seinen eigenen Untergang schuf. Die immensen Kriegskosten in Amerika hatten zusammen mit den hohen Ausgaben für den Königshof den Staat praktisch zahlungsunfähig gemacht. Als der König 1789 zum ersten Mal seit 1614 die gewählten Vertreter der drei Stände nach Versailles einberief, um eine Steuerreform zur Sanierung der Staatsfinanzen durchzusetzen, ahnte er nicht, dass er sich damit die Revolution an den Hof holte. Denn die zahlenmäßig weit überlegenen Abgeordneten des dritten Standes, vor allem die Vertreter des gehobenen aufgeklärten Bürgertums, wollten die Privilegien von Adel und Klerus nicht länger hinnehmen. Sie erklärten sich am 17. Juni 1789 in einem revolutionären Akt zur verfassungsgebenden Nationalversammlung, die allein den Willen des Volkes repräsentiere – eine Provokation für den König, der traditionell die Einheit des Staats verkörperte (→ Seite 142). Weil viele fortschrittliche Adelige und Kleriker die neue Volksversammlung unterstützten, musste der König widerwillig den Alleinvertretungsanspruch des dritten

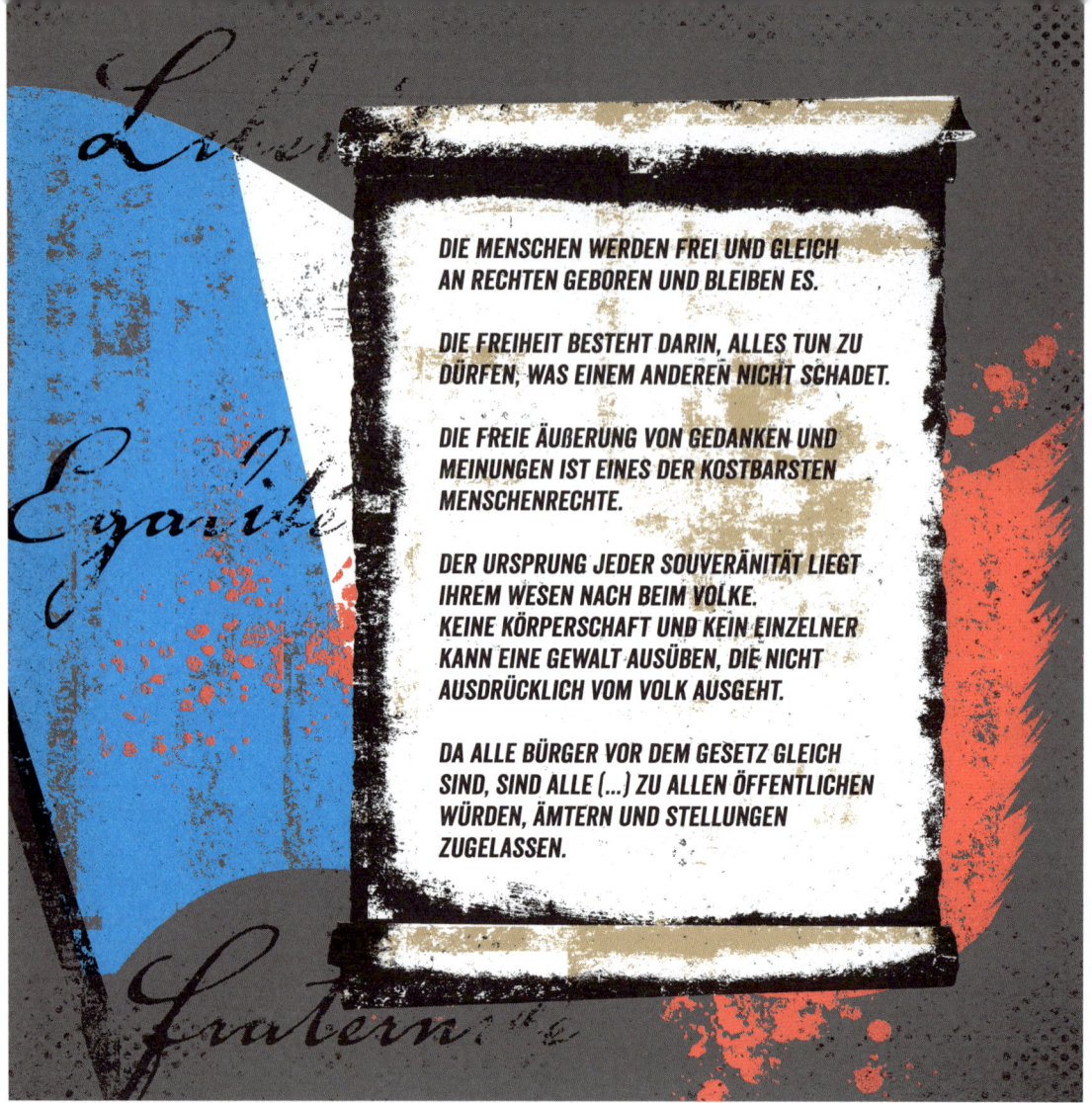

DIE MENSCHEN WERDEN FREI UND GLEICH AN RECHTEN GEBOREN UND BLEIBEN ES.

DIE FREIHEIT BESTEHT DARIN, ALLES TUN ZU DÜRFEN, WAS EINEM ANDEREN NICHT SCHADET.

DIE FREIE ÄUßERUNG VON GEDANKEN UND MEINUNGEN IST EINES DER KOSTBARSTEN MENSCHENRECHTE.

DER URSPRUNG JEDER SOUVERÄNITÄT LIEGT IHREM WESEN NACH BEIM VOLKE.
KEINE KÖRPERSCHAFT UND KEIN EINZELNER KANN EINE GEWALT AUSÜBEN, DIE NICHT AUSDRÜCKLICH VOM VOLK AUSGEHT.

DA ALLE BÜRGER VOR DEM GESETZ GLEICH SIND, SIND ALLE (...) ZU ALLEN ÖFFENTLICHEN WÜRDEN, ÄMTERN UND STELLUNGEN ZUGELASSEN.

Standes anerkennen. Als am 26. August 1789 feierlich die Menschen- und Bürgerrechte als Grundlage einer neuen Verfassung verabschiedet wurden, war das absolutistische Königtum faktisch abgeschafft.

Doch wo in den USA die Revolution endete, begann sie in Frankreich erst. Denn große Teile der oft völlig verarmten Bevölkerung interessierten Verfassungsfragen wenig. Sie wollten vor allem mehr ökonomische Teilhabe und soziale Gleichstellung. Nach dem Sturm auf die Pariser Bastille am 14. Juli 1789 kam es überall im Land zu gewaltsamen Aufständen gegen die adeligen und kirch-

lichen Eliten, die mit einer enormen Politisierung der Öffentlichkeit einhergingen: In Zeitungen und neu gegründeten politischen Klubs, den Vorläufern der modernen Parteien, wurde über eine neue Gesellschafsordnung gestritten. Was bis vor Kurzem noch undenkbar war, erschien nun plötzlich machbar. Immer schneller erließ die unter dem Druck der Straße stehende Nationalversammlung Gesetze, die die gesellschaftlichen Verhältnisse grundlegend, teils bis in die Gegenwart änderten. Noch im Sommer 1789 wurde das Feudalwesen, 1790 der Erbadel abgeschafft und die Verwaltung des Landes neu aufgeteilt. Wurde zunächst mehrheitlich die Monarchie nicht infrage gestellt, gewannen ab 1791 republikanische Kräfte zunehmend an Zulauf, die aber auch ihrerseits über Ziel und Wahl der Mittel zutiefst zerstritten waren. Als das revolutionäre Frankreich 1792 seinen Nachbarn in Europa, die mit dem französischen König die Gegenrevolution zu organisieren suchten, den Krieg erklärte, schaukelten sich Kriegsgeschehen und innenpolitische Radikalisierung immer weiter gegenseitig hoch. Je größer der militärische Druck von außen wurde, desto stärker wurden im Inneren die Forderungen, mit Gewalt die politische und vor allem auch die soziale Gleichheit herzustellen. So wurde im Herbst 1792 eine radikaldemokratische Republik proklamiert und König Ludwig XVI. am 21. Januar 1793 als „öffentlicher Feind" hingerichtet, was einen Bürgerkrieg auslöste. Mit Verweis auf einen inneren und äußeren Notstand setzte Maximilien de Robespierre ein Terrorregime im Namen einer „höheren Vernunft" durch. Bis Juli 1794 wurden Zehntausende von vermeintlichen „Feinden der Revolution" zunehmend wahllos ermordet. Am Ende kam auch Robespierre unter die Guillotine. Nach den Exzessen stabilisierte sich die innenpolitische Lage Frankreichs, bis sich 1799 der erfolgreiche General Napoleon Bonaparte (→ Seite 167) an die Macht putschte und die Revolution praktisch beendete.

Die revolutionären zehn Jahre in Frankreich markieren in Europa den Beginn einer neuen Zeit: Sie zerstörten die traditionelle Ständeordnung und brachten neue gesellschaftlich-politische Eliten an die Macht. Sie waren der erste Versuch, die Idee der Volkssouveränität durch neue politische Aktionsformen wie Wahlen und Parteien gesamtgesellschaftlich praktisch umzusetzen. Seit 1789 wissen die Menschen, dass sie den Lauf der Geschichte bewusst verändern können. Dieses Revolutionspathos ist bis heute in kaum einer europäischen Nation so verankert wie in Frankreich. Ob Studierende und Gewerkschaften im Mai 1968 oder auch ganz aktuell die wochenlangen Demonstrationen der „Gelbwesten" – gesellschaftskritische Proteste werden in Frankreich bis heute gerne mit radikalem Gestus auf die Straße getragen. ■

> **Der Schrecken ist nichts anderes als die rasche, strenge, unbeugsame Gerechtigkeit; er ist (...) ein Ausfluss der Tugend; er ist (...) eine Folge des allgemeinen Prinzips der Demokratie in seiner Anwendung auf die dringendsten Bedürfnisse des Vaterlandes (...). Die Regierung der Revolution ist der Despotismus der Freiheit im Kampf gegen die Tyrannei.** «

Der radikale Revolutionsführer Robespierre in einer Rede vor dem Konvent, 1794

» Freiheit und Gerechtig-keit bestehen darin, alles zurückzugeben, was einem anderen gehört. So hat die Ausübung der natürlichen Rechte der Frau keine Grenzen außer denen, die die ständige Tyrannei des Mannes ihr entgegensetzt. Diese Grenzen müssen durch die Gesetze der Natur und der Vernunft reformiert werden. «

Olympe de Gouges, aus der *Erklärung der Rechte der Frau und Bürgerin*

1748–1793

1789–1799 Französische Revolution. **26. August 1789** Verkündigung der Erklärung der Menschen- und Bürgerrechte. **1793** Hinrichtung Olympe de Gouges' in Paris. **1903** Die „Suffragette" Emmeline Pankhurst gründet in Großbritannien die Women's Social and Political Union. **1944** Einführung des Frauenwahlrechts in Frankreich.

Olympe de Gouges

Mann, bist du imstande, gerecht zu sein?

Die französische Schriftstellerin gilt als geistige Mutter der modernen Frauenbewegung. In einem revolutionären Manifest forderte sie 1791 die vollständige politische und gesellschaftliche Gleichberechtigung mit den Männern. Insbesondere die sozialen Forderungen bleiben bis heute aktuell.

Die Französische Revolution (→ Seite 160) war Beginn der politischen Moderne und auch Geburtsstunde des modernen Feminismus. Von Anfang an beteiligten sich Frauen an vorderster Front am politischen Kampf. Ohne den Protestmarsch der Pariser Marktfrauen nach Versailles am 5./6. Oktober 1789 wäre die Nationalversammlung vielleicht nicht nach Paris verlegt worden; dann hätte die Revolution wohl einen ganz anderen Verlauf genommen. In Klubs und Reden forderten Frauen ein Ende der politischen und sozialen Ungleichheit zwischen den Geschlechtern. An der Spitze stand Olympe de Gouges, eine Schriftstellerin, die sich aus ärmlichen Verhältnissen durch Selbststudium zu einer umstrittenen Autorin hochgearbeitet hatte. Im Jahr 1791 veröffentlichte sie ihre an die Menschenrechtserklärung vom August 1789 angelehnte „Erklärung der Rechte der Frau und Bürgerin". Ihre zentrale Aussage war, dass es keine Menschenrechte geben kann, wenn sie nicht auch für Frauen gelten. Die Frau sollte nicht nur gleichbe-rechtigt am politischen und öffentlichen Leben teilnehmen dürfen, sondern auch gesellschaftlich gleichgestellt sein: gleiches Recht auf Besitz und Arbeit, gleiches Recht auf Erziehung und Bildung. Forderungen, die seinerzeit von kaum einem Mann ernst genommen wurden und wenig Wirkung erzielten. Als de Gouges 1793 die radikalen Jakobiner kritisierte und unter anderem ihren Anführer, Maximilien de Robespierre, als einen „Ehrgeizling ohne Genie und ohne Seele" bezeichnete, wurde sie am 8. November geköpft – wegen Verrats an der Republik.

„Meine Stimme wird sich noch aus des Grabes Tiefe Gehör zu verschaffen wissen": Die Worte de Gouges' vor dem Revolutionstribunal sollten sich erst spät bewahrheiten. Wiederentdeckt in den 1970er Jahren, gilt ihr Manifest heute als Gründungsdokument einer internationalen Frauenbewegung, die in den westlichen Ländern ab Mitte des 19. Jahrhunderts für die gesellschaftlich-politische Gleichstellung eintrat.

Heute, über 200 Jahre nach Olympe de Gouges, sind Frauen immer noch vor allem in wirtschaftlichen Belangen vielerorts benachteiligt. Nach einer Weltbank-Studie garantieren im Jahr 2019 gerade einmal sechs Länder auf der Welt gesetzlich eine vollständige Gleichberechtigung von Mann und Frau: Schweden, Belgien, Dänemark, Frankreich, Lettland und Luxemburg. ■

Napoleon Bonaparte

Der Revolutionär auf dem französischen Kaiserthron

Er war ein Diktator und Eroberer, aber auch ein Modernisierer: Der General und spätere Kaiser Napoleon Bonaparte machte zwischen 1799 und 1815 Frankreich zur kontinentalen Großmacht und veränderte viele europäische Staaten nachhaltig.

Als die Nachricht am Morgen des 7. März 1815 in Wien die Runde machte, dass Napoleon sein Exil auf der Mittelmeerinsel Elba verlassen und sich mit seinen Getreuen nach Frankreich aufgemacht hatte, war der Schock unter den Gesandten und Politikern groß, die seit Monaten in der österreichischen Hauptstadt über eine neue Staatsordnung für Europa verhandelten. Alle Streitigkeiten waren sofort vergessen; die Gegnerschaft zu Napoleon war ihr kleinster gemeinsamer Nenner. „Der Krieg war in weniger als einer Stunde beschlossen", erinnerte sich später der österreichische Staatskanzler Metternich. In der sprichwörtlich gewordenen Schlacht bei Waterloo, einer kleinen Stadt im heutigen Belgien, beendeten Briten, Preußen und ihre Verbündeten am 18. März 1815 die Herrschaft Napoleons endgültig. Der französische Kaiser wurde streng bewacht auf die britische Insel Sankt Helena im südlichen Atlantik

verbannt und starb dort sechs Jahre später. Der unheimliche Kaiser der revolutionären Franzosen, der innerhalb von wenigen Jahren zum unbestrittenen Herrscher über Europa aufgestiegen war und noch viel schneller alles wieder verloren hatte, sollte so gut es geht vergessen werden. Doch mit dem Vormarsch Napoleons, der „Weltseele zu Pferde" – so der deutsche Philosoph Hegel –, waren auch der Geist der Revolution und das Bewusstsein notwendiger Veränderungen so tief in die europäischen Gesellschaften eingedrungen, dass ein einfaches Zurück nicht mehr möglich war. Letztlich war aber auch Napoleons eigener Versuch, wie sein Vorbild Karl der Große (→ Seite 068) eine neue europäische Universalmonarchie zu begründen, der Vergangenheit verhaftet und damit zum Scheitern verurteilt. Am Ende fraß die Revolution auch ihren Kaiser.

Als Revolutionär und faktischer Monarch war Napoleon ein politisches Zwitterwesen. In seinem diktatorischen Regierungsstil, in seiner konsequenten Unterdrückung aller innenpolitischen Gegner ähnelte er den traditionellen Monarchen – auch wenn er seine Herrschaft durch scheindemokratische Plebiszite zu legitimieren suchte. Als Aufsteiger aus Korsika ohne bedeutenden Stamm-

baum und kurzzeitiger Anhänger der radikalen Jakobiner war er zunächst aber auch ein fast schon typisches Geschöpf der Französischen Revolution (→ Seite 160). Im ersten Koalitionskrieg erwarb er sich als Militärstratege allgemein hohes Ansehen, und sein Putsch an die Staatsspitze 1799 war durchaus populär, zumal er zentrale bürgerliche Errungenschaften der Revolution wie Recht auf Eigentum oder Gleichheit vor dem Gesetz ausdrücklich schützte und sich deren Durchsetzung in ganz Europa auf die Fahnen schrieb. Die ererbten Koalitionskriege gegen die überkommenen dynastischen Mächte führte Napoleon mit überragendem Erfolg weiter. Bis 1807 war fast das gesamte europäische Festland von Frankreich besetzt oder indirekt von ihm abhängig. Doch als der Russlandfeldzug 1812 in einem Debakel endete, kam es zu nationalen Aufständen in den besetzten Gebieten, denen Napoleon in ihrer kollektiven Wucht nichts mehr entgegenzusetzen hatte.

Territorial wie gesellschaftlich überdauerte vieles, was Napoleon hinterließ. Seine Eroberungszüge brachten 1806 das jahrhundertalte römisch-deutsche Kaiserreich endgültig zum Einsturz und veränderten die deutsche Landkarte dauerhaft. Neben Preußen und Österreich stiegen die Südstaaten Bayern und Württemberg zu eigenständigen Königreichen auf. Innenpolitisch blieb die durch die Revolution bewirkte und von Napoleon zementierte breite Umverteilung des Eigentums auch von seinen Nachfolgern unangetastet. Als international am wirkmächtigsten erwies sich der 1804 in Kraft gesetzte „Code civil". Das auf dem Liberalismus aufbauende Zivilgesetzbuch ist nicht nur in Frankreich bis heute in weiten Teilen gültig, sondern avancierte zum Vorbild für liberale Rechtsordnungen weit über die romanische Welt hinaus. Es wurde in den ehemals besetzten Ländern wie den Niederlanden, Belgien, Spanien, Teilen Deutschlands, Polens und Italiens später zumindest teil- bzw. zeitweise übernommen und übte Einfluss aus auf die Gesetzgebung Russlands, Lateinamerikas, ja sogar auf die Japans und einiger der ehemals französischen Gebiete der USA und Kanadas. ∎

1812 Smolensk

Kopenhagen

Berlin

Amsterdam

1813 Leipzig

1815 Waterloo

1806 Jena/Auerstedt

1805 Austerlitz

Wien

Ajaccio   Rom

NAPOLEON EMPEREUR

Simón Bolívar

Der Befreier Lateinamerikas

Anfang des 19. Jahrhunderts setzten die lateinamerikanischen Staaten die Unabhängigkeit von ihren europäischen Mutterländern durch. Bis in die Gegenwart wird der im heutigen Venezuela geborene Simón Bolívar als Symbolfigur des erfolgreichen nationalen Freiheitskampfs verehrt.

Simón Bolívar, der aus der spanischstämmigen kolonialen Elite stammte, war von seinen Eltern zur Ausbildung nach Frankreich und Spanien geschickt worden und hatte dort – inspiriert durch den US-amerikanischen Unabhängigkeitskrieg (→ Seite 158) und sein großes Vorbild Napoleon Bonaparte (→ Seite 167)– seinen Lebensinhalt gefunden. Als er in seine Heimat zurückkehrte, setzte er sich an die Spitze der nationalen Widerstandsbewegung und erreichte die Unabhängigkeit des heutigen Venezuelas. Zu dieser Zeit war die Auflösung der alten Kolonialordnung in Mittel- und Südamerika bereits voll im Gang. Die durch die napoleonische Besetzung ab 1808 massiv geschwächte spanische Zentralregierung konnte den Angriffen von allen Seiten nicht mehr viel entgegensetzen. Während Simón Bolívar den Norden eroberte, führten im Süden vor allem Francisco de Miranda und Antonio José de Sucre die Unabhängigkeitskämpfe an. Im Jahr 1825 war die Kolonialherrschaft in Südamerika beendet.

Bis zur Mitte des 19. Jahrhunderts etablierten sich aus den ehemaligen spanischen Vizekönigreichen sowie dem portugiesischen Brasilien die heutigen Länder Südamerikas. Der Traum von Bolívar, alle Länder nach dem Vorbild der USA zu einem Bundesstaat zu vereinen, war aufgrund der starken Partikularinteressen schnell gescheitert. Noch zu seinen Lebzeiten verfiel sein neues Staatsgebilde im Norden des Kontinents, Großkolumbien, in mehrere Einzelstaaten.

Mit der nationalen Befreiung ging jedoch keine innergesellschaftliche Befriedung einher, die den Weg zu stabilen funktionierenden Demokratien hätte ebnen können. Zu groß blieben die sozialen Unterschiede zwischen einer kleinen reichen europäischen Oberschicht und der schwarzen bzw. indigenen Bevölkerungsmehrheit. Bürgerkriege und wechselnde, häufig diktatorische Regime schwächten die Länder dauerhaft, sodass der Kontinent ab Ende des 19. Jahrhunderts zunehmend in Abhängigkeit der wirtschaftlich starken USA geriet. Die Vereinigten Staaten hatten bereits den nationalen Unabhängigkeitsprozess tatkräftig unterstützt und 1823 in der sogenannten Monroe-Doktrin die Europäer vor jeder zukünftigen Einmischung gewarnt. Bis heute sind politische Instabilität und große wirtschaftliche Ungleichheit in Lateinamerika oft der Regelfall. ■

Der Völkerfrühling von 1848

Europas Bürger gehen auf die Barrikaden

Nach 1815 konnten die europäischen Monarchien ihre traditionelle Autorität nicht mehr zurückgewinnen. Breite Bevölkerungsschichten, insbesondere das erstarkte Bürgertum, forderten im ersten und vorerst letzten gesamteuropäischen Revolutionsjahr 1848 politische Mitsprache und nationale Selbstbestimmung ein.

Die auf dem Wiener Kongress 1814/15 von den Kontinentalmächten Österreich, Preußen und Russland durchgesetzte Neuordnung Europas diente vor allem der Sicherung des erbmonarchischen Prinzips. Mit staatlicher Überwachung und notfalls auch mit Gewalt sollte jede demokratische Unruhe in der Bevölkerung verhindert werden. Aber die rapiden sozialen und wirtschaftlichen Veränderungen in der Folge der Industriellen Revolution stellte immer offensichtlicher die tradierten gesellschaftlichen Hierarchien infrage: Mit dem wirtschaftlichen Erfolg wuchs im Bürgertum das Selbstbewusstsein, und die Forderung nach gleichberechtigter politischer Teilhabe wurde immer lauter. Hinzu kam die größer werdende Kluft zwischen Arm und Reich, die die sozialen Spannungen verschärfte. In den Jahren 1848/49

brachen deshalb gleichzeitig in vielen Ländern Europas demokratische Revolutionen aus.

Vorreiter der Entwicklungen war wieder einmal Frankreich, wo König Karl X. seit 1824 zunehmend selbstherrlich regierte. Als er 1830 nach einem Wahlsieg der liberalen bürgerlichen Opposition das Parlament eigenmächtig auflösen ließ, kam es zur Revolte, in deren Folge der König ins Exil fliehen musste. Der neue König Louis Philippe von Orléans musste der Einschränkung seiner Rechte zustimmen und dem Parlament unter anderem die Gesetzeskompetenz einräumen. Die sogenannte Julirevolution gab den national-demokratischen Kräften in Europa neuen Schub. In den Jahren 1830/31 setzte Belgien in langen Kämpfen gegen die Niederlande seine Unabhängigkeit als konstitutionelle Monarchie durch. Die Ausrufung der Republik in Frankreich im Februar 1848 wurde zum Startschuss für Aufstände in allen wichtigen europäischen Ländern außer Russland und Großbritannien. Bürgerliche Freiheitsrechte, freiheitliche Verfassungen und nationale Selbstbestimmung waren überall zentrale Anliegen der Aufständischen, wenn auch in unterschiedlicher Akzentuierung. Kämpften die Revolutionäre im Vielvölkerstaat der Habsburger vor allem um nationale Unabhängigkeit, zielten sie in den Staaten des Deutschen Bundes wesentlich auf demokratische Mitsprache, königliche Machtbegrenzung und nationale Einigung. Waren die Machthaber in Berlin und Wien zunächst unter dem Druck der Straße zu liberalen Zugeständnissen bereit, so wurden die Aufstände letztlich doch gewaltsam niedergerungen, zumal sie in Frankreich immer deutlicher sozialistische bzw. in Süddeutschland republikanische Züge annahmen. Bis 1849 hatte das Militär überall den Sieg davongetragen. In Preußen und Österreich wurden Verfassungen oktroyiert, die den Monarchen weitgehende Herrschaftsrechte sicherten. In Frankreich erklärte sich der 1848 an die Macht gekommene Staatspräsident Louis Napolé-

on Bonaparte 1852 in bester Familientradition als Napoleon III. zum Kaiser der Franzosen.

Die Beharrungskräfte hatten sich noch einmal behaupten können. Mit sozialistischen Strömungen waren neue sozialrevolutionäre Ideen politisch einflussreich geworden, die auch das liberale Bürgertum verängstigten und es vielerorts mehr oder weniger lang an die alten Adelseliten band. Doch die Forderungen nach Demokratisierung und Verfassungen blieben auf der politischen Tagesordnung. Für Deutschland blieb die 1849 vom Frankfurter Paulskirchen-Parlament verabschiedete gesamtdeutsche Reichsverfassung wirkmächtig. Der liberale Grundrechtekatalog beeinflusste maßgeblich die Weimarer Verfassung und das heutige deutsche Grundgesetz. ■

Kommunismus als Befreiungsutopie

Proletarier aller Länder, vereinigt Euch!

Im Zuge der Industrialisierung gerieten ganze Bevölkerungsschichten in Not und Elend. Das *Kommunistische Manifest* von Karl Marx und Friedrich Engels aus dem Jahr 1848 gab der entrechten Arbeiterschaft Selbstbewusstsein und entwickelte im 20. Jahrhundert eine ungeahnte politische Sprengkraft.

Der Sohn eines reichen Fabrikanten war schockiert über die Not der einfachen Arbeiter. Am schlimmsten treffe es die Karrenbinder (Belader), „ein gänzlich demoralisiertes Volk, ohne Obdach und sicheren Erwerb, die mit Tagesanbruch aus ihren Schlupfwinkeln, Heuböden, Ställen etc. hervorkriechen, wenn sie nicht auf Düngerhaufen oder den Treppen der Häuser die Nacht überstanden hatten". Der Journalist, der diese Zeilen 1839 über seine Heimatstadt schrieb, das heutige Wuppertal, hieß Friedrich Engels und erlangte später zusammen mit Karl Marx als Revolutionstheoretiker Weltruhm. Messerscharf analysierten die beiden Freunde die Gründe für die Verelendung der neuen Industriearbeiter, die Schattenseite der Liberalisierung der Wirtschaft. Im Zuge der Industrialisierung waren massenhaft Menschen auf der Suche nach Arbeit in die Städte gezogen, wo angesichts des Überangebots an Arbeitskraft die Fabrikbesitzer die Löhne nach Belieben drücken konnten. Ohne Kranken- oder Arbeitsschutz lebten die weitgehend rechtlosen Lohnarbeiter auf engstem Raum nahe den Fabriken unter unmenschlichen Bedingungen.

Die früh industrialisierten Länder Europas reagierten unterschiedlich auf diese neue sogenannte Soziale Frage. Während in Großbritannien, im Mutterland der Industrialisierung, Arbeiter vergleichsweise früh eigene Interessen durchsetzen konnten, beschränkte sich die Hilfe andernorts zunächst auf karitative Maßnahmen. Gerade in einem Umfeld, in dem Arbeitern jede Selbstorganisation verboten war, fielen sozialistische Ideen, die auf den Aufbau einer Gesellschaft der Gleichen abzielten, auf fruchtbaren Boden. Zur einflussreichen Weltanschauung der politisch organisierten Arbeiterschaft wurde die von Marx und Engels ab 1840 entwickelte Geschichtsphilosophie, die der Arbeiterklasse die welthistorische Aufgabe zuschrieb, die gesamte Menschheit zu befreien. In der Gegenwart müsse die Arbeiterklasse die Herrschaft des Bürgertums beseitigen und die

Macht an sich reißen, um so die Voraussetzungen für eine zukünftige klassenlose Gesellschaft zu schaffen: den Kommunismus, in dem es keine Herrschaft mehr gebe. „An die Stelle der alten bürgerlichen Gesellschaft mit ihren Klassen und Klassengegensätzen tritt eine Assoziation, worin die freie Entwicklung eines jeden die Bedingung für die freie Entwicklung aller ist", heißt es 1848 im *Kommunistischen Manifest*.

Diese messianische Utopie der Freiheit wurde für Teile der Arbeiterbewegung zu einer Art Ersatzreligion und hat viel zur schichtübergreifenden Strahlkraft des Marxismus beigetragen. Die sogenannte Pariser Kommune, die 1871 im Zuge des Deutsch-Französischen Krieges die Macht in Paris übernahm, war der erste Versuch von Linksbürgerlichen, Sozialisten und Kommunisten, im Namen einer „Diktatur des Proletariats" einen so-

zialrevolutionären Gesellschafsentwurf umzusetzen. Nach genau 72 Tagen wurde die eigenmächtige Stadtregierung blutig niedergeschlagen. Über den richtigen Weg zu einer sozial gerechten Gesellschaft war nach 1848 in den sich formierenden Arbeiterparteien eine grundsätzliche Auseinandersetzung entbrannt, die Anfang des 20. Jahrhunderts zur Spaltung der Arbeiterbewegung führte. Während die Reformisten im Verbund mit fortschrittlichen bürgerlichen Kräften politische Demokratie und soziale Verbesserungen für die Arbeiter durchsetzen wollten, drangen die Revolutionäre im Sinne von Marx auf die sozialistische Überwindung des bürgerlichen Herrschaftsapparats – notfalls mit Gewalt. Die Spaltung der politischen Linken in demokratische Sozialisten und kommunistische Nachfolgeorganisationen ist bis heute spürbar. ∎

> **Alle festen eingerosteten Verhältnisse mit ihrem Gefolge von altehrwürdigen Vorstellungen und Anschauungen werden aufgelöst, alle neugebildeten veralten, ehe sie verknöchern können. Alles Ständische und Stehende verdampft, alles Heilige wird entweiht, und die Menschen sind endlich gezwungen, ihre Lebensstellung, ihre gegenseitigen Beziehungen mit nüchternen Augen anzusehen.**

Karl Marx und Friedrich Engels in *Kommunistisches Manifest*

1839–1860

1644–1911 Herrschaft der Qing-/Mandschu-Dynastie. **1839–1842** Erster Opiumkrieg. **1856–1860** Zweiter Opiumkrieg. **1861–1908** Herrschaft der Kaiserinwitwe Cixi. **1884–1885** Chinesisch-Französischer Krieg. **1894–1895** Erster Chinesisch-Japanischer Krieg. **1912** Proklamation der Chinesischen Republik.

Opiumkriege

China im Drogenrausch

Von Großbritannien gedemütigt, wird China ab Mitte des 19. Jahrhunderts zum Spielball der Kolonialmächte. Nach dem Ende des über 2000-jährigen Kaisertums 1911 entsteht in Auseinandersetzung mit westlichen Ordnungsvorstellungen das moderne China.

Angesichts des industriellen Fortschritts und des Siegeszuges des wirtschaftlichen Liberalismus änderte sich in Europa die Wahrnehmung von China. Wo früher die Kultiviertheit des ostasiatischen Kaiserreichs gerühmt wurde (→ Seite 157), sah man nun vor allem die rückständige Abschottung eines riesigen Landes. Insbesondere die expandierende Wirtschaftsmacht Großbritannien suchte Anfang des 19. Jahrhunderts auch mit moralisch fragwürdigen Mitteln den Zugang zum chinesischen Markt durchzusetzen. Von Indien aus überfluteten die Briten das Land gezielt mit der beliebten Droge Opium, was im 19. Jahrhundert zeitweise wohl fast zehn Prozent aller Chinesen in die Abhängigkeit trieb. Als China 1839 gewaltsam den giftigen Warenimport stoppte, setzte Großbritannien seine militärisch weit überlegene Flotte ein, um den Opiumhandel aufrechtzuerhalten.

Die beiden sogenannten Opiumkriege der Briten waren der Auftakt zu mehreren militärischen Auseinandersetzungen, in denen im Laufe des 19. Jahrhunderts auch andere europäische Mächte immer weiter nach China vordrangen. Mehr und mehr verlor die chinesische Regierung die Kontrolle über ihr Staatsgebiet. In den sogenannten Ungleichen Verträgen mussten die Chinesen den Kolonialmächten nicht nur die christliche Mission in allen Provinzen gestatten, sondern ihnen vor allem territoriale Stützpunkte wie die Insel Hongkong und freien Zugang zu ausgewählten Häfen gewähren, in denen die Europäer nach eigenen Gesetzen leben und Handel treiben konnten. So wurde der britische Vertragshafen Shanghai ab den 1840er Jahren zum wichtigsten Umschlagplatz in ganz Ostasien.

Das tief gedemütigte Kaiserreich war Ende des 19. Jahrhunderts nicht mehr in der Lage, sich gegen auswärtige Interventionen zu wehren. In den Jahren 1884/1885 fiel das heutige Vietnam an Frankreich, 1887 Macao an Portugal und 1895 musste China nach verlorenem Krieg Japan unter anderem Taiwan überlassen. Die Mandschu-Dynastie verlor auch innenpolitisch kontinuierlich an Autorität. Eine republikanisch orientierte und westlich beeinflusste Militärrevolte zwang schließlich Pu Yi, den letzten Kaiser von China, 1911 zur Abdankung. Am 1. Januar 1912 wurde dieses Land ohne jede parlamentarische Tradition über Nacht zur Republik, die schnell in Bürgerkriegen versank. Innerhalb von gut 100 Jahren war China von einer jahrhundertealten, unangreifbar erscheinenden Kulturnation zu einem Objekt westlicher Interessen und Weltanschauungen geworden. ■

Charles Darwin

Die Biologie des Menschen

Die Evolutionstheorie des britischen Forschers degradierte den Menschen zu einem Zufallsprodukt der Natur und wird bis heute von religiösen Fundamentalisten bekämpft. Mitte des 19. Jahrhunderts gab sie Rassismus-Konzepten pseudowissenschaftliche Autorität, die Jahrzehnte später fatale politische Karriere machten.

Im Jahr 1859 veröffentlichte Charles Darwin in dem Werk *Über die Entstehung der Arten* die Ergebnisse seiner Naturforschungen. Es gibt wohl keine andere wissenschaftliche Untersuchung, die nachhaltiger das Selbstbild des Menschen verändert hat. Der britische Privatgelehrte, der eigentlich Pfarrer werden sollte, belegte, dass alle Lebewesen auf der Erde einen gemeinsamen Ursprung haben und sich in einem nicht zielgerichteten Prozess der natürlichen Auslese kontinuierlich weiterentwickeln. Letztlich, so Darwin, stamme der Mensch vom Affen ab. Darwins Thesen wurden im Laufe der Zeit verfeinert und auch modifiziert, sind aber als wesentliche Grundlage einer biologischen Evolutionsforschung inzwischen allgemein wissenschaftlich anerkannt. Dabei war die radikale Absage an die Einzigartigkeit des Menschen, die einem jahrhundertealten Menschenbild fast aller Religionen und Philosophien entsprach, gesellschaftlich nur schwer verkraftbar. Lange Zeit bekämpften die christlichen Kirchen den „Darwinismus", weil er die biblische Schöpfungsgeschichte objektiv wi-

derlegte und Gott letztlich überflüssig machte. Papst Johannes Paul II. erkannte die Evolutionslehre erst 1996 offiziell an. Trotzdem gewinnt der Kreationismus, der eine buchstäbliche Auslegung der Heiligen Schrift propagiert, insbesondere in den USA unter den Evangelikalen und ihren politischen Vertretern weiterhin an Einfluss.

Darwins Lehren wurden aber nicht nur stets bekämpft, sondern von Anfang an auch mehr oder weniger bewusst missverstanden und von interessierter Seite politisch missbraucht. Der ultraliberale englische Philosoph Herbert Spencer gilt als Begründer des Sozialdarwinismus. Er übertrug als Erster Darwins biologisches Prinzip der natürlichen Auslese auf gesellschaftliche Beziehungen, was Darwin immer abgelehnt hatte, und machte aus dem „Überleben des am besten Angepassten" das „Überleben des Stärkeren". Rassentheoretiker wie Houston Stewart Chamberlain verallgemeinerten diese Umdeutung in ihrem Sinn und propagierten den Überlebenskampf von „verschiedenwertigen" Rassen. Im Zuge dieser Biologisierung des Menschenbilds bekamen auch uralte Vorurteile gegenüber Juden eine neue rassistische Qualität. Antisemitismus wurde zur Pseudowissenschaft, die Ende des 19. Jahrhunderts Eingang bis in höchste gesellschaftliche Kreise der westlichen Länder fand. Damit waren die ideologischen Voraussetzungen für den Siegeszug (nicht nur) des deutschen Nationalsozialismus gelegt. ■

1861–1865   **1860** Wahl Abraham Lincolns zum US-Präsidenten. **1861–1865** Amerikanischer Bürgerkrieg.
19. November 1863 Gettysburg-Rede Abraham Lincolns. **15. April 1865** Ermordung Abraham Lincolns. **18. Dezember 1865**
Zusatzartikel 13 zur US-Verfassung schafft Sklaverei ab.

Der Sezessionskrieg

Die uneinigen Staaten von Amerika

Aus Protest gegen die Wahl des Sklaverei-Gegners Abraham Lincoln zum US-Präsidenten verließen 1860 elf Südstaaten die Union und lösten einen vierjährigen Bürgerkrieg aus.

Die Verankerung der Menschenrechte in der US-Verfassung stand von Anfang an im Widerspruch zu den rassistischen Gesellschaftsstrukturen in den südlichen Bundestaaten, deren agrarisch geprägte Wirtschaft auf der Ausbeutung von Sklaven basierte. In den industrialisierteren Staaten im Norden war die Sklaverei früh verboten worden. Dort entstand auch eine starke Anti-Sklaverei-Bewegung, die auf ein nationales Verbot der Sklaverei abzielte. Weil der Süden aber auf das verfassungsmäßige Entscheidungsrecht der Einzelstaaten pochte, verschärften sich die Spannungen kontinuierlich. Auch die beiden großen politischen Parteien, die Demokraten und die Whigs, zerbrachen über dieser Frage. Sklavereigegner aus beiden Parteien schlossen sich 1854 zur Republikanischen Partei zusammen. Als 1860 mit Abraham Lincoln erstmals ein Republikaner zum Präsidenten gewählt wurde, erklärte South Carolina, der Staat mit dem höchsten Sklavenanteil, aus Protest seinen Austritt aus der Union. Zehn weitere Südstaaten folgten und gründeten einen eigenen Staatenverbund, die Konföderation. Den Verstoß gegen die Bundesverfassung wollte die Regierung im Norden jedoch nicht hinnehmen.

Im Jahr 1861 brach ein Bürgerkrieg aus, der identitätsstiftend für die USA wurde: Nach den grausam geführten Auseinandersetzungen fühlten sich viele Amerikaner zum ersten Mal als eine Nation. Durch den Einsatz neuer effektiver Waffen eskalierte der Nord-Süd-Konflikt zum ersten industriellen Massenkrieg der Geschichte. Obwohl die Bundestruppen an Ausrüstung und Mannschaftsstärke dem Süden weit überlegen waren, gerieten die Schlachten vielerorts zu brutalen Abnutzungskämpfen, die auch die Zivilbevölkerung nicht verschonten. Als am 9. April 1865 der Südstaaten-General Robert E. Lee die Kapitulation erklärte, waren fast 600.000 Kriegsopfer auf beiden Seiten zu beklagen. Nur wenige Tage später wurde Präsident Lincoln von einem Südstaatenfanatiker ermordet. Doch bis heute gilt Lincoln als Symbolfigur für die Einheit der Nation und die demokratischen Freiheiten des Landes. Das Attentat änderte nämlich nichts am politischen Sieg der Union: Am 18. Dezember 1865 wurde die Sklaverei in den USA mit einem Verfassungszusatz offiziell verboten. Zwar blieb der Süden auf Jahre von Bundestruppen besetzt, doch unterblieb eine fundamentale Reform der dortigen Gesellschaft. Bald gewannen rassistische Terrorgruppen wie der Ku-Klux-Klan massiv an Zulauf. Letztlich wurden um den Preis der nationalen Einheit neue soziale Diskriminierungen gegen die afroamerikanische Bevölkerung hingenommen, die bis heute nachwirken. ▪

Modernisierung und Expansion

Der Aufstieg Japans

Der autoritären Meiji-Herrschaft gelang es ab 1868, das Inselreich nach europäischem Vorbild zu modernisieren, ohne die eigene kulturelle Identität zu verlieren. Dies schuf die Basis für den Aufstieg Japans zur politischen Großmacht in Asien im 20. Jahrhundert.

Der Niedergang des großen chinesischen Nach-barn im Zuge der europäischen Expansion im 19. Jahrhundert war ein abschreckendes Beispiel für Japan. Als das fast völlig abgeschottete Kaiser-reich 1854 unter militärischem Druck den USA die Nutzung zweier Häfen zugestehen musste, er-kannten große Teile der politischen Elite die Not-wendigkeit grundlegender Reformen, um eine Fremdherrschaft zu verhindern. War das Land bis dahin unter der feudalen Kriegerelite der Samu-rai aufgeteilt, sollte die Macht nun zentral gebün-delt werden. Unter den Parolen „Reiches Land, starke Armee" und „Zivilisation durch geistige Öffnung" wurde 1868 der Kaiser mit weitreichen-den Vollmachten ausgestattet. Zur Rettung der nationalen Eigenständigkeit verfolgten die Be-amten des Meiji-Tennos („Erleuchtete Regierung") eine Doppelstrategie: einerseits mithilfe von eu-ropäischem Know-how die militärische, wirt-schaftliche und politische Gleichrangigkeit mit dem Westen herzustellen und andererseits die eigene kulturelle Tradition zu stärken. So wurde Japan formal eine konstitutionelle Monarchie, aber gleichzeitig der Tenno zur schintoistischen Gottheit erklärt, um den radikalen Wandel reli-giös-ideologisch zu legitimieren. Denn innerhalb von gerade einmal 40 Jahren verwandelte sich der rückständige feudale Agrarstaat in eine fort-schrittliche Industrienation. Als Vorbild diente dabei vor allem ein europäisches Land: das Deut-sche Reich, explizit Preußen, das zeigte, wie man einen Obrigkeitsstaat effektiv modernisieren und wirtschaftlich voranbringen konnte.

Um den Patriotismus zu stärken und die Samu-rai auch gesellschaftlich zu entmachten, wurde die allgemeine Wehrpflicht eingeführt und eine nationale Armee zum Disziplinierungsinstru-ment der Bevölkerung aufgebaut. Volksschulen und die Gründung einer westlich orientierten Universität in Tokio sollten Bildung und moder-nes Wissen verbreiten. Konsequent wurde der Staat zentralisiert und die Steuereinnahmen er-höht, um die Infrastruktur auszubauen und die

Industrialisierung der Wirtschaft voranzutreiben. Es entstanden staatlich subventionierte Großunternehmen wie beispielsweise Mitsubishi (noch heute Marke einer Gruppe mehrerer Unternehmen), die in enger Absprache mit der Meiji-Regierung auch von der territorialen Expansion Japans profitierten. Denn mit seiner neugewonnen Stärke imitierte Japan auch die imperialistische Politik der Europäer und erweiterte bis Anfang des 20. Jahrhunderts durch erfolgreiche Kriege gegen China und Russland seinen Herrschaftsbereich in Ostasien. Vorläufiger Höhepunkt war die Annexion Koreas 1910. Doch alle Wirtschafts- und Militärkraft führte nicht zur Anerkennung als wirklich gleichrangige Großmacht durch die westlichen Kolonialmächte Frankreich und Großbritannien, die den Japanern immer

noch mit rassistischen Vorbehalten begegneten. Insbesondere die Weigerung der europäischen Großmächte, nach dem Ersten Weltkrieg einen von Japan geforderten Anti-Rassismus-Paragrafen in die Satzung des Völkerbundes aufzunehmen, war ein wichtiger Grund dafür, dass sich das Kaiserreich ab den 1920er Jahren wieder vom Westen abwandte und eine immer aggressivere nationalistisch-militaristische Politik verfolgte. Diese mündete 1936 schließlich in eine Koalition mit dem nationalsozialistischen Deutschen Reich. Seit dem Zweiten Weltkrieg ist das hochtechnologisierte Land eine parlamentarische Demokratie und als drittgrößte Volkswirtschaft der Welt fest in das liberale Weltwirtschaftssystem eingebunden. Seine kulturelle Eigenständigkeit pflegt Japan jedoch bis heute. ◾

1815–1866 Deutscher Bund. **1848** Märzrevolution in Deutschland. **1866** Deutscher Krieg: Preußen bezwingt Österreich. **1870–1871** Deutsch-Französischer Krieg und Gründung des deutschen Kaiserreichs. **1914–1918** Erster Weltkrieg. **1933–1945** Diktatur der Nationalsozialisten und Zweiter Weltkrieg.

Nation und Nationalismus

Ein deutscher Sonderweg?

Der Nationalstaat entwickelte sich im 19. Jahrhundert fast überall zum wichtigsten politischen Ordnungsrahmen. Doch erst 1871 schlossen sich die deutschen Länder unter Führung von Preußen zu einem einheitlichen Staat zusammen, der als Nachzügler unter den europäischen Großmächten einen besonders starken nationalen Geltungsdrang entwickelte.

Die Nation war *der* politische Kampfbegriff des 19. Jahrhunderts. Die Idee einer sprachlich und kulturell vereinheitlichten Gemeinschaft, die sich in einem Gemeinwesen politisch zusammenschließt, richtete sich zunächst vor allem gegen die überkommene dynastische Staatenordnung, entwickelte aber im Lauf des Jahrhunderts unterschiedliche politisch-ideologische Ausrichtungen. Nach dem Vorbild der Französischen Revolution (→ Seite 160) waren die sich in Europa und Südamerika formierenden nationalen Befreiungsbewegungen in der ersten Hälfte des 19. Jahrhunderts eng mit der emanzipatorischen Idee der gleichberechtigten demokratischen Selbstregierung der Völker verbunden. Erst ab der zweiten Hälfte des 19. Jahrhunderts, als sich gerade in Europa mächtige

Nationalstaaten konstituiert hatten, gewann eine nationalistische Ideologie politische Massenwirksamkeit, die auf Legitimierung der vorhandenen staatlichen Machtstrukturen und zunehmend auch auf ethnisch-rassistische Abgrenzung nach außen und innen abzielte. Eine besonders aggressive Form des Nationalismus sollte im 20. Jahrhundert im Deutschen Reich eine fatale politische Karriere machen, einem Land, das sich sehr spät und im Kampf gegen seine Nachbarn zu einem wirtschaftlich wie militärisch starken Nationalstaat entwickelt hatte.

Im Gegensatz zu den in Jahrhunderten gewachsenen Zentralstaaten Frankreich und England waren in Deutschland Nation und Staat nie identisch. Unabhängigkeitsbewegungen wie etwa in Mexiko ab 1810 oder in Griechenland ab 1820 zielten auf nationale Souveränität in bereits existierenden Reichen. In den deutschen Staaten entwickelte sich erst im 19. Jahrhundert während der napoleonischen Vorherrschaft ein eigenständiges Nationalbewusstsein, das in der Forderung nach einem selbstbestimmten Staat mündete. Doch die Revolutionäre von 1848 konnten die nationale Einheit der deutschen

Länder unter demokratischen Vorzeichen nicht gegen die alten Mächte durchsetzen. In der Restaurationsphase erkannte der preußische Ministerpräsident Otto von Bismarck in dem weitverbreiteten Wunsch nach einem eigenen Nationalstaat die Chance, den Dualismus zwischen Preußen und Österreich als den beiden Hauptmächten Deutschlands zugunsten Preußens zu entscheiden. Ab 1864 errichtete Bismarck mit Gewalt einen deutschen Nationalstaat unter preußischer Hegemonie. Nach dem Sieg über Österreich 1866 und der Bildung eines norddeutschen Bundes 1867 vollzog Preußen schließlich im Verein mit den süddeutschen Staaten durch seinen Sieg über Frankreich 1870 die Vereinigung Deutschlands. Am 18. Januar 1871 wurde der preußische König Wilhelm I. zum Deutschen Kaiser ausgerufen. Insbesondere unter seinem Enkel Wilhelm II. verlangte das prosperierende Deutsche Reich neben den lange etablierten Kolonialmächten Frankreich und Großbritannien einen gleichberechtigten „Platz an der Sonne". Der überbordende Nationalismus, der sich etwa im „Alldeutschen Verband" politisch organisierte und deutlich völkisch-antisemitische-pangermanische Elemente aufwies, war alles andere als eine deutsche Besonderheit, sondern in ganz Europa politisch bestimmend. Doch nach der weithin nicht akzeptierten Kriegsniederlage 1918 entwickelte der Nationalismus nur in Deutschland in den 1930er Jahren eine solche destruktive Kraft, dass er Europa fast komplett zerstörte. ■

1884–1885 Afrika-Konferenz in Berlin. **1885** Gründung des Kongo-Freistaats (später Belgisch-Kongo). **1880–1881 und 1899–1902** Erster und Zweiter Burenkrieg. **1904** Herero-Aufstand im heutigen Namibia. **1960** „Afrikanisches Jahr": 18 Kolonien erlangen ihre Unabhängigkeit.

Kolonialismus

Die Berliner Afrika-Konferenz

1884–1885 teilten die europäischen Kolonialmächte in Berlin den afrikanischen Kontinent ohne Rücksicht auf gewachsene Kulturen und historische Grenzen unter sich auf. Die rassistische Ausbeutung schuf in vielen Staaten Strukturen der Abhängigkeit, die bis heute spürbar sind.

Seit den Entdeckungsfahrten des 15. und 16. Jahrhunderts weckte Afrika die Begehrlichkeiten der Europäer. Die Ächtung des Sklavenhandels an den Küsten Afrikas auf dem Wiener Kongress 1815 änderte nichts an der Tatsache, dass die europäischen Staaten den „Schwarzen Kontinent" weiterhin als flexible Manövriermasse zu eigenen Zwecken ansahen. Die Europäer waren zutiefst überzeugt von ihrer eigenen zivilisatorischen Überlegenheit gegenüber den einheimischen Kulturen Afrikas. Die vermeintliche Minderwertigkeit der schwarzen „Eingeborenen" wurde der europäischen Bevölkerung durch rassistische „Völkerschauen" demonstriert, in denen Menschen aus Afrika wie Tiere ausgestellt wurden. Als beliebtes Freizeitvergnügen zogen sie ein Millionenpublikum an. Gleichzeitig sollten sie die systematische Inbesitznahme Afrikas durch europäische Staaten moralisch legitimieren. Bis auf Äthiopien und Liberia wurde der gesamte Kontinent in nur etwas mehr als zwei Jahrzehnten

komplett aufgeteilt. Unter dem Vorwand christlicher Missionierung und Zivilisierung kam es zu einer rücksichtslosen Ausbeutung und oft Zerstörung der einheimischen Gesellschaften. Willkürlich wurden staatliche Grenzen gezogen, die im Wesentlichen bis heute bestehen. Vor allem etablierten die europäischen Kolonialmächte einseitige ökonomische Strukturen, die auch nach Jahrzehnten der Unabhängigkeit wirksam blieben: Bis heute fungieren die meisten afrikanischen Staaten auf dem Weltmarkt vor allem als Lieferanten von Rohstoffen, von deren Verwertung in erster Linie die entwickelten Industriestaaten profitieren.

Denn nicht nur der wachsende nationale Geltungsdrang der europäischen Staaten, sondern auch der durch die industrielle Expansion stetig steigende Rohstoffbedarf hatte den Wettlauf um Einfluss und Macht in Afrika Ende des 19. Jahrhunderts wesentlich befördert. Den Anfang machten die Expeditionen Henry Stanleys ab 1878 im Auftrag des belgischen Königs Leopold II. in das damals für Europäer praktisch unerschlossene Innere Afrikas. Sie mündeten in der Gründung des Kongo-Freistaats (später Belgisch-Kongo) als zunächst königlichem Privatbesitz. Auf der Berliner Afrika-Konferenz in Berlin 1884/85 verständigten sich die europäischen Kolonialmächte über die Modalitäten der Anerkennung von Kolonialbesitz: Ein Territorium sollte rechtgemäß dem Staat gehören, der es zum ersten Mal besetzte. Juristisch gesehen war der Kontinent für die Europäer „herrenloses Land". Während Frankreich vor allem den Nordwesten des Kontinents für sich erschloss, versuchte Großbritannien, ein Herrschaftsgebiet von Ägypten bis nach Südafrika entlang der Ostküste zu errichten. Dazwischen behaupteten sich Spanien und Portugal sowie die neuen Kolonialmächte Italien und Deutschland. Die Bevölkerung wurde zu Zwangsabgaben bzw. teilweise auch zu direkter Zwangsarbeit gezwungen. Für eine effektive Kontrolle waren die Kolonialherren auf eine Kooperation mit den traditionellen afrikanischen Eliten angewiesen, wobei sich die konkrete Ausformung der Herrschaftsstrukturen von Kolonie zu Kolonie unterschied.

Ließ Großbritannien den lokalen Autoritäten vor Ort relativ großen Freiraum, übte vor allem Frankreich über seine Kolonialbeamte oft direkten Druck aus. Rebellionen begegneten aber alle Kolonialmächte mit äußerster Härte. Das Vorgehen der deutschen Besatzer etwa gegen die Aufstände der Hereros und Maji-Maji 1904 bzw. 1905–1907 wird inzwischen als Völkermord bewertet. Aber auch die Unterwerfung der weißen Buren durch die Briten bis 1902 in Südafrika war von brutaler Gewalt gekennzeichnet. Letztlich schufen die Kolonialherren unter den Einheimischen, die häufig in Klans organisiert waren, allerdings auch ein Bewusstsein von nationaler Identität, aus dem sich in der zweiten Hälfte des 20. Jahrhunderts die Kraft der vielfältigen Unabhängigkeitsbewegungen speiste. ∎

» **Ich habe Ihren Worten zugehört, aber kann keinen Grund finden, warum ich Ihnen gehorchen sollte – ich würde eher sterben wollen (...) Ich werfe mich Ihnen nicht zu Füßen, denn Sie sind wie ich eine Schöpfung Gottes. Ich bin Sultan hier in meinem Land. Sie sind Sultan in Ihrem. Hören Sie: Ich sage auch nicht, dass Sie mir gehorchen sollen: Weil ich weiß, dass Sie ein freier Mensch sind. Das gilt auch für mich. Ich werde nicht zu Ihnen kommen.** «

Sultan Machemba, Anführer der Yao in Ostafrika, 1890

1856–1939 **1900** Freud veröffentlicht *Die Traumdeutung.* **1920** Freud veröffentlicht *Jenseits des Lust-prinzips.* **1923** Freud veröffentlicht *Das Ich und das Es.* **1939** Freud stirbt in London.

Sigmund Freud

Die Menschheit auf der Couch

Ohne ihn wären Woody-Allen-Filme ärmer und es gäbe keine Karriere-Coachs: Sigmund Freud begründete Anfang des 20. Jahrhunderts nicht nur die klassische Psychoanalyse, sondern schuf auch ein neues Menschenbild, das Gesellschaft und Kultur bis heute wesentlich prägt.

Neurose, Trauma, Verdrängung und Narzissmus: Nur einige der Begriffe von Sigmund Freud, die in den allgemeinen Wortschatz übergegangen sind und das individuelle wie gesellschaftliche Gespräch über mentale Verfasstheiten bis heute wesentlich mitbestimmen. Der Wiener Nervenarzt hat den Blick auf den Menschen Anfang des 20. Jahrhunderts grundlegend verändert. Für Sigmund Freud war der Mensch weniger von seinem rationalen Willen, sondern vor allem von seinen unbewussten Trieben gesteuert: Das Handeln des bewussten „Ich" werde stets bestimmt von der unbewussten Auseinandersetzung zwischen gesellschaftlich auferlegten Werten und Normvorstellungen („Über-Ich") und dem Wunsch nach sofortiger Befriedigung elementarer Triebe und Bedürfnisse („Es"). Zwar sind einige Annahmen Freuds stark umstritten bzw. gelten mittlerweile als überholt, doch stammen viele der noch heute gebräuchlichen psychotherapeutischen Instrumentarien aus der Auseinandersetzung mit den komplexen freudschen Ideengebäuden. Auch manche gesellschaftspolitischen Konzepte basie-

ren auf seinen Vorstellungen. So liegt etwa Freuds Überzeugung, dass die frühkindliche Prägung wesentlich über die psychische Gesundheit eines erwachsenen Menschen entscheide, fast selbstverständlich modernen Erziehungsratgebern und Konzepten der Vorschulpädagogik zugrunde.

Freuds Ideenwelten sind in westlichen Gesellschaften auch deshalb so präsent geblieben, weil sie in einer Zeit des radikalen gesellschaftlichen Wandels entstanden, in der sich die Dynamik der heutigen modernen Welt auszubilden begann. Der Zeitraum zwischen 1880 und 1914 war in Europa von einem langen Wirtschaftsaufschwung und einem ersten Globalisierungsschub gekennzeichnet. Der wissenschaftliche und technologischen Fortschritt veränderte das Alltags- und Berufsleben vieler Menschen gerade in den Städten so stark, dass viele mental überfordert schienen. Was heute Burn-out genannt wird, war Anfang des 20. Jahrhundert die Neurasthenie, ein Nervenleiden, das 1910 im Deutschen Reich die meistgestellte Krankheitsdiagnose war. Mit seinen Schriften enttabuisierte Freud psychische Erkrankungen, indem er sie zu therapierbaren Auswüchsen normaler Seelenprozesse erklärte. Auf diese Weise schärfte er das Bewusstsein für die Tiefendimensionen des Menschen, was nicht zuletzt großen Einfluss auf alle Künste hatte. ◼

Dabei ging der radikale soziale Wandel im 19. Jahrhundert einher mit dem Verlust traditioneller Gewissheiten und der Suche nach neuen, zeitgemäßen politischen Ideologien. Die anfangs vielerorts auch eng mit Befreiung verbundene Idee des **Nationalismus** Seite 182 entwickelte sich ab der zweiten Hälfte des 19. Jahrhunderts zu einer aggressiven Machtideologie, die letztlich die europäischen Staaten in den **Ersten Weltkrieg** Seite 190 trieb. In der **Sowjetunion** Seite 194 und in **Deutschland** Seite 203 etablierten sich totalitäre Herrschaftsformen, die den Menschen in eine utopische/dystopische Gesellschaftsordnung zwingen wollten und dabei die systematische Unterdrückung oder gar Ermordung ganzer Bevölkerungsgruppen betrieben. Der von Deutschland ausgelöste **Zweite Weltkrieg** Seite 115 sah nie gekannte Verbrechen und endete mit dem erstmaligen Einsatz von **Atombomben** Seite 216.

Seite 152 →

← Seite 218

Kapitel 6

1914–1545

Ideologien und Gewalt

Weltkriege und Zwischenkriegszeit

Der Erste Weltkrieg

Die Urkatastrophe des 20. Jahrhunderts

Er war die Ouvertüre für das „Zeitalter der Extreme", so der Historiker Eric Hobsbawm: Der Erste Weltkrieg zerstörte die alte internationale Ordnung und ließ das Gefüge ganzer Gesellschaften in Europa zerbrechen. Die Friedensverträge von 1919/20 schufen viele neue Nationalstaaten, aber keine echte Befriedung.

Am 28. Juni 1914 erlebte Sarajevo einen herrlichen Sommertag. Der österreichisch-ungarische Thronfolger Franz Ferdinand und seine Gattin hatten sich zum Besuch angesagt und waren morgens von ihrem Kurort Ilidža aus gutgelaunt in der Hauptstadt von Bosnien eingetroffen. Die Region auf der krisengeschüttelten Balkanhalbinsel gehörte seit 1908 zum Habsburger Reich, doch auch die Nationalisten im benachbarten Serbien beanspruchten Bosnien für sich. Als die fürstlichen Gäste im Autokonvoi durch die festlich geschmückten Straßen fuhren, warteten unter den zahllosen Schaulustigen mehrere Attentäter auf ihre Gelegenheit. Eine Bombe verfehlte ihr Ziel, aber wenig später traf der 17-jährige Serbe Gavrilo Princip die beiden mit zwei Pistolenkugeln tödlich. Schnell erkannte Österreich-Ungarn in dem Attentat eine Gelegenheit, Serbien, den jahrelangen Störfaktor an seiner Südgrenze, in die Schranken zu weisen. Doch was das Habsburger Reich

stabilisieren sollte, leitete letztlich seinen Untergang ein. Obwohl eigentlich kein Staat einen großen Krieg anstrebte, führte die Kriegserklärung Österreich-Ungarns an Serbien am 28. Juli 1914 aufgrund der Beistandsverpflichtungen innerhalb der beiden gegnerischen Bündnissysteme der Mittelmächte (Deutschland, Österreich-Ungarn, später auch das Osmanische Reich) und der Entente (Großbritannien, Frankreich, Russland) fast zwangsläufig zu einem europäischen Großkonflikt. Wegen des weltweiten Kolonialbesitzes entwickelte sich der erste globale Krieg, in dem sich die Kriegsparteien in selbstzerstörerischen Materialschlachten zerrieben. Erstmals wurden Maschinengewehre, Panzerwagen, Flugzeuge, U-Boote und auch Giftgas eingesetzt.

Die Kampfhandlungen konzentrierten sich anfangs vor allem auf West- und Osteuropa. Während russische Truppen in Ostpreußen einfielen, versuchten deutsche Truppen über Belgien nach Frankreich vorzustoßen. Beide Manöver gerieten schnell ins Stocken und führten vor allem im Westen zu Stellungskriegen ohne dauerhafte Geländegewinne. Zum Symbol des „Abnutzungskrieges" wurde die Schlacht bei Verdun, bei der im Jahr 1916 auf beiden Seiten mehr als eine halbe Million Menschen umkamen. Die Wirtschaft wurde immer stärker in den Dienst der Kriegsfüh-

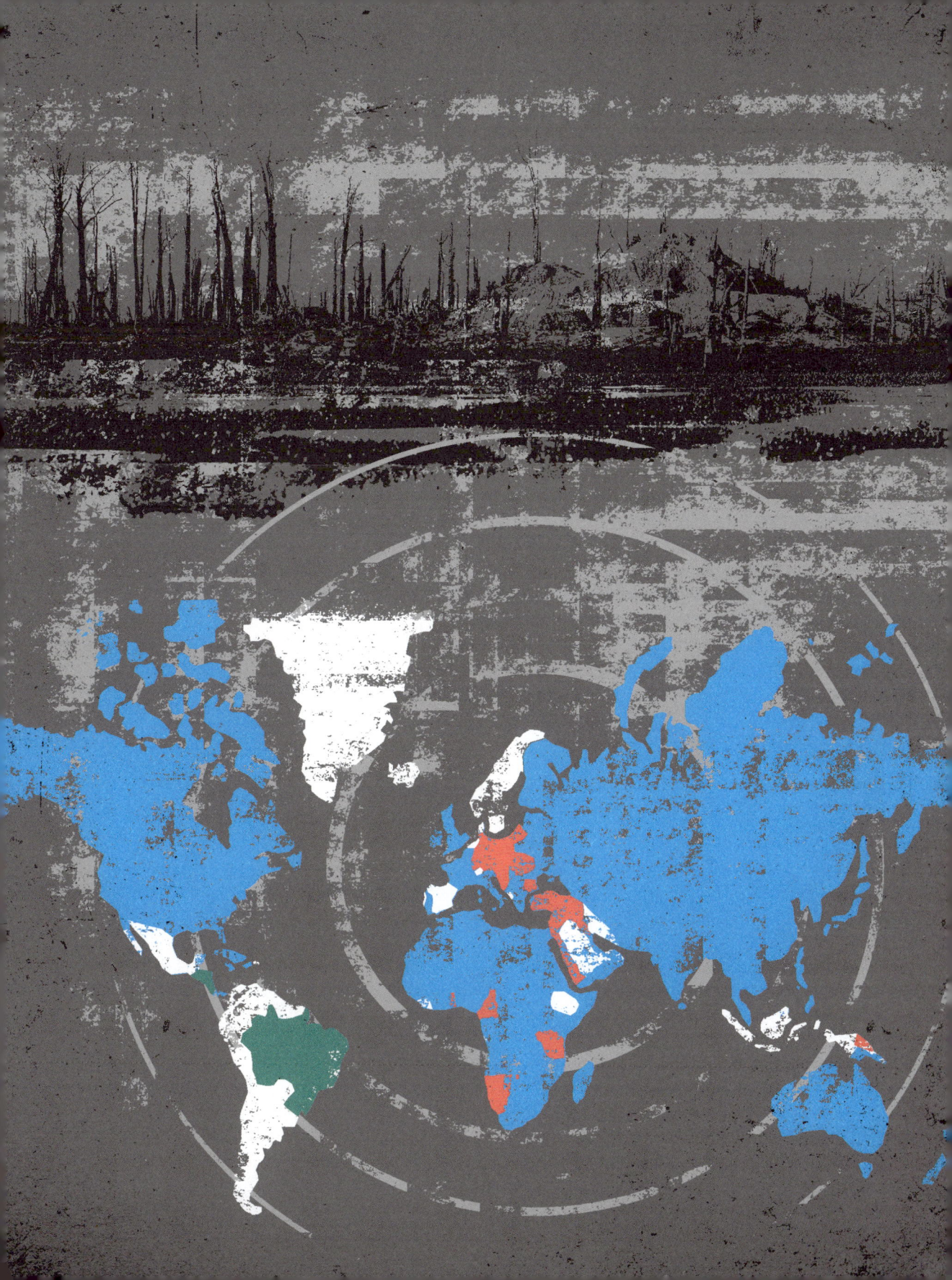

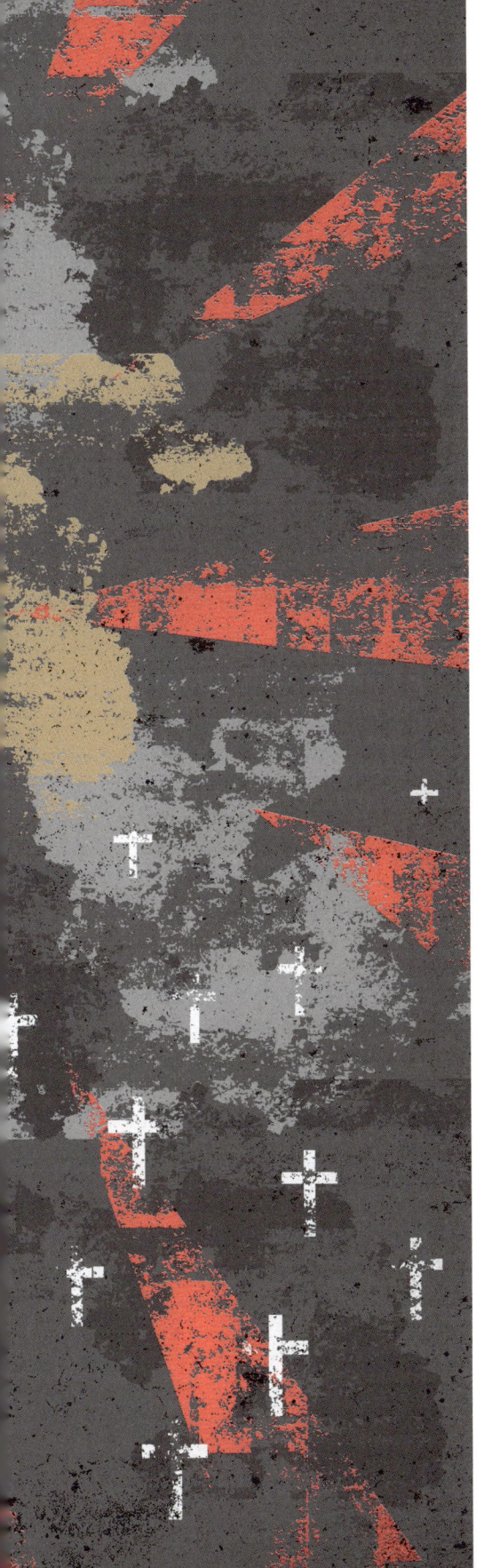

rung gestellt, was zu Hungerkrisen führte. Der Kriegseintritt der ressourcenstarken USA 1917 aufseiten der Entente entschied den Konflikt. Im Sommer 1918 brachen die Fronten der deutschen Hauptverbündeten Österreich-Ungarn und Osmanisches Reich zusammen, und das Deutsche Reich musste kapitulieren. In Deutschland stürzten meuternde Soldaten und Arbeiter die Monarchie, und 1919 wurde eine demokratische Republik etabliert. Der Vielvölkerstaat der Habsburger zerfiel in einzelne Nationalstaaten. Kaiser Karl I. musste abdanken. Am Ende kollabierte das alteuropäische Herrschaftssystem.

Bei den Friedensverhandlungen 1919/20 in den Vororten von Paris beharrten die USA auf dem nationalen Selbstbestimmungsrecht der Völker als Grundlage einer Neuordnung Europas. Mit Deutsch-Österreich, Ungarn, der Tschechoslowakei, Polen und dem späteren Jugoslawien entstanden viele neue, eigenständige Staaten. In der Frage der Behandlung des Deutschen Reichs setzte sich Frankreich durch, das den Nachbarn dauerhaft schwächen wollte: Deutschland musste Gebiete abtreten, seine Armee radikal verkleinern und sich zu hohen Reparationszahlungen verpflichten. Insbesondere aber die Zuweisung der Alleinschuld am Kriegsausbruch war Wasser auf die Mühlen der deutschen antidemokratischen Rechten. Nationalistisches Denken dominierte unter den Spitzenpolitikern in fast allen Gesellschaften der Nachkriegszeit, was die zwischenstaatliche Zusammenarbeit erschwerte: Der von den USA 1920 institutionalisierte Völkerbund blieb bedeutungslos. Das Ende des Krieges ging vielerorts direkt in einen mehrjährigen Bürgerkrieg über. In Russland führte die Revolution von 1917 schließlich zur Durchsetzung eines kommunistischen Regimes (→ Seite 194), was international einen starken Ideologisierungsschub auslöste und in mehreren europäischen Ländern neue politische Fronten eröffnete.

Der erste „Große Krieg", der mehr als zehn Millionen Menschen das Leben gekostet hatte, sollte so auch nur das Vorspiel für einen noch größeren Krieg werden: „In ganz Europa gehen die Lichter aus; wir werden sie in unserem Leben nie wieder leuchten sehen", hatte der britische Außenminister Edward Grey bereits im August 1914 dunkel prophezeit. ■

1917

März 1917 Februarrevolution: Sturz der Romanow-Dynastie. **November 1917** Oktoberrevolution: Macht-übernahme der Bolschewisten. **1917–1922** Russischer Bürgerkrieg. **1922** Gründung der Union der Sozialistischen Sowjetrepubliken. **Ab 1985–1986** Reformbemühungen unter den Schlagworten Glasnost und Perestroika.

Die Russische Oktoberrevolution

Mit Gewalt ins Arbeiterparadies

Mit der bolschewistischen Machteroberung 1917 in Sankt Petersburg begann eine radikale sozialistische Umgestaltung im größten Land der Welt. Die 1922 gegründete Sowjetunion war ein welthistorisches Experiment, das sich zum totalitären Gewaltstaat entwickelte und die Idee des Kommunismus nachhaltig diskreditierte.

Der Aufbau des Sozialismus müsse im wirtschaftlich unterentwickelten russischen Zarenreich anders erfolgen, als es sich Karl Marx vorgestellt hätte. Davon war der marxistische Theoretiker Lenin überzeugt, der zu Beginn des 20. Jahrhunderts im Exil die Revolutionsbedingungen in seinem Heimatland durchdachte. Wo das klassenbewusste Proletariat fehle, müsse eine straff organisierte Parteielite die Führung beim Aufbau der neuen sozialistischen Gesellschaft übernehmen und das Volk vor seinen Feinden schützen. Dass Lenins kleine Kaderpartei von Berufsrevolutionären 1917 gegen alle Wahrscheinlichkeit nicht nur die Macht in Russland erobern, sondern nach einem blutigen Bürgerkrieg mit der Union der Sozialistischen Sowjetrepubliken auch einen mächtigen Staatenbund etablieren konnte, sollte die

Weltpolitik im 20. Jahrhundert entscheidend prägen. Das sowjetische Selbstverständnis, die staatliche Vorhut für die geschichtlich notwendige „kommunistische Weltrevolution" zu sein und den „neuen Menschen" zu formen, wurde zur Angstvision der Herrschaftseliten im Westen und sollte in den 1920er und 1930er Jahren wesentlich zur Akzeptanz von radikalen, teilweise totalitären antikommunistischen Kräften in Europa beitragen. Noch nie hatte ein Staat solche Entscheidungsbefugnisse über die Lebensgestaltung aller gesellschaftlichen Subjekte beansprucht. Rücksichtslose Gewalt und teils offener Terror unter Verweis auf humanistische Gesellschaftsziele wurden bis in die 1950er Jahre wesentliche Kennzeichen sowjetischer Innenpolitik. Insgesamt fielen dem Regime Schätzungen zufolge bis zu 20 Millionen Menschen zum Opfer.

Der Sieg der Bolschewisten in Russland war den Auswirkungen des Ersten Weltkrieges (→ Seite 190), dem politischen Chaos und der Wirtschaftsnot geschuldet, die die provisorische Regierung nach dem Sturz des Zaren im März 1917 nicht überwinden konnte. Der Putsch am 8. November 1917 in St. Petersburg gab den Weg frei für eine planmäßige sozialistische Umgestaltung der Gesellschaft: Großgrundbesitzer wurden entschädigungslos enteignet, Banken und die Industrie verstaatlicht, die politischen Befugnisse im Rat der Volkskommissare zentralisiert und jede Opposition von der bald allmächtigen Geheimpolizei brutal verfolgt. Nach der Ernennung des Paranoikers Josef Stalin zum Parteigeneralsekretär 1922 verwandelte sich die Diktatur der Partei langsam in eine Tyrannei einer einzelnen Person. Tatsächliche und vermutliche Gegner in Partei und Gesellschaft ließ Stalin töten oder in Arbeitslager schicken. Am Ende hatte er eine ihm gefügige neue Elite geschaffen. Nach dem glanzvollen und opferreichen Sieg in dem von Nazi-Deutschland aufgezwungenen Krieg stieg Stalin 1945 zum international anerkannten Führer der kommunistischen Welt auf. Erst Jahre nach seinem Tod begann die Staatsführung vorsichtig, sich von Politik und Methoden Stalins abzugrenzen, ohne das diktatorische Sowjetsystem prinzipiell infrage zu stellen. Es begann eine lange Phase der Agonie, in der die wirtschaftliche Ineffizienz und ein intellektuell-technologischer Rückstand gegenüber dem Westen immer offensichtlicher wurden. Der Mitte der 1980er Jahre von Michael Gorbatschow überhastet eingeleitete Reformprozess legte die innere Substanzlosigkeit des Systems offen. Im Jahr 1991 löste sich die vormalige Weltmacht in nichts auf. Das Ende der Sowjetunion gilt inzwischen auch als das Ende des Kommunismus als soziale Idee, das „Ende der Illusion", so der französische Historiker François Furet, der vor allem im Westen noch viele Linke sehr lange anhingen. Heute gibt es selbst in den wenigen von kommunistischen Parteien beherrschten Ländern wie China keine wirklich am Marxismus-Leninismus angelehnte Politik mehr. ∎

Ab 1919 Erste regelmäßige Radioprogramme. **1927** Premiere von *The Jazz Singer* und damit Durchbruch des Tonfilms. **Ab 1989** Entwicklung des World Wide Web. **2004** Gründung des kommerziellen sozialen Netzwerks „Facebook".

Massenmedien

Der Weg in die Kommunikationsgesellschaft

Von Radio und Kino über Fernsehen bis zum interaktiven Internet: Die Ausbildung und Weiterentwicklung von Massengesellschaften ab Anfang des 20. Jahrhunderts ging immer mit dem Siegeszug neuer Medien einher. Gegenwärtig verändert der Digitalboom die Art und Weise von gesellschaftlicher Kommunikation grundlegend.

Mit der Revolutionierung des Buchdrucks um 1450 (→ Seite 110) begann das Zeitalter der Massenmedien – oder zumindest der theoretischen Möglichkeit für einen einzigen Sender (Autor), über einen Massenkanal sehr viele Empfänger (Leser) zu erreichen. Tatsächlich beschränkte sich der Gedankenaustausch via Zeitungen und Bücher erst einmal mehrere Jahrhunderte lang auf eine kleine, lesekundige Elite. Erst die im 19. Jahrhundert in Europa wirksame Alphabetisierung der Bevölkerung erweiterte den Kreis derer, die sich an einem gesellschaftlich-politischen Diskurs beteiligen konnten, deutlich.

Technisch-wirtschaftlicher Fortschritt und Innovationsgeist schufen in den 1920er Jahren eine bunte, fast schon unübersichtliche Vielfalt von Medienangeboten, die um die Gunst des Publikums konkurrierten, das nun mehrheitlich über mehr Freizeit und Geld verfügte als zuvor. Nicht nur explodierte die Zahl an Presserzeugnissen – mit der

Boulevardzeitung eroberte auch ein neuer Typus den Markt, der mit großen Bildern und reißerischen Überschriften die mehr emotionalen Informationsbedürfnisse der Menschen bediente. Vor allem aber begann der Siegeszug der neuen Medien Radio und Film, die die Ausbildung einer modernen, großstädtisch geprägten und zunehmend globalisierten Massenkultur beförderten.

Der Hörfunk bot als erstes Medium den Menschen ein Hörerlebnis in Echtzeit: Über einen Radioempfänger konnte man im heimischen Wohnzimmer den von einer Zentrale gesendeten Programmen aller Genres lauschen, was nicht nur direkte Informationsübermittlung ermöglichte, sondern auch Musikstücke und Sportveranstaltungen enorm popularisierte. Hunderttausende konnten Boxkämpfe oder Fußballspiele live verfolgen, wodurch diese zu Ereignissen von nationaler und internationaler Bedeutung aufstiegen. Eine ähnlich gemeinschaftsstiftende Kraft entwickelte das Medium Film, das mit seinen visuellen Inszenierungsmöglichkeiten im wahrsten Sinne Weltbilder schaffen konnte. Im kalifornischen Hollywood bauten Filmstudios eine Unterhaltungsindustrie mit weltweitem Vertrieb auf, die Modetrends setzte, Emotionen schürte und Schauspieler zu umjubelten Stars machte. Nicht zuletzt totalitäre Regimes wie das in NS-Deutschland

vertrauten auf die massenwirksamen Suggestiv-kräfte der beiden neuen Medienformen. Der NS-Propagandaminister Joseph Goebbels zum Beispiel setzte auf den Kommunikationskanal Radio und förderte die Entwicklung des kostengünstigen „Volksempfängers" sowie auf ideologisch gefärbte, aber handwerklich raffinierte Unterhaltungsfilme, um die deutsche Bevölkerung im nationalsozialistischen Sinn zu indoktrinieren.

Auch wenn es Prototypen bereits in den 1930er Jahren gab: Fernseher fanden erst ab den 1960er Jahren massenhaft Verbreitung, wurden dann aber schnell weltweit zum zentralen audiovisuellen Informations- und Unterhaltungsmedium. Mit der damals innovativen Verbindung von Bewegtbild und Ton, vor allem aber durch den Einzug von privaten Fernsehgeräten in Millionen Haushalte (im Unterschied zur Vorführung in Filmsälen) ist jeder Spielfilm, ist jede Reportage massenrezeptionsfähig, und so bestimmt noch heute das Fernsehen wesentlich die Wahrnehmung von Politik und Gesellschaft mit.

Fernsehen wird allerdings in seiner Leitfunktion gerade in den Augen der jungen Generation überholt von den boomenden Online-Medien, zumal von den sozialen Netzwerken. Sie bieten Information und vor allem Austausch in Text, Bild und Videos und haben revolutionäre Verschiebungen in der Medienwelt eingeleitet. Ist der Nutzer in klassischen Medien passiver Konsument von vorgegebenen Inhalten, kann er in vielen Online-Medien aktiv eingreifen und über Websites und Blogs ohne große Mühen selbst zum Medienproduzenten werden. Auf Internetplattformen können sich Nutzer in Eigenregie auch gezielt Teilöffentlichkeiten aufbauen bzw. sich solchen anschließen – beides ist nicht unproblematisch.

Schafft die neue Medienfreiheit die sozialen Bedingungen für einen „herrschaftsfreien Diskurs" unter Gleichen oder bewirkt die beobachtbare mediale Vereinzelung vielmehr eine gefährliche politisch-ideologische Polarisierung und damit einen Verlust an sozialem Gemeinsinn? Und kann nicht die ungefilterte 1-zu-1-Massenkommunikation etwa eines US-Präsidenten mit Millionen von Empfängern manipulativer sein als die redaktionell aufbereitete Berichterstattung professioneller Medien? So oder so schreitet der Strukturwandel der Medien unumkehrbar voran und mit ihm, so hoffen die Optimisten, wächst auch die Fähigkeit der Medienteilnehmer, mit den neuen Kanälen reflektiert umzugehen. ∎

1922–1945

1922 „Marsch auf Rom": Machtübernahme der Faschisten. **1922–1943** Mussolini ist italienischer Ministerpräsident. **1929** Lateranverträge zwischen dem Heiligen Stuhl und dem Königreich Italien. **1943** Landung der Alliierten in Süditalien, Sturz Mussolinis. **1943–1945** Mussolini ist Führer der „Italienischen Sozialrepublik" unter deutscher Protektion.

Benito Mussolini

Der Faschismus wird erfunden

Der skrupellose Machtpolitiker und Opportunist errichtete in Italien eine neuartige rechtsnationalistische Führerdiktatur, die Vorläufer für verschiedene faschistische Bewegungen wurde. Weltanschaulich einte sie vor allem eine radikale Anti-Ideologie: antidemokratisch, antiliberal und antikommunistisch.

„Wir Faschisten haben keine vorgefasste Doktrin, unsere Doktrin ist die Tat": Benito Mussolinis revolutionäres Ziel war vor allem die Revolution selbst. In der von ihm initiierten politischen Massenbewegung sammelten sich nach dem Ersten Weltkrieg Radikalnationalisten, Veteranen und Sozialrevolutionäre. Politische Bindekraft schufen die Feindbilder: der Hass auf den Sowjetkommunismus und die Verachtung für die Demokratie. Statt Kompromiss wurden ein gewalttätiger Wille zur Macht, statt Diskussion militärisch-hierarchische Ordnungsstrukturen, statt Pluralismus die imaginierte Einheit von Volk und Führung verherrlicht.

Die faschistische Diktatur von Mussolini stellte mit ihren militärischen Massenaufmärschen und Großkundgebungen eine Diktatur neuen Typs dar. Sie baute wesentlich auf die propagandistische Erzeugung von Massenloyalität. Mussolinis charismatisch legitimierte Führerherrschaft war Vorbild für die deutsche Hitler-Bewegung in den 1920er Jahren und diente in den 1930er Jahren in vielen Ländern Europas und Südamerikas rechten Diktatoren als Blaupause für eigene faschistoidautoritäre Herrschaftssysteme.

Der Aufstieg Mussolinis wäre ohne die tiefe soziale und wirtschaftliche Nachkriegskrise in Italien ab 1919 kaum möglich gewesen. Mit dem Versprechen, das von ihm wesentlich mitverursachte bürgerkriegsartige Chaos zu beseitigen, wurde er 1922 Ministerpräsident und baute zielstrebig seine persönliche Machtposition aus: Die Opposition wurde verfolgt, das Parlament ausgeschaltet und ein Unterdrückungsapparat aufgebaut. Tatsächlich war die Machtfülle Mussolinis nie „total". Die Monarchie blieb ebenso erhalten wie die starke Eigenstellung des Militärs und der Kirche. Als im Juli 1943 britische und US-amerikanische Truppen auf Sizilien landeten, wurde Mussolini in einer konzertierten Aktion von König und Parteirat gestürzt.

Die Gewaltherrschaft Mussolinis war eng an den Erfolg seiner nationalistischen Großmachtpolitik geknüpft. Erst 1936 ging Mussolini eine enge Bindung mit Nazi-Deutschland ein, die ab 1941 in völlige Abhängigkeit mündete. Kurz vor Kriegsende wurde Mussolini von Partisanen auf der Flucht ermordet. Mit Ausnahme von Spanien und Portugal verlor der Faschismus nach 1945 fast jede realpolitische Bedeutung und tritt heute vor allem als vernichtendes Schlagwort in politischen Debatten auf. ■

Ab 1929

Oktober 1929 Kurseinbrüche an der New Yorker Börse. **1929–1941** Zeit der sogenannten Great Depression in den USA. **Ab 1933** Politik des „New Deal" unter US-Präsident Franklin D. Roosevelt. **1945** Gründung der Weltbank und des Internationalen Währungsfonds (IWF). **2008** Weltweite Finanzkrise.

Weltwirtschaftskrise

Der Schrecken einer Depression

Der New Yorker Börsencrash 1929 löste eine jahrelange tiefe Krise der Weltwirtschaft aus, die der Politik bis heute als historische Warnung gilt. Die sozialen Verwerfungen bereiteten wesentlich den Boden mit für den weltweiten Aufstieg demokratiefeindlicher Regime in den 1930er Jahren.

Wirtschaftskrisen durchziehen die Menschheitsgeschichte. In der vormodernen Welt waren es vor allem schlechte Wetterbedingungen, die immer wieder dramatische Ernährungsengpässe verursachten. Mit dem technischen Fortschritt und der Durchsetzung des Industriekapitalismus ab dem 19. Jahrhundert verloren derartige Krisen zunehmend ihren existenziellen Charakter. Der zyklische Wechsel von Auf- und Abschwung gehörte von nun an zum Erscheinungsbild einer marktorientierten, auf Wachstum und Strukturwandel angelegten Wirtschaftsweise. In Erwartung von Gewinnen investieren Unternehmen von Banken geliehenes Geld in zukunftsträchtige Branchen, was die Wirtschaft expandieren und die Preise ansteigen lässt. Wenn die Absatzerwartungen nicht erfüllt werden, fallen die Preise, wodurch Einnahmen wegbrechen und oft Bankkredite nicht mehr bedient werden können. Insolvenzen folgen, was zur Erlahmung der Investitionstätigkeit und zum Anstieg der Arbeitslosigkeit führt. Wenn die Preise einen Boden gefunden haben, steigt die Risikobereitschaft von Unternehmen wieder und das Spiel kann von Neuem beginnen. Die Krise Anfang der 1930er Jahre folgte dem klassischen Ablauf eines wirtschaftlichen Abschwungs. Nicht zuletzt aufgrund politischer Fehlkalkulationen wuchs er allerdings blitzartig zu einer sozialen Katastrophe heran, die alle bisherigen Rezessionen der Wirtschaftsgeschichte in den Schatten stellte. Vielerorts kam es innenpolitisch zur Abwendung von der Demokratie, was letztlich 1939 in den Zweiten Weltkrieg mündete.

Die Verwerfungen nahmen ihren Anfang in den USA, wo im Oktober 1929 ein wochenlanger Kursverfall an der New Yorker Wall Street einen jahrelang spekulativ überhöhten Konjunkturaufschwung abrupt beendete. In einer fatalen Kettenreaktion kam in den nächsten Monaten fast das gesamte Wirtschaftsleben zum Stillstand. Das Bruttosozialprodukt und private Einkommen sanken bis 1933 um fast die Hälfte, besonders die Produktion in Landwirtschaft und Schwerindustrie brach massiv ein. Die Arbeitslosigkeit erreichte nie gekannte Höchststände. Wegen der überragenden Stellung der USA im Weltwirtschaftssystem wurden auch andere Volkswirtschaften von der Abwärtsdynamik erfasst, die durch restriktive nationale Geldpolitiken weiter verschärft wurde. Insbesondere in exportabhängigen Nationen

kam es nicht zuletzt aufgrund mangelnder bzw. lückenhafter Sozialsysteme zu einer Verelendung großer Bevölkerungsteile, was die gesellschaftliche Empfänglichkeit für antidemokratische Heilsversprechen erhöhte. Die Lösung wurde ökonomisch in nationalwirtschaftlicher Abschottung und politisch verstärkt in hierarchischer Machtkonzentration gesucht. In Deutschland etablierte sich in den 1930er Jahren die nationalsozialistische Gewaltdiktatur. In Lateinamerika setzten sich fast überall autoritäre Militärregimes durch. In Japan strebten militante Nationalisten eine autarke „großasiatische Wohlstandssphäre" an.

Der Zweite Weltkrieg tobte noch, als 1944 im amerikanischen Bretton Woods die Grundlagen einer neuen, US-Dollar-basierten Weltwirtschaftsordnung festgezurrt wurden. Diese setzte auf eine intensivere Verflechtung von Markt und Staat und schuf die Voraussetzungen für den langanhaltenden Boom nach 1945 in der westlichen Welt. Selbst in traditionell wirtschaftsliberalen Staaten wie den USA griff nun der Staat stärker lenkend in die Ökonomie ein. Schon der „New Deal" von Präsident Roosevelt hatte in den 1930er Jahren die Grundlagen eines Sozialstaats geschaffen. Im Abschwung antizyklisch investieren und die Menschen nicht ins Bodenlose fallen lassen: So lautete die politische Lehre aus den historischen Krisenexzessen, die sich im Zuge des Crashs 2008 prinzipiell bewährte. ■

Mahatma Gandhi

Die Kraft der Gewaltlosigkeit

Seine Kampagnen des zivilen Ungehorsams machten Mohandas Karamchand, genannt Mahatma Gandhi, in den 1920er Jahren zum unbestrittenen Führer im indischen Unabhängigkeitskampf. Der charismatische Hindu-Prediger bewies der Welt, dass große politische Veränderungen auch ohne Einsatz von Gewalt möglich sind.

„Die Wahrheit transzendiert die Geschichte": Wie kein anderer indischer Politiker beeinflusste Gandhi im 20. Jahrhundert den Verlauf der Ereignisse in seinem Land, doch er dachte nicht in historischen Kategorien von Veränderung. Immer ging es dem tiefgläubigen Hindu um sein ganzheitliches Lebensprinzip: das Festhalten an der Wahrheit der allumfassenden göttlichen Liebe, die zu Gewaltfreiheit und Toleranz verpflichte. Selbst wer große Ungerechtigkeit bzw. Gewalt erfahre, dürfe seinen Gegner nie als Menschen bekämpfen, sondern nur seine Gesinnung zu verändern suchen. Weil er seine Prinzipien für alle sichtbar vorlebte, gewann die von ihm mitangestoßene indische Widerstandsbewegung gegen die britischen Kolonialherren soziale Glaubwürdigkeit und damit die politische Durchschlagskraft, die 1947 zur nationalen Unabhängigkeit beitrug. Gandhi war eine politische Ausnahmeerscheinung in der ersten Hälfte des 20. Jahrhunderts, die fast überall vom Glauben an die Macht von Terror und Gewalt bestimmt war.

Gandhis privilegierte Herkunft versprach eine Karriere im politischen Establishment. Doch schon während seines Jurastudiums in London fremdelte er mit der industrialisierten Lebenswelt des Westens und strebte in der Folge nach einem Dasein in bäuerlicher Autarkie. Im friedlichen Kampf um die nationale Unabhängigkeit Indiens fand er ab 1914 seine Lebensaufgabe. Er initiierte mehrere erfolgreiche Großkampagnen, die zum Boykott britischer Staatsorgane und Handelswaren aufriefen. Trotz mehrjähriger Gefängnisaufenthalte beharrte er auf seinen pazifistischen Prinzipien und rang so den Briten immer mehr Zugeständnisse ab. An einer Befriedung der in Britisch-Indien zunehmenden Spannungen zwischen Hindus und Muslimen scheiterte Gandhi allerdings. Im Jahr 1947 wurde der indische Subkontinent in ein mehrheitlich hinduistisches Indien und ein muslimisches Pakistan aufgeteilt. Ein Jahr später ermordete ein radikaler Hindu-Nationalist Gandhi, was ihn endgültig zu einem unsterblichen Mythos machte.

Ghandi hatte die Überzeugung vorgelebt, dass Gewalt nie Mittel der politischen Auseinandersetzung sein darf. Historische Persönlichkeiten wie Martin Luther King, Albert Schweitzer oder Michail Gorbatschow erklärten ihn zu einer zentralen Inspirationsquelle für das eigene Handeln. In Indien wird Gandhi immer noch als „Vater der Nation" verehrt und als „Mahatma" – große Seele. ■

Adolf Hitler

Deutschland unter dem Hakenkreuz

Am 30. Januar 1933 wurde Adolf Hitler Kanzler des Deutschen Reichs. Wie konnte dieser politische Hasardeur in einem der wichtigsten Länder Europas an die Regierung gelangen und eine Herrschaft installieren, die die ganze Welt in einen Krieg stürzte und bis heute als Inbegriff des Bösen gilt?

Nach Ausbruch der Weltwirtschaftskrise 1929 (→ Seite 199) schlitterte Deutschland in eine tiefe politische Krise: Die Verfassung der Weimarer Republik wurde faktisch ausgehebelt. Ab 1930 herrschten Regierungen, die nicht dem Parlament, sondern allein dem Reichspräsidenten Rechenschaft schuldig waren. In erster Linie versuchten sie, den gesellschaftlichen Führungsanspruch der traditionellen Eliten gegen den wachsenden Extremismus von links und rechts zu sichern. War dem mehrheitlich monarchisch gesinnten Establishment in Verwaltung, Justiz, Militär und Wirtschaft auch wenig an dem Erhalt der Republik gelegen, gab es doch lange starke Vorbehalte gegen die als „plebejisch" empfundene rechtsradikale Massenbewegung von Adolf Hitler. Erst als seine Nationalsozialistische Deutsche Arbeiterpartei (NSDAP) 1932 stärkste parlamentarische Kraft wurde, wuchs der Wunsch der konservativen Republikfeinde, die Popularität von Adolf Hitler für die eigene Zwecke zu instrumentalisie-

ren. Auf Drängen von Ex-Kanzler Franz von Papen ernannte der greise Reichspräsident Paul von Hindenburg am 30. Januar 1933 den „böhmischen Gefreiten" zum Kanzler eines überwiegend von Konservativen besetzten Kabinetts. „In zwei Monaten haben wir Hitler in die Ecke gedrückt, dass er quietscht": Die Aussage von Vizekanzler von Papen sollte sich als vielleicht folgenreichste Fehlkalkulation der Geschichte erweisen. Denn innerhalb von gerade einmal 18 Monaten errichtete Hitler in Deutschland einen auf ihn ausgerichteten Führerstaat. Franz von Papen arbeitete nach einer „Säuberungswelle" im Zuge des vermeintlichen Röhm-Putsches 1934 als Diplomat weiter im Dienste Hitlers und musste sich 1946 im alliierten Kriegsverbrecher-Prozess in Nürnberg verantworten. Möglicherweise wäre Hitler ohne ihn nur ein kurzfristiges politisches Krisenphänomen geblieben.

Dass viele in der politischen Klasse bis 1933 Hitler nicht wirklich ernst nahmen, lag auch an seinem Aufstieg aus dem sprichwörtlichen Nichts. Der Deutschösterreicher hatte keinen Schulabschluss, keine Ausbildung und schlug sich bis 1914 mit Gelegenheitsjobs durch, wobei er auch mit rechtsextremen Vorstellungen in Berührung kam. Erst als Soldat im Weltkrieg wurde er „politisch glücklich", so der Publizist Sebastian Haffner. Der Krieg als Sinn und Zweck aller menschlichen Geschichte entwickelte sich zum zentralen Fixpunkt in Hitlers verquastem Weltbild, das sich aus Antibolschewismus, Rassismus und von Anfang an aus einem radikalen Antisemitismus speiste. In seiner programmatischen Hetzschrift *Mein Kampf* sprach er bereits 1924 von den Juden als einem „schädlichen Bazillus", der vernichtet werden müsse. Als Anführer der zunächst sektenartigen Deutschen Arbeiterpartei, der Vorläuferin der NSDAP, bekämpfte er nach 1919/20 in München die neu gegründete Weimarer Demokratie, die er als „Judenrepublik" schmähte. Hitler propagierte seine nationalistisch-antisemitischen Ideen einer reinrassigen deutschen Volksgemeinschaft und des ewigen Kampfs um Lebensraum zunächst ohne großen Widerhall. Ein Putschversuch nach dem Muster des italienischen Faschistenführers (→ Seite 198) Mussolini scheiterte 1923 kläglich, machte Hitler aber im ganzen Reich bekannt. Erst die sozialen Verwerfungen Anfang der 1930er Jahre spülten ihn als vermeintlichen nationalen Heilsbringer ins Zentrum der Macht, die er dann im Sinne des nationalsozialistischen Totalitätsanspruchs kontinuierlich ausweitete und absicherte. Mit einem undurchdringlichen Geflecht aus staatlichen und parteilichen Terror- und Überwachungsorganen wurden politisch oder anderweitig unerwünschte Personen unterdrückt, verfolgt und weggesperrt. Dazu kam eine umfassende gesellschaftliche Indoktrinierung, um den Einzelnen gezielt in den neu zu schaffenden einheitlichen „deutschen Volkskörper" einzubinden. Die Bevölkerung wurde von klein auf in NS-Organisationen wie der Hitler-Jugend zwangsrekrutiert. Unterordnung und Kooperation wurden belohnt: Arbeitnehmer erhielten Sozialleistungen, dazu wurden preiswerte Erholungsreisen organisiert, jüdischer Besitz ging in „arische" Hände über. Durch staatliche Arbeitsbeschaffung sank die Arbeitslosigkeit in den ersten Jahren erheblich; die steigenden, auf Pump finanzierten Rüstungsausgaben wirkten als Konjunkturprogramm. Einer Mehrheit der Deutschen, die das Regime akzeptierten und unterstützten, ging es vielfach besser als in den 1920er Jahren. Hitler hatte so 1938 tatsächlich große Zustimmung unter der Bevölkerung, zumal Deutschland auch international unter Wahrung des Friedens wieder eine europäische Großmacht geworden war. Mit dem Überfall auf Polen 1939 traten die expansionistischen und verbrecherischen Ziele des Hitler-Regimes endgültig offen zutage, die Deutschland innerhalb von sechs Jahren in eine politische, militärische und moralische Katastrophe führten. ▪

> » **Die Vernichtung Deutschlands war das letzte Ziel, das Hitler sich setzte. Er hat es nicht ganz erreichen können, so wenig wie seine anderen Vernichtungsziele.** «
>
> Sebastian Haffner in *Anmerkungen zu Hitler*

1939–1945 **September 1939** Deutscher Überfall auf Polen. **Mai/Juni 1940** Deutsche Wehrmacht besetzt Frankreich. **Juni 1941** Deutscher Überfall auf die Sowjetunion. **Dezember 1941** Japanischer Überfall auf Pearl Harbor. **Mai 1945** Kapitulation der deutschen Wehrmacht. **Juni/Oktober 1945** Gründung der Vereinten Nationen (UNO). **August 1945** US-Atombombenabwürfe auf Hiroshima und Nagasaki. **September 1945** Kapitulation Japans.

Der Zweite Weltkrieg

Die Welt in Flammen

Der deutsche Überfall auf Polen am 1. September 1939 markiert den Beginn des bislang verheerendsten Konflikts der Weltgeschichte. Die vernichtende, stark ideologisierte Kriegsführung führte fast zur völligen Zerstörung Europas. Die politische Landkarte änderte sich nach 1945 grundlegend.

Hitler strebte von Beginn seiner Herrschaft in Deutschland einen rassenpolitisch motivierten Krieg an. Bereits 1933 erklärte er Offizieren der Reichswehr, „Lebensraum im Osten" erobern und die unterworfenen Gebiete rücksichtslos germanisieren zu wollen. Um das Land in die hierfür notwendige Machtposition zu bringen, begann ab den 1930er Jahren eine Phase der Aufrüstung, die den Bestimmungen des Versailler Vertrags entgegenlief. Insbesondere Großbritannien hoffte noch lange Zeit, durch Zugeständnisse den deutschen Expansionsdrang stoppen und so den Frieden sichern zu können.

Doch der Einmarsch der deutschen Wehrmacht in Polen am 1. September 1939 löste einen europäischen Krieg aus, der zu einer deutschen Vorherrschaft auf dem Kontinent bis 1941 führte und den ideologischen „Hauptkrieg" gegen die Sowjetunion vorbereitete. Gleichzeitig kämpfte auch das seit 1936 mit Deutschland locker verbündete Japan um die Hegemonie in Ostasien. Durch den erzwungenen Kriegseintritt der USA 1941 verschmolzen die Konflikte in Europa und Ostasien endgültig zu einem Weltkrieg, der immer brutaler und rücksichtsloser geführt wurde. Als 1945 endlich die Waffen schwiegen, war Deutschland vollständig niedergerungen. Weite Teile Europas und Asiens lagen in Schutt und Asche. Etwa 60 Millionen Menschen waren getötet worden, etwa 20 Millionen befanden sich auf der Flucht.

Zunächst schien die deutsche Wehrmacht unbesiegbar. Nach der schnellen Eroberung und Aufteilung Polens im Einvernehmen mit der Sowjetunion 1939 setzte die deutsche Kriegsführung alle Ressourcen im Westen und Süden ein, um freie Hand für den großen Ost-Feldzug zu haben. Gegen den massiven Einsatz von moderner Luftwaffe und hochmobilen Panzer- und motorisierten Verbänden fanden die überraschten Nachbarn keine Mittel. Bis Juni 1941 waren nicht nur Dänemark und Norwegen, die Benelux-Staaten und der Balkan, sondern auch der große „Erbfeind" Frankreich entweder besetzt oder standen unter deutscher Kontrolle. Nur die Britischen Inseln waren militärisch nicht zu besiegen. So wurde Großbritannien zum europäischen Zentrum der großen Anti-Hitler-Koalition,

die sich 1942 trotz aller elementaren Gegensätze zwischen den USA und der inzwischen ums nationale Überleben kämpfenden Sowjetunion gebildet hatte.

Am 22. Juni 1941 hatte die deutsche Wehrmacht mit dem Überfall auf die Sowjetunion den geplanten „Vernichtungskampf" gegen das „jüdisch-bolschewistische System" eingeleitet. Wie schon während des Polenfeldzugs wurde der Vormarsch der deutschen Truppen von grausamen Verbrechen begleitet, Millionen sowjetischer Kriegsgefangener kamen durch Hunger und Erschießungen ums Leben, in Polen begann der organisierte Massenmord an den Juden. Das Scheitern des „Blitzkriegs" im Winter 1941/42 und vor allem der Verlust einer ganzen Armee in der Schlacht um Stalingrad 1942/43 leiteten die Wende des Krieges ein. Die materielle und personelle Überlegenheit der Alliierten zwang die deutschen Truppen ab 1943 an allen Fronten zum Rückzug. Spätestens nach der Landung einer alliierten Großstreitmacht in der Normandie 1944 war die militärische Lage für das Deutsche Reich aussichtslos. Doch erst nach der verlustreichen Eroberung ganz Deutschlands kapitulierte das NS-Regime im Mai 1945 bedingungslos. Die

Alliierten übernahmen die Regierungsgewalt und teilten das Gebiet in vier Besatzungszonen auf. In Ostasien beendete der Einsatz von Atomwaffen im August 1945 den bisher zerstörerischsten Krieg der Weltgeschichte.

In der Folge verlor das ruinierte Europa international an Bedeutung. Die siegreichen USA und die Sowjetunion stiegen zu politisch-ideologisch konkurrierenden Weltmächten auf, die den Kontinent unter sich in Interessenssphären aufteilten. Deutschland büßte seine Gebiete östlich von Oder und Neiße ein und zerfiel im Zuge des Ost-West-Konflikts 1949 in die westlich orientierte Bundesrepublik und die sowjetisch orientierte DDR. Auch Frankreich und Großbritannien, eigentlich Gewinner des Krieges, waren wirtschaftlich geschwächt und konnten, wie sich bald zeigte, ihre ausgedehnten Kolonialreiche nicht länger aufrechterhalten. Insgesamt waren die Verwüstungen so groß, dass – anders als 1918 – Nationalismus und Militarismus keinen gesellschaftlichen Resonanzboden in Europa mehr fanden. „Nie wieder Krieg" war die dominierende Stimmung, die sich politisch in einer verstärkten europäischen Zusammenarbeit wie in der Gründung der UNO niederschlug. ◾

» Die Engländer behaupten
Glauben an den Sieg verl
mit dem Führer und mit uns a
des deutschen Volkes? (...) Ich f
Krieg? Wollt ihr ihn, wenn nöt
ihn uns heute überhaupt noc
euch: Ist euer Vertrauen zum
und unerschütterlicher denn je
chöre brausen durch die Halle
Ich habe euch gefragt; ihr hab
seid ein Stück Volk, durch e
Stellungnahme des deutsche
unseren Feinden das zugerufe
sie sich keinen Illusionen und
geben.

NS-Propagandaminister Joseph Goebbels proklamiert den „totalen Krieg".
Rede im Berliner Sportpalast, 18. Februar 1943

las deutsche Volk habe den

en. Ich frage euch: Glaubt ihr

den endgültigen totalen Sieg

ge euch: Wollt ihr den totalen

totaler und radikaler, als wir

vorstellen können? Ich frage

ihrer heute größer, gläubiger

Vieltausendstimmige Sprech-

Führer befiehl, wir folgen!"] (...)

mir eure Antwort gegeben. Ihr

en Mund hat sich damit die

Volkes manifestiert. Ihr habt

was sie wissen müssen, damit

lschen Vorstellungen hin-

1941–1945

1935 Nürnberger Rassengesetze. 9. November 1938 Reichspogromnacht. 20. Januar 1942 Wannseekonferenz zur Organisation des Massenmordes von Juden. 27. Januar 1945 Befreiung des KZ Auschwitz durch die Rote Armee. 1945–1946 Nürnberger Prozesse gegen die Hauptkriegsverbrecher.

Holocaust

Der beispiellose Zivilisationsbruch

„Da ist irgendetwas passiert, womit wir alle nicht fertigwerden", sagte 1964 die deutsch-jüdische Polittheoretikerin Hannah Arendt. Der Massenmord an den europäischen Juden markiert einen moralischen Tiefpunkt in der menschlichen Zivilisationsgeschichte und wirft bis heute einen großen Schatten auf Deutschland.

Auschwitz-Birkenau, Majdanek, Treblinka, Belzec, Sobibor, Chełmno: Orte des Schreckens, die sich weltweit als Symbole der Unmenschlichkeit ins Gedächtnis der Menschheit gebrannt haben. Es sind die Namen der Vernichtungslager auf dem Gebiet des besetzten Polen, in denen zwischen 1941 und 1944 im Auftrag des Deutschen Reichs Millionen Juden systematisch ermordet wurden, phasenweise Tausende am Tag. Aus allen Teilen Europas transportierte die Reichsbahn Menschen in Viehwagen in die Lager, wo die meisten sofort in die Gaskammern geschickt wurden. Die Todesfabriken waren von den NS-Entscheidungsträgern aus „Effizienzgründen" errichtet worden, nachdem sich konventionelle Tötungsmethoden als zu belastend für die Täter erwiesen hatten. Seit dem Beginn des Polenfeldzugs 1939 waren hinter den Fronten spezielle SS-Mordkommandos zum Einsatz gekommen, um im Sinne der gewünschten völkischen Umgestaltung Osteuropas rassistisch und politisch unerwünschte Personen aufzuspüren und zu erschießen.

Als im Jahre 1944 die sowjetische Armee immer näher rückte, versuchten die NS-Verantwortlichen, die Spuren ihrer Verbrechen zu vertuschen – Lager wurden aufgelöst, Gaskammern gesprengt. Forscher sind sich weitgehend einig, dass insgesamt bis zu sechs Millionen Juden dem Rassenwahn zum Opfer fielen, etwa eine Million allein in den Lagern von Auschwitz.

Dem industriellen Massenmord war ein jahrelanger Prozess der Entrechtung und Unterdrückung der jüdischen Bevölkerung vorangegangen. Obwohl umstritten ist, ob Adolf Hitler von Anfang an die physische Vernichtung der Juden anstrebte oder erst im Krieg die Entscheidung zur „Endlösung" fiel: Flankiert von allgegenwärtiger antisemitischer Hetzpropaganda verdrängten seit 1933 gesetzliche Maßnahmen die als Rasse definierten Juden immer mehr aus der Gesellschaft. So waren nach 1935 Ehen zwischen Juden und Nicht-Juden verboten, mehr und mehr Berufe wurden Juden verwehrt, weitere Beschränkungen auferlegt, die sie schließlich völlig isolierten. Als am 9. November 1938 in der als „Volkszorn" inszenierten Reichspogromnacht die Synagogen in Deutschland brannten, eskalierte zum ersten

Mal in aller Öffentlichkeit die willkürliche Gewalt gegen Juden – von da war es nur noch ein kleiner Schritt zu den Deportationen im Schatten der Kriegsereignisse.

Nach der Dokumentation in den Nürnberger Prozessen 1945/46 wurde die ganze Dimension der Verbrechen in der Nachkriegszeit von der deutschen Bevölkerung erst langsam wahrgenommen. Insbesondere mit dem Eichmann-Prozess 1962 gegen einen NS-Funktionär und vor allem den Auschwitz-Prozessen ab 1964 wurde zunehmend deutlich, in welchem Umfang Menschen und Institutionen an Planung und Umsetzung der Mordpläne direkt oder indirekt beteiligt waren. Insbesondere in der Jugend wuchs das Bewusstsein von der Schwere der Schuld, die die Elterngeneration auf sich geladen hatte. Die 68er Revolte war deshalb in Westdeutschland wesentlich von der Auseinandersetzung mit der NS-Vergangenheit geprägt. Heute gehört der Kampf gegen jede Form von Antisemitismus und für das Existenzrecht Israels zur Staatsräson der politischen Klasse in Deutschland. Seit 2005 steht ein fast über 19.000 m² großes Stelenfeld inmitten des Regierungsviertels der neuen deutschen Hauptstadt Berlin – ein widerständiges abstrakt-rätselhaftes Kunstwerk als zentraler nationaler Gedenkort für ein monströses Verbrechen. ■

Zuse Z3

Der erste Computer der Welt

Seine Hochgeschwindigkeitsnachkommen halten heute die moderne Alltagsinfrastruktur am Laufen: Mitten im Zweiten Weltkrieg erfand der Deutsche Konrad Zuse den ersten voll funktionstüchtigen Computer – ein Werkzeug, das von nun an immer mehr die Steuerung und Kontrolle der menschlichen Umwelt übernehmen sollte.

Am Anfang stand der Wunsch nach mehr Bequemlichkeit. Der angehende Bauingenieur Konrad Zuse war die ständigen langwierigen statischen Berechnungen in seinem Studium leid. Daher verschrieb er sich ab 1935 einem neuen Projekt, das diese Arbeit überflüssig machen sollte. Er wollte eine Maschine so programmieren, dass sie schnell und automatisch beliebig definierte

Rechenaufgaben lösen konnte. Jahrelang experimentierte der manische Tüftler zuerst zu Hause, dann in einem Labor in Berlin-Kreuzberg, bis er 1941 mit dem Z3 den ersten funktionsfähigen Computer der Welt mit Prozessor und Arbeitsspeicher herstellte: Die elektronische, 1000 Kilogramm schwere Rechneranlage war universell programmierbar und baute wie moderne Computer auf dem binären Zahlensystem auf. Unterstützt von den Machthabern des Nazi-Regimes arbeitete Zuse bis zum Kriegsende 1945 in Berlin an optimierten Maschinen. Da die ersten Rechner von Kriegsbomben völlig zerstört worden waren und er nie ein Computerpatent erhalten hatte, war Zuses tatsächliche Vorreiterrolle in der Computertechnik lange Zeit umstritten. Nach dem Krieg konnte Zuse kaum von seiner bahnbrechenden Erfindung profitieren. Seine Computerfabrik – die einzige in Deutschland – musste Mitte der 1960er Jahre Insolvenz anmelden.

Die wirklichen Fortschritte in der Computerentwicklung fanden nach 1945 in erster Linie in den USA statt, wo sehr viel Geld in Wissenschaft und Forschung floss. Die Geräte wurden im Laufe der Zeit in rasanter Geschwindigkeit immer kleiner, schneller und vor allem leistungsfähiger. Der Einsatz von kleinen Transistoren in den Prozessoren erhöhte ab den 1950er Jahren massiv die Verarbeitungsgeschwindigkeit in den Rechnern und machte sie handlicher. Doch noch 1969 waren Prozessoren so groß und schwer, dass Apollo 11 mit nur zwei leistungsschwachen Navigationscomputern an Bord zum Mond fliegen musste.

Einen Meilenstein in Richtung Miniaturisierung des Computers bedeutete die Einführung des Mikroprozessors Anfang der 1970er Jahre, bei dem alle Bestandteile des Prozessors auf einem Speicherchip vereint wurden. Der Weg zum Kleincomputer für den Hausgebrauch war nicht mehr weit. Vor allem die Entwicklung einer massentauglichen Software machte den Personal Computer ab den 1990er Jahren auch für die breite Bevölkerung zu einem beherrschbaren und finanzierbaren Werkzeug. Heute ist der Computer zum zentralen Steuerungs-, Kontroll- und Kommunikationsinstrument in allen gesellschaftlichen Bereichen geworden. ◼

Die UNO

Globaler Neuanfang im Schatten des Kalten Krieges

Um in Zukunft gemeinsam den Weltfrieden zu wahren, wurden unmittelbar nach dem Zweiten Weltkrieg 1945 in San Francisco die Vereinten Nationen gegründet. Bis 1990 war der politische Aktionsradius der UNO durch die bipolare Weltordnung im Kalten Krieg allerdings stark eingeschränkt.

Die Vereinten Nationen atmen immer noch den Geist der Anti-Hitler-Koalition, aus der sie entstanden sind. Dem UN-Sicherheitsrat, dem Machtzentrum der UNO, gehören bis heute die Siegermächte des Zweiten Weltkrieges bzw. deren Nachfolger als ständige Mitglieder mit individuellem Vetorecht an. Erst nach der Aufnahme der beiden deutschen Staaten 1973 verlor die sogenannte Feindstaatenklausel an Bedeutung, wonach nur Staaten Mitglieder der UN werden konnten, die im Krieg auf der Seite der Alliierten gestanden hatten. Die UN wollten die Lehren aus dem Zweiten Weltkrieg ziehen und waren doch vor allem ihr Produkt. Bereits 1943, mitten im Krieg, beschlossen die USA, Großbritannien und die Sowjetunion die Gründung einer neuen Weltorganisation, die den friedlichen Ausgleich der Staaten fördern und den Weltfrieden zukünftig sichern sollte. In der Hoffnung auf eine bessere

Welt verabschiedeten 51 Staaten am 26. Juni 1945 in San Francisco die Charta der Vereinten Nationen. Die UN, der inzwischen fast alle Staaten der Welt angehören, wurde zu einer staatsähnlichen Großorganisation ausgebaut mit dem Sicherheitsrat als einer Art „Weltregierung", dem Internationalen Gerichtshof als „Weltgericht" und der Generalversammlung als „Staatenparlament". Weil sich aber im Ost-West-Konflikt die Großmächte im Sicherheitsrat in der Regel gegenseitig blockierten, spielten die UN nach 1945 nicht die gewünschte Rolle als globales Friedensinstrument und kollektives Sicherheitssystem. Bis 1989/91 wurden alle Facetten der Weltpolitik letztlich vom großen Konflikt zwischen den Supermächten USA und Sowjetunion bestimmt, der die Welt ideologisch, politisch, militärisch und wirtschaftlich im Wesentlichen in zwei Blöcke teilte.

Allen Bekenntnissen zu einer gemeinsamen Nachkriegsordnung auf den verschiedenen alliierten Konferenzen zwischen 1941 und 1945 zum Trotz war nach dem Wegfall des gemeinsamen Feindes schnell deutlich geworden, dass die ungleichen Kriegspartner sehr unterschiedliche inhaltliche Vorstellungen von einer neuen Friedensordnung hatten. Die Siegermächte installierten in den jeweils eroberten Ländern ihr eigenes politisch-ideologisches Modell. Die gescheiterte gemeinsame Kontrolle über das besiegte Deutschland endete 1949 in der staatlichen Teilung in die Bundesrepublik Deutschland und die Deutsche Demokratische Republik (DDR). In Europa standen jetzt die liberalen Demokratien im Westen den autoritären „Volksdemokratien" im Osten gegenüber, jeweils eingebunden in eigene militärische und wirtschaftliche Beistandssysteme.

Weite Teile der Welt ließen sich entweder dem westlichen oder dem sozialistischen Lager zuordnen. In regionalen Stellvertreter-Kriegen wie in Korea oder Vietnam oder später auch in Afghanistan wurde versucht, die feindliche Seite strategisch zu schwächen. Das militärische „Gleichgewicht des Schreckens" verhinderte allerdings einen direkten großen Konflikt und sicherte vielerorts einen fragilen Frieden.

Die Implosion des sowjetischen Machtblocks 1989/91 eröffnete der UNO plötzlich die Chance, ein multilaterales System der Friedenssicherung zu etablieren. Doch die verbleibende Supermacht USA suchte insbesondere nach den Anschlägen vom 11. September 2001 die Durchsetzung der eigenen Sicherheitsinteressen eher in kurzfristigen Ad-hoc-Koalitionen als in langfristig angelegten kollektiven Strukturen. Letztlich bleiben die Vereinten Nationen eine Organisation souveräner Staaten, und ihr Erfolg ist vollständig von deren Bereitschaft zur Kooperation abhängig. ◼

Hiroshima und die Folgen

Das Kalkül mit dem atomaren Inferno

Mit dem Abwurf von zwei Atombomben auf Hiroshima und Nagasaki durch die Amerikaner im Sommer 1945 endete nicht nur der Zweite Weltkrieg im Pazifik. Es begann auch ein zunächst unkontrolliertes atomares Wettrüsten zwischen den beiden neuen Supermächten USA und Sowjetunion. Bis heute ist der Besitz einer Atombombe Inbegriff staatlichen Machtstrebens.

Der zerstörerischste und opferreichste Krieg in der Geschichte der Menschheit endete 1945 mit dem Einsatz einer neuen apokalyptischen Waffe. Als am 6. August 1945, 8:15 Uhr Ortszeit, über Hiroshima, der achtgrößten Stadt Japans, vom US-Bomber „Enola Gay" die erste Atombombe der Welt abgeworfen wurde, war selbst die Besatzung von ihrer Zerstörungskraft erschüttert: „Mein Gott, was haben wir getan", notierte später der Co-Pilot Robert A. Lewis in sein Tagebuch. Die ganze Stadt stand innerhalb von Sekunden in Flammen, bis zu 70.000 Menschen waren sofort tot, durch Spätfolgen erhöhte sich die Zahl der Opfer im Laufe der Zeit auf Hunderttausende. Als die USA drei Tage später eine zweite Atombombe auf Nagasaki

abwarfen, willigte Japan in die bedingungslose Kapitulation ein. Damit war der Zweite Weltkrieg auch im Pazifik zu Ende. Es begann das Zeitalter der nuklearen Aufrüstung, die zur Ansammlung riesiger Arsenale an Atomwaffen auf der Welt führte. Zum ersten Mal wurde ein Krieg denkbar und faktisch möglich, in dem sich die Menschheit selbst zerstören konnte.

Als 1938 in einem Forschungsinstitut in Berlin die Kernspaltung entdeckt wurde, ahnten nur wenige Experten, welche zerstörerischen Waffen sich mit diesem Wissen herstellen ließen. Der deutsche Physiker und amerikanische Exilant Albert Einstein soll 1942 US-Präsident Franklin D. Roosevelt persönlich über das Gerücht informiert haben, dass die Nationalsozialisten den Bau einer Atombombe anstrebten. Tatsächlich befahl Roosevelt noch im selben Jahr die Entwicklung der neuen Superwaffe, an der unter strengster Geheimhaltung die besten Wissenschaftler ihrer Zeit arbeiteten.

Im Kalten Krieg wurde die Atombombe ab 1945 zum ultimativen staatlichen Machtmittel und Ausweis eigener politisch-technologischer Überlegenheit. Rapider technischer Fortschritt und

grundsätzliches Misstrauen gegenüber dem ideologischen Gegner führten bis in die 1960er Jahre zu einem unkontrollierten Rüstungswettlauf mit immer zerstörerischeren Nuklearwaffen. Schon mit dem Einsatz der Atomwaffen in Japan wollten die Amerikaner nicht nur das schnelle Ende des Krieges erzwingen, sondern auch den Sowjets die eigene Macht demonstrieren. Doch mit dem ersten Test einer Wasserstoffbombe 1953 und vor allem der Entwicklung von Interkontinentalraketen, die die USA unmittelbar bedrohten, holten die Sowjetunion den westlichen Vorsprung auf.

Nach der dramatischen Kuba-Krise 1962 bemühten sich beide Seiten vermehrt um Entspannung und Deeskalation: Atomteststopps wurden vereinbart, Rüstungskontrollabkommen abgeschlossen, die Weiterverbreitung von Atomwaffen untersagt. An der Doktrin der gegenseitigen nuklearen Abschreckung wurde aber festgehalten und erst in der Endphase der Sowjetunion kam es zu einem ersten wirklichen Abrüstungsvertrag. Seit dem Zusammenbruch des Sowjetimperiums 1989/1991 ist die Gefahr eines Atomkriegs weitgehend aus dem öffentlichen Bewusstsein verschwunden, obwohl im Jahr 2016 mindestens neun Länder über mehr als 15.000 Atomsprengköpfe verfügten. Die kollektive Erinnerung an die Schrecken von Hiroshima und Nagasaki ist aber noch so lebendig, dass Atombomben oder das Streben nach ihnen vor allem als politisches Druckmittel dienen und deren Einsatz selbst für das schlimmste Regime bisher ein Tabu blieb. Japan als bislang einziges Opfer von Atombomben lehnt bis heute die militärische Nutzung von Kernenergie strikt ab. ∎

Nach der fast vollständigen Selbstzerstörung Europas teilte der Ost-West-Konflikt zwischen den USA und der Sowjetunion die Welt nach 1945 zunächst in ein kapitalistisches und ein kommunistisches Lager. Die von den Europäern unterworfenen Kolonien erlangten ihre nationale Unabhängigkeit Seite 230 und gewannen politisches Eigengewicht. Die Implosion des Sowjetimperiums 1989/1991 hat die Systemauseinandersetzung entschieden, doch die neue globale Ordnung Seite 257 scheint gegenwärtig immer unübersichtlicher zu werden. Vor dem Hintergrund einer zunehmend stärker vernetzten Weltwirtschaft sind auch die gegenseitigen Abhängigkeiten zwischen den Staaten gewachsen. Die Internationalisierung wichtiger Politikfelder in einer globalisierten Welt hat die Notwendigkeit zu multilateralem Handeln sowie regionale Kooperationsmodelle wie die Europäische Union Seite 227 gestärkt - ein Prozess, der starke Widerstände hervorruft.

Kapitel 7

Seit 1945

Wege in die Gegenwart

Zeitgeschichte

1948

1897 Erster Zionistischer Weltkongress in Basel. **1933–1945** Verfolgung und Ermordung von Juden durch das deutsche NS-Regime. **1947** UN-Teilungsplan für Palästina. **1948** Der Staat Israel erklärt seine Unabhängigkeit **1967** Sechstagekrieg. **1973** Jom-Kippur-Krieg. **1978** Camp-David-Abkommen.

Israel

Geburt im Kriegszustand

Im Kampf gegen seine arabischen Nachbarn rief David Ben Gurion am 14. Mai 1948 auf historischem Boden in Palästina den eigenständigen Staat Israel aus. Bis heute prägt der staatliche Existenzkampf maßgeblich Politik und Selbstverständnis Israels.

Die Idee eines Staates Israel ist eng mit dem Ende des 19. Jahrhunderts vor allem in Europa aufkommenden säkular-modernen, rassistischen Antisemitismus verknüpft, der Juden unveränderliche Wesenselemente zuschrieb. Als Begründer der jüdischen Nationalbewegung gilt der österreichisch-ungarische Journalist Theodor Herzl, der 1897 in Basel den ersten Zionistenkongress organisierte. Er sah für Juden nur eine Möglichkeit, dem Antisemitismus zu entgehen: die Gründung eines eigenen Staates in Palästina, im „Land der Väter", der allen verfolgten Juden ein Leben in Sicherheit und Freiheit garantieren sollte – ein Ziel, das seinerzeit vielen Juden als völlig unrealistisches Hirngespinst des nationalistischen Zeitgeistes erschien. Insbesondere in Westeuropa strebten die meisten Juden trotz aller Anfeindungen weiterhin die gesellschaftliche Assimilation in ihren Heimatländern an.

In der ersten Hälfte des 20. Jahrhunderts siedelten sich aber tatsächlich immer mehr Juden im britisch kontrollierten Palästina an. Hintergrund war die Erklärung des britischen Außenministers Arthur Balfour von 1917, die Errichtung einer jüdischen „nationalen Heimatstätte" unterstützen zu wollen, was allerdings auf den Widerstand der einheimischen arabischen Bevölkerung stieß. Als im Zuge der zunehmenden Judenverfolgung in Europa Ende der 1930er Jahre der Zuzug der Juden immer weiter anstieg, nahm die Auseinandersetzung zwischen der arabischen Bevölkerung und den Neusiedlern immer militantere Züge an. Die Shoa erhöhte nach dem Zweiten Weltkrieg den moralischen Druck auf die Weltgemeinschaft, den Juden tatsächlich einen eigenen Staat zuzugestehen. Was früher als Fantasterei gegolten hatte, erschien nun wie eine bittere Notwendigkeit.

So beschloss die UNO 1947 unter Zustimmung der USA und der Sowjetunion die Teilung Palästinas in einen jüdischen und einen arabischen Staat. Der als Kompromiss gedachte Plan wurde aber von den arabischen Nachbarstaaten nicht akzeptiert. Als am 14. Mai 1948 in Tel Aviv feierlich die Gründung des Staates Israels proklamiert wurde, lag sein „Schicksal bereits in den Händen der Verteidigungskräfte", so Ben Gurion. Noch in der Nacht der Staatsgründung mobilisierten fünf arabische Staaten ihre Truppen. Trotz zahlenmäßiger Unterlegenheit konnte das militärisch und finanziell vom Westen unterstützte Israel sein Territorium nicht nur verteidigen, sondern sogar wesent-

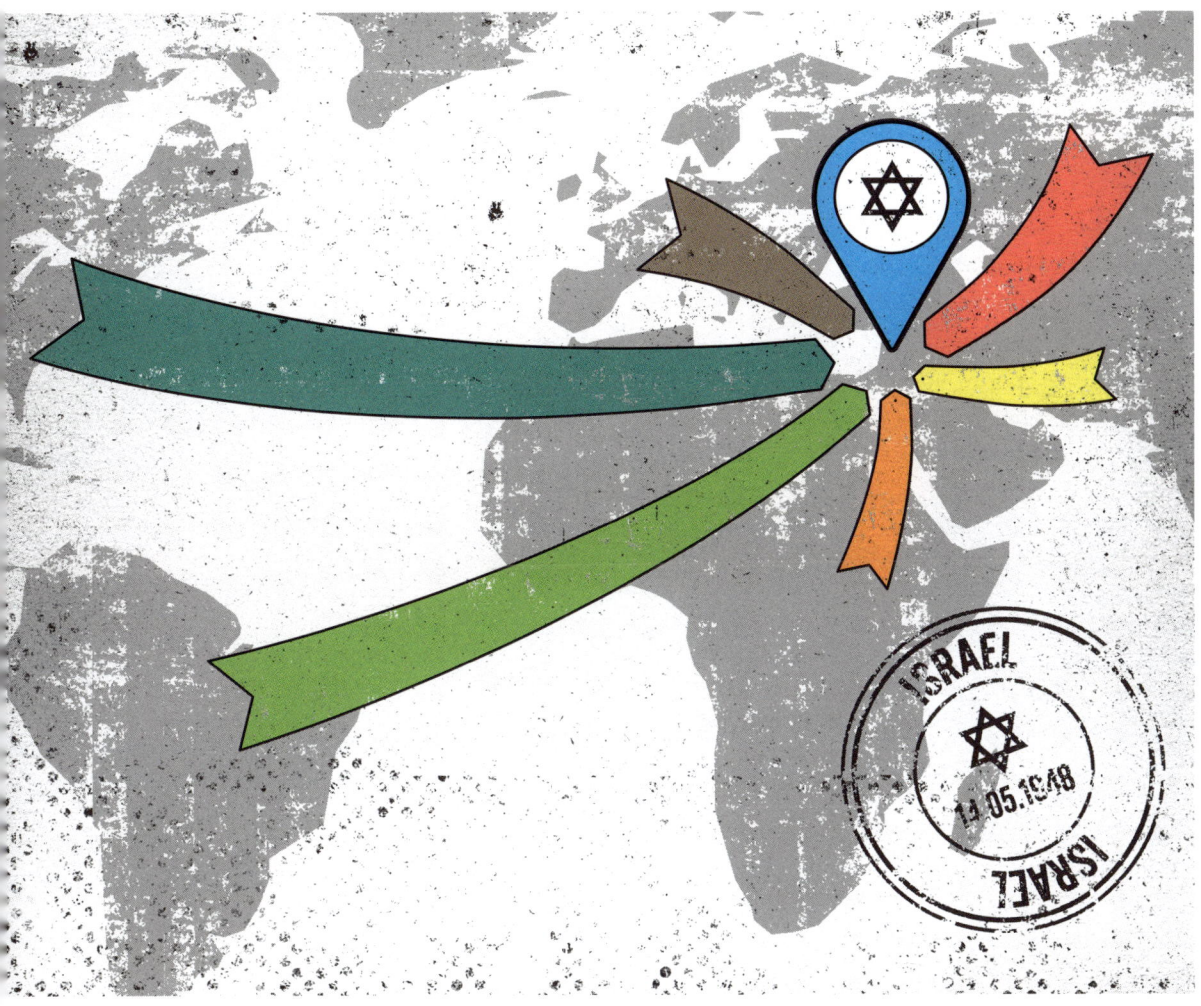

liche Gebiete neu erobern. Ein überraschender Sieg, der Israel das Überleben sicherte, aber auch viele Palästinenser aus ihrer Heimat vertrieb. Umgeben von feindlichen Staaten setzte Israel weiterhin auf militärische Stärke und gewann im Sechstagekrieg 1967 und im Jom-Kippur-Krieg 1973 weitere Territorien hinzu, von denen viele in der Folge systematisch neu besiedelt wurden.

Während sich Israel zu einer wirtschaftlich prosperierenden Demokratie nach westlichem Muster entwickelte, fühlten sich die ihres Landes beraubten Palästinenser insbesondere vom Westen verraten und versuchten verstärkt, durch Terroranschläge Israel zu destabilisieren bzw. die Welt zu einer Lösung des Problems in ihrem Sinne zu drängen. Der Teufelskreis der Gewalt aus Terroranschlägen und Aufständen der Palästinenser und den israelischen Militärattacken ist bis heute nicht durchbrochen. Das gegenseitige Gefühl der Bedrohung bzw. Unterdrückung konnten einzelne Friedenserfolge wie das Camp-David-Abkommen von 1978, das Gaza-Jericho-Abkommen von 1994 oder die Oslo-Friedensabkommen 1993/95 bisher nur kurzzeitig überwinden. Bislang ist die Weltgemeinschaft immer daran gescheitert, einen substanziellen Ausgleich zwischen Israels Sicherheitsinteressen und dem palästinensischen Streben nach einem lebensfähigen Staat zu finden. ■

Mao Zedong

Der rote Kaiser

Der charismatische Revolutionsführer einte 1949 China und führte unter Millionenopfern die sozialistische Umgestaltung des Landes durch.

Maos Konterfei ziert alle Geldscheine des Landes und von der Kommunistischen Staatspartei wird er bis heute als Schöpfer des modernen Chinas verehrt, der das Land nach dem Zweiten Weltkrieg einte und ihm nach einem Jahrhundert halbkolonialer Besetzung seine nationale Souveränität wiedergab. Von den zahllosen Opfern seiner Politik ist offiziell keine Rede. Dabei gehört der einst wie ein Gott verehrte „rote Kaiser" oder „große Steuermann" mit Hitler und Stalin zu den großen Massenmördern des 20. Jahrhunderts. Seine Vision vom kommunistischen China wurde zum Alptraum für das Volk. Die drei von ihm initiierten Massenkampagnen in den 1950er und 1960er Jahren kostete Schätzungen zufolge bis zu 70 Millionen Menschen das Leben. „Die politische Macht kommt aus den Gewehrläufen", lautete Maos brutales Credo, das er bei seinem Aufstieg in dem wirtschaftlich rückständigen Land befolgte.

Von Anfang an setzte der Sohn einer südchinesischen Bauernfamilie auf die Unterstützung der Landbevölkerung, in der er entgegen der klassischen Lehre des Marxismus-Leninismus die zentrale Stütze einer kommunistischen Revolution sah. Vom Nordosten Chinas aus, wo er ab 1935 seine militärische Machtbasis ausgebaut hatte, eroberte er ab 1945 schrittweise das ganze Land.

Die von ihm 1949 ausgerufene Volksrepublik China blieb bis in die 1970er Jahre international weitgehend isoliert und orientierte sich anfangs wirtschaftlich wie politisch vollständig an der Sowjetunion: Industrien wurden verstaatlicht, Grundbesitzer enteignet und politische Gegner erbarmungslos verfolgt. Nach dem Tod Stalins 1953 entfremdeten sich die beiden kommunistischen Schwergewichte. Während sich die Sowjetführung vom Stalinismus zu emanzipieren begann, versuchte Mao, die Utopie einer kommunistischen Gesellschaft durch eine dringend nötige Industrialisierung („Großer Sprung nach vorn") und durch die totale Kollektivierung der Landwirtschaft („Volkskommunen") mit aller Härte umzusetzen. Die folgende wirtschaftliche Katastrophe stärkte zwar die parteiinterne Opposition gegen Mao, doch seine Autorität war 1966 noch groß genug, um die „Große Proletarische Kulturrevolution" gegen traditionelle Staats- und Gesellschaftsstrukturen in Gang zu setzen. Die Gewalt- und Zerstörungsexzesse ließen nach 1969 zwar nach, doch erst nach Maos Tod 1976 wurde seine Politik spürbar revidiert. Die Lockerung der Planwirtschaft und die Schaffung kapitalistischer Sonderwirtschaftszonen leiteten einen jahrzehntelangen Wirtschaftsaufschwung ein, der bis heute anhält. ■

Der Ostblock

Der lange Arm der Sowjetunion

Nach dem Zweiten Weltkrieg wurden weite Teile Südost- und Ostmitteleuropas gegen ihren Willen Teil des sowjetischen Machtimperiums. Jahrzehnte nach der gefeierten Überwindung der Spaltung Europas lassen sich in den postkommunistischen Staaten verstärkt illiberale Tendenzen beobachten.

„Dieser Krieg ist nicht wie in der Vergangenheit; wer immer ein Gebiet besetzt, erlegt ihm auch sein gesellschaftliches System auf. Jeder führt sein eigenes System ein, so weit seine Armee vordringen kann. Es kann gar nicht anders sein." Die Aussage von Josef Stalin gegenüber dem jugoslawischen kommunistischen Schriftsteller und späteren Dissidenten Milovan Djilas zeigte den politischen Weg in den meisten osteuropäischen Staaten nach 1945 auf. Noch während des Krieges hatte sich Stalin von den Westalliierten freie Hand über die von den Sowjets auf ihrem Weg nach Berlin eroberten Staaten Osteuropas zusichern lassen. Ob in Ungarn, Bulgarien, Rumänien oder der Tschechoslowakei – überall installierten die nationalen Kommunisten unter mehr oder weniger Druck von außen autoritäre „Volksdemokratien" nach sowjetischem Muster. In Spiegelung der westeuropäischen Integrationsschritte schlossen sich unter Kontrolle Moskaus die Staaten auch wirtschaftlich und militärisch eng zusammen:

Nach der Gründung des Rats für gegenseitige Wirtschaftshilfe 1949 verpflichtete sich analog zur westlichen NATO das sozialistische Lager 1955 im Warschauer Pakt zu militärischem Beistand bei einem Angriff auf einen der Vertragspartner. Der Ostblock diente der Sowjetunion einerseits als Schutzzone vor einer erneuten Aggression aus dem Westen, andererseits als Erweiterung der eigenen Herrschaftssphäre. Einzig Jugoslawien konnte sich von Anfang an dem sowjetischen Zugriff entziehen. Das osteuropäische Land, das sich selbst von den Nazis befreit hatte, setzte auf einen eigenen nationalen Weg zum Sozialismus jenseits der beiden Machtblöcke.

Dass das von oben oktroyierte System von den Bevölkerungen nie wirklich akzeptiert wurde, zeigte sich in den Reaktionen auf die vorsichtigen innenpolitischen Liberalisierungsbemühungen in der Sowjetunion nach dem Tod Stalins 1953. In der DDR kam es noch im selben Jahr zum Volksaufstand gegen das Ulbricht-Regime, der erst durch den Einsatz sowjetischer Panzer niedergeschlagen werden konnte. In Ungarn und der Tschechoslowakei setzten sich 1956 bzw. 1968 unter großer Zustimmung der Bevölkerung kurzzeitig reformkommunistische Kräfte durch, die aber ebenfalls unter militärischem Druck wieder durch moskautreue Kader ersetzt wurden. Nur mit Gewalt konnte die Sowjetunion ihren Hegemonialanspruch in Osteuropa durchsetzen. Als Ende der 1980er Jahre eine sowjetische Reformführung das nationale Selbstbestimmungsrecht ausdrücklich respektierte, brachen die Regimes nacheinander in sich zusammen. Mit Ausnahme von Jugoslawien, das 1991 in seine nationalen Einzelteile zerfiel und in einem jahrelangen Bürgerkrieg versank, etablierten sich in Südost- und Ostmitteleuropa Demokratien westlichen Zuschnitts, von denen inzwischen fast alle als Mitglieder der NATO und der EU fest in die zentralen Wirtschafts- und Sicherheitsinstitutionen Europas eingebunden sind. Dabei ist das Verhältnis zum einstigen Hegemon durchaus ambivalent. Ob-

wohl gerade die NATO-Mitgliedschaft als Garant für den Schutz vor Russland allgemein kaum infrage gestellt wird, sind in den 2010er Jahren insbesondere in Polen und Ungarn rechtspopulistisch-autoritäre Regierungen gewählt worden, die mit ihrer Verletzung rechtsstaatlicher Standards und Infragestellung individueller Freiheitsrechte immer mehr eine Nähe zur „illiberalen" Demokratie in Russland unter Wladimir Putin aufweisen. Auch in der starken Ablehnung von Migranten in den postkommunistischen Staaten Ostmitteleuropas nach 2015 kann man das Erbe der weitgehend geschlossenen autoritären Gesellschaften der sozialistischen Zeit erkennen. ■

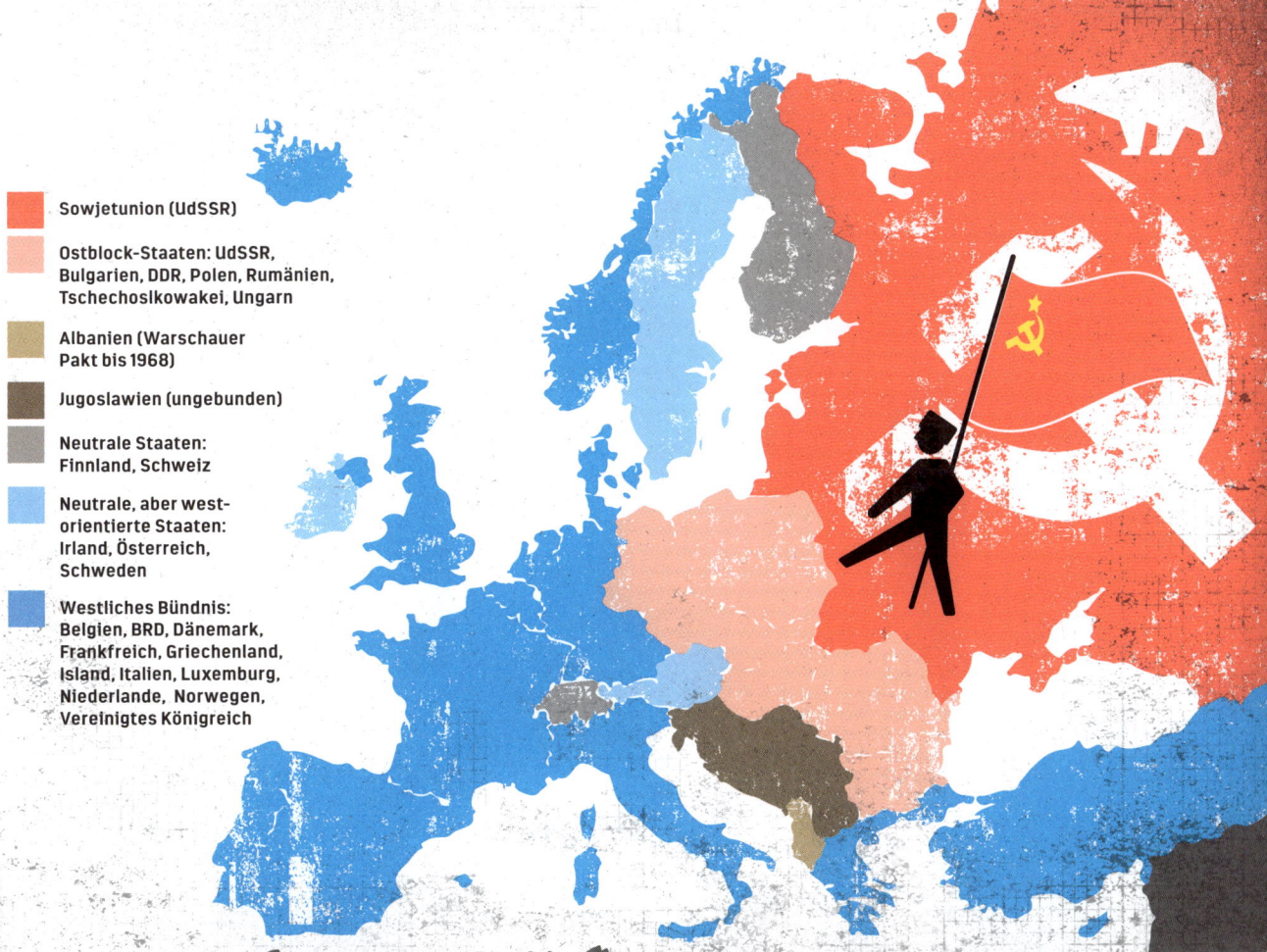

Sowjetunion (UdSSR)

Ostblock-Staaten: UdSSR, Bulgarien, DDR, Polen, Rumänien, Tschechoslowakei, Ungarn

Albanien (Warschauer Pakt bis 1968)

Jugoslawien (ungebunden)

Neutrale Staaten: Finnland, Schweiz

Neutrale, aber westorientierte Staaten: Irland, Österreich, Schweden

Westliches Bündnis: Belgien, BRD, Dänemark, Frankreich, Griechenland, Island, Italien, Luxemburg, Niederlande, Norwegen, Vereinigtes Königreich

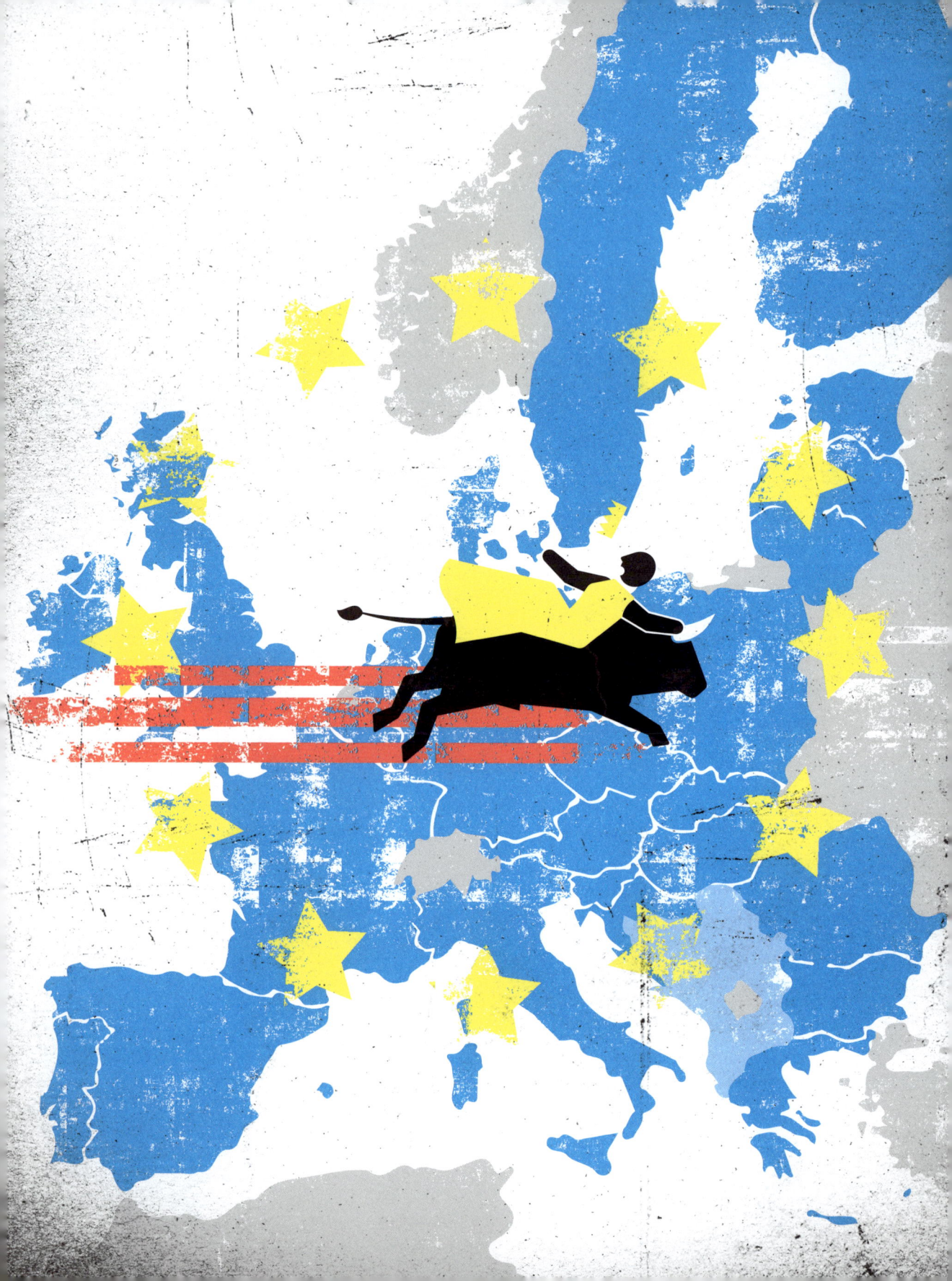

1939–1945 Zweiter Weltkrieg. **Ab 1948** US-Wiederaufbauhilfen im Rahmen des Marshall-Plans. **1949** Gründung der NATO. **1951** Gründung der „Montanunion". **1957** Römische Verträge: Europäische Wirtschafts- und Atomgemeinschaften (EWG und EAG). **1992/93** Vertrag von Maastricht: Gründung der Europäischen Union (EU). **2002** Einführung der Euro-Währung. **2016** Sogenanntes EU- oder Brexit-Referendum in Großbritannien und Nordirland.

Europäische Einigung

Ein Kontinent macht Frieden mit sich

Der wirtschaftliche Zusammenschluss sechs westeuropäischer Länder 1957 in Rom legte den Grundstein für die heutige Europäische Union. So sehr auch der Wohlstand auf dem Kontinent gemehrt wurde – der Prozess der immer stärkeren Vereinigung Europas ist inzwischen in eine Sinnkrise geraten.

In Kultur und Wissenschaft war Europa seit dem Mittelalter mehr als nur ein geografischer Raum. Auf dem politisch zersplitterten Kontinent wurde fast immer an einem Ort Krieg geführt, aber die Dominanz des Christentums, der zunehmende kommunikative Austausch und nicht zuletzt die Heiratspolitik des europäischen Hochadels stifteten auch ein Gefühl von Gemeinsamkeit. Gelehrte wie Regierungsberater formulierten immer wieder Konzepte für eine geregelte zwischenstaatliche Zusammenarbeit in Europa, ohne je wirklichen politischen Einfluss zu gewinnen. Insbesondere ab dem 19. Jahrhundert strebten die europäischen Regierungen mehr denn je nach individueller nationaler Machtentfaltung. Auch direkt nach dem Zweiten Weltkrieg blieb die Idee der europäischen Einigung zunächst abstrakt und lebensfern – es ging den Menschen zunächst zuvorderst ums Überleben im eigenen Umkreis. Dass Paneuropa nach 1945 tatsächlich in Angriff genommen wurde, lag neben der Dimension der europäischen Selbstzerstörung zwischen 1939 und 1945 vor allem am Ausbruch des Kalten Kriegs nach 1947. Um Westeuropa vor dem Zugriff der Sowjetunion zu schützen und sich einen großen Absatzmarkt für heimische Produkte zu sichern, förderten die USA hier massiv den Aufbau gemeinsamer marktwirtschaftlicher Strukturen. Unter dem militärischen Schirm der 1949 gegründeten NATO sollten Handelshemmnisse abgebaut und so nachhaltiger Wohlstand geschaffen werden. Den tatsächlichen Erfolg dieser Politik hätte sich 1945 wohl kaum jemand vorstellen können.

Die ersten Schritte der westeuropäischen Integration waren so auch wirtschaftlicher Natur. Im Jahr 1951 gründeten Westdeutschland, Frankreich, Italien und die Beneluxländer die sogenannte Montanunion zur gemeinsamen Bewirtschaftung der Kohle- und Stahlproduktion. Kontinuierlich wurde die Zusammenarbeit ausgeweitet und 1957 die Europäischen Wirtschafts- und Atomgemeinschaften gebildet. In Rom bekannten sich die sechs

westeuropäischen Kernländer feierlich zum Ziel der Errichtung eines gemeinsamen Markts und Vereinheitlichung der Wirtschaftspolitik. Im Zuge des wirtschaftlichen Erfolgs wuchs die Attraktivität der Gemeinschaft: Sie nahm nach und nach neue Mitglieder auf und baute nun auch gemeinsame politische Strukturen auf, ohne die nationalstaatliche Souveränität wirklich infrage zu stellen. Den „Europäischen Gemeinschaften" wurde ab 1965/67 eine gemeinsame Kommission zur Seite gestellt, die länderunabhängig die Interessen der Gemeinschaft vertritt. Seit 1979 wählen die Bürger der Mitgliedsstaaten alle fünf Jahre das europäische Parlament. Das zentrale Beschlussorgan ist bis heute der Ministerrat, in dem Regierungsvertreter aller Mitgliedsstaaten sitzen und seit 2009 auch in immer mehr Politikfeldern Mehrheitsentscheidungen fällen können.

Im Zuge weiterer Integrationsschritte ab den 1990er Jahren wurde immer kontroverser um die elementare Frage gestritten, inwieweit gemeinschaftliche europäische Institutionen national verbindliche Regeln aufstellen können sollen. Der Vertrag von Maastricht 1992/93 als Gründungsdo-

kument der „Europäischen Union" war ein Meilenstein zu einer politisch-institutionellen Einigung des Kontinents. Er schuf die Grundlagen für eine gemeinsame Außen- und Sicherheitspolitik und vor allem für die Ausbildung einer Wirtschafts- und Währungsunion. Seit der Einführung des Euros als Landeswährung in vielen EU-Ländern ab 2002 sind Europas Staaten enger denn je aneinandergebunden, was vor dem Hintergrund von Finanz- und Migrationskrisen seit den 2010er Jahren verstärkt nationale Fliehkräfte freigesetzt hat. Die politische Leitlinie des EU-Establishments, wonach die europäischen Staaten ihre Werte und Interessen nur gemeinsam in einer globalisierten Welt behaupten können, ist vielerorts unter Druck geraten – nicht nur in vielen der ehemaligen Ostblockstaaten, die ihre gerade erst errungenen nationalen Freiheiten bewusst verteidigen. Nach dem Brexit-Votum vom Juni 2016 verliert die EU mit Großbritannien ein politisches, wirtschaftliches und kreatives Schwergewicht als Mitgliedsstaat, das auch international bestens vernetzt ist. Die Zukunft der EU scheint heute ungewisser denn je. ∎

» Wäre jemals ein vereintes Europa imstande, sich in das gemeinsame Erbe zu teilen, dann genössen seine drei- oder vierhundert Millionen Einwohner Glück, Wohlstand und Ehre (...). Der erste Schritt zu einer Neuschöpfung der europäischen Völkerfamilie muss eine Partnerschaft zwischen Frankreich und Deutschland sein. (...) Es gibt kein Wiederaufleben Europas ohne ein geistig großes Frankreich und ein geistig großes Deutschland. Wenn das Gefüge der Vereinigten Staaten von Europa gut und richtig gebaut wird, so wird die materielle Stärke eines einzelnen Staates weniger wichtig sein. Kleine Nationen werden genauso viel zählen wie große, und sie werden sich ihren Rang durch ihren Beitrag für die gemeinsame Sache sichern. «

Winston Churchill, Europa-Rede, 19. 9. 1946

1950er bis 1970er Jahre

1960 „Afrikanisches Jahr": 18 Kolonien erlangen ihre Unabhängigkeit. **1963** Gründung der Organisation der Afrikanischen Einheit. **1975** Portugal entlässt unter anderem Mosambik und Angola in die Unabhängigkeit. **1977** Als letztes europäisches Territorium erlangt Dschibuti seine Unabhängigkeit.

Entkolonialisierung

Afrika befreit sich

Nach der Erlangung ihrer Unabhängigkeit in den 1960er Jahren litten viele afrikanische Staaten unter ethnischen Konflikten und brutalen Militärdiktaturen. Trotz demokratischer Fortschritte und des enormen Wirtschaftspotenzials verbessert sich die ökonomische Situation für die breite Bevölkerung vielerorts nur langsam.

Ausgehend von Asien begann nach 1945 die Auflösung der europäischen Kolonialreiche, die die globale Landkarte radikal verändern sollte. Die Anzahl der souveränen Staaten in der UNO verdreifachte sich zwischen 1946 und 1975 auf 144. Der Zweite Weltkrieg hatte die Überlegenheit der Kolonialmächte infrage gestellt und in den Kolonien das nationale Selbstbewusstsein gestärkt. Dazu erklärten sich die neuen Supermächte USA und Sowjetunion zu offiziellen Gegnern des Kolonialismus und unterstützten Bestrebungen zur nationalen Selbstregierung, die 1960 von der UNO sogar zur völkerrechtlichen Pflicht gemacht wurde.

Die europäischen „Mutterländer" waren durch den Krieg wirtschaftlich so geschwächt, dass viele den Sinn der kostspieligen Kolonien infrage stellten. So wurde ab Ende der 1950er Jahre in Afrika nach und nach die Macht an lokale Regierungen übertragen. Nachdem 1957/58 Ghana und Guinea vorangegangen waren, erlangten im Jahr 1960 gleich 18 afrikanische Staaten auf einmal die Unabhängigkeit, denen bis 1968 noch weitere 16 folgten. In der Mehrzahl verlief die Ablösung weitgehend friedlich. Die große Ausnahme war Algerien, dessen Norden direkt zu Frankreich gehörte. Jahrelang führten die Franzosen einen teils verbrecherischen Krieg gegen marxistisch-nationalistische Aufständische, der Hunderttausende Opfer kostete. Auch in Mosambik und Angola tobte über viele Jahre ein blutiger Bürgerkrieg. Erst nachdem Portugal seine afrikanischen Besitzungen 1975 aufgegeben hatte, war der afrikanische Kontinent fast vollständig befreit. Zu dieser Zeit war aber bereits deutlich gewor-

den, dass der nationale Freiheitsgewinn nicht unbedingt mit sozialem, wirtschaftlichem und politischem Fortschritt für die Bevölkerung einhergehen musste.

Dabei war die Aufbruchsstimmung, die in den jungen afrikanischen Staaten in den 1960er Jahren herrschte, mit großen politischen Hoffnungen verbunden gewesen. Die Führer der Unabhängigkeitsbewegungen waren meist im kolonialen „Mutterland" ausgebildete Idealisten. Wie der ghanaische Premierminister Kwame Nkrumah vertraten viele die Idee eines Panafrikanismus, der die kulturelle Eigenständigkeit des Kontinents betonte und eine enge Zusammenarbeit von selbstbestimmten afrikanischen Staaten anstrebte. Doch die 1963 gegründete Organisation der Afrikanischen Einheit, die 2002 in die Afrikanische Union überging, war aufgrund der inneren Probleme der Mitgliedsstaaten kaum handlungsfähig. Und es gab viele schwerwiegende, langfristig wirksame Probleme: Die willkürlichen Grenzziehungen der Kolonialzeit führten zu ethnischen und religiösen Konflikten; fehlen-

der Minderheitenschutz und tiefe soziale Spaltungen legten den Nährboden für Unruhen und Bürgerkriege; autoritäre und korrupte Herrschaftscliquen, zumeist unterstützt aus dem Ausland, bereicherten sich schamlos. Das bizarre Regime von Jean-Bédel Bokassa in der Zentralafrikanischen Republik, der sich 1976 zum Kaiser krönte, oder die jahrzehntelange Diktatur von Mobutu Sese-Seko in der Demokratischen Republik Kongo (Zaire) nach 1965 sind nur zwei Beispiele.

Regelmäßig auftretende Hunger- und Klimakatastrophen haben zusätzlich dazu beitragen, dass der Kontinent noch heute allgemein mit wirtschaftlicher Rückständigkeit und fehlenden Ordnungsstrukturen verbunden wird. Doch haben sich nach 1990 in einzelnen Staaten demokratischere Verhältnisse und soziale Verbesserungen durchsetzen können. Im ersten Jahrzehnt des 21. Jahrhunderts betrug das wirtschaftliche Wachstum in Afrika durchschnittlich fast sechs Prozent pro Jahr. Gerade die Gebiete südlich der Sahara gelten aktuell als „Boomregion". ∎

1917–1963

1961–1963 Amtszeit Kennedys als US-Präsident. **1961** Missglückte Invasion in der Schweinebucht auf Kuba. **Oktober 1962** Kuba-Krise. **August 1963** Bürgerrechtsbewegung (Martin L. King) in Washington. **November 1963** Ermordung Kennedys in Dallas.

John F. Kennedy

Projektionsfigur der „freien Welt"

Der charismatische US-Präsident repräsentierte in den Hochzeiten des Kalten Kriegs die westliche Supermacht modern und weltoffen. Er verkörperte nicht nur den Aufbruch einer jungen Generation, sondern begründete auch einen neuen Politikertypus: den Medienstar.

Von den versprochenen sozialen Verbesserungen wurden nur sehr wenige umgesetzt, im Kampf gegen die Diskriminierung der Schwarzen agierte er übervorsichtig und über die Leistungen seiner Außenpolitik wird noch immer kontrovers gestritten. Doch trotz der eher mageren realpolitischen Bilanz bleibt die nicht einmal dreijährige Präsidentschaft von John Fitzgerald Kennedy bis heute untrennbar mit dem Beginn einer neuen Zeit verbunden. Mit seinem Regierungsprogramm unter dem Motto „New frontier", das den Aufbruch zu neuen Grenzen versprach, traf er den Nerv einer jungen Generation in der ganzen westlichen Welt: Die konservativen politischen und gesellschaftlichen Konventionen sollten überwunden und eine politische Erneuerung eingeleitet werden. Der rhetorisch brillante, jugendlich-dynamische Kennedy wurde zu einer Politikone der politisch fortschrittlichen Kräfte seiner Zeit. Auf dem Höhepunkt des Kalten Kriegs bot er eine idealisierte Projektionsfläche für den moralischen Führungsanspruch der USA im Kampf der „freien

Welt" gegen den autoritären Kommunismus. Er schien perfekt die vermeintlich überlegenen Werte des Westens zu verkörpern: Reformbereitschaft und Offenheit nach innen, aber auch Durchsetzungsstärke und Entschlossenheit nach außen.

In vielem war Kennedy ein Novum: Bei seinem Amtsantritt 1961 war er mit 43 Jahren der jüngste Präsident der USA, dazu der erste Katholik. Vor allem war er der erste Politiker, der es verstand, sich und seine politischen Botschaften in dem neuen Massenmedium Fernsehen publikumswirksam zu inszenieren. Vermutlich hat sich Kennedy bereits im ersten TV-Duell zweier Präsidentschaftskandidaten überhaupt durch sein gewandtes Auftreten seinen anschließenden Sieg gegen den Republikaner Richard Nixon gesichert. Zum ersten Mal wurde auch die Familie eines Präsidenten bewusst in die Politdarstellung einbezogen. Gerade das elegante, modische Auftreten seiner Frau Jacqueline, die im Weißen Haus Kunstausstellungen und Zusammenkünfte mit führenden Intellektuellen organisierte, förderte kongenial das allgemeine Gefühl eines Aufbruchs in die Moderne. Dem Vorbild Kennedys folgend begannen westliche Politiker zunehmend, mit PR-Beratern zusammenzuarbeiten, die ihre Politik in den Medien optimal „verkaufen" sollten. Der Schock in der gesamten westlichen Welt war groß, als Kennedy am 22. November 1963 in Dallas einem Mordanschlag zum Opfer fiel. ▪

Die Kuba-Krise

Der Finger am Abzug

Zu keinem Zeitpunkt stand die Welt näher vor einem Atomkrieg als in den dramatischen Oktobertagen des Jahres 1962. Die Lösung des Konflikts in letzter Minute schärfte in den USA und der Sowjetunion das gemeinsame Verantwortungsbewusstsein für den Weltfrieden und beendete die gegenseitige Sprachlosigkeit.

Nach dem Spanisch-Amerikanischen Krieg 1898 stand die gerade einmal 180 km von Florida entfernte Insel Kuba praktisch vollständig unter der politischen und wirtschaftlichen Kontrolle der USA. Den Sturz des korrupten Batista-Regimes durch eine Revolutionsarmee unter Führung von Fidel Castro im Jahr 1959 wollten die Amerikaner nicht hinnehmen. Doch eine CIA-gesteuerte Invasion von Exilkubanern in der Schweinebucht auf Kuba endete 1961 in einem militärischen Desaster. Die Bedrohung durch die USA trieb die kubanische Revolutionsregierung ideologisch und politisch endgültig in die Arme der Sowjetunion. Der Generalsekretär der Kommunistischen Partei Nikita Chruschtschow sah die USA geschwächt und nutzte die Gelegenheit, auf dem Gebiet des neuen Bündnispartners in unmittelbarer Nachbarschaft zu den USA atomar bestückte Mittelstreckenraketen zu stationieren. Mit ihnen hätten die Sowjets binnen kürzester Zeit jeden Ort in den USA zerstören können.

Feindliche Atombomben vor der eigenen Haustür – das war aus Sicht der USA eine Provokation, auf die mit aller Härte reagiert werden musste. Als im September 1962 der US-Geheimdienst die Abschussbasen auf Kuba entdeckte, war das der Auftakt für die bis dahin dramatischste Eskalation zwischen den beiden atomaren Supermächten. Nur dank eines erfolgreichen diplomatischen Krisenmanagements in letzter Minute endete der Konflikt nicht in einer nuklearen Apokalypse.

Wie sollte die USA auf die unmittelbare Gefährdung der nationalen Sicherheit reagieren? In permanenten Krisensitzungen erörterte die US-Administration auch die Möglichkeit eines erneuten Angriffs auf Kuba, was Präsident Kennedy aber ablehnte. Stattdessen forderte er am 22. Oktober öffentlich den Abzug aller sowjetischen Truppen. Um weitere Waffenlieferungen zu verhindern, ordnete er eine Seeblockade um Kuba an und versetzte die Truppen in Alarmbereitschaft. Als die Sowjetführung trotzdem Flottenverbände in Richtung Kuba schickte, spitzte sich die Lage weiter zu. Auch wenn Fidel Castro intern am 28. Oktober 1962 von den Sowjets einen atomaren

Waffen aus der Türkei versprochen hatte. Die Kuba-Krise war Höhepunkt und Ende der heißen Phase des Kalten Kriegs. Vorsichtig leiteten die beiden Supermächte erste Schritte der Entspannung ein: Mit dem „Heißen Draht" zwischen Weißem Haus und Kreml wurde ein dauerhafter Kommunikationskanal eingerichtet und mittelfristig Rüstungskontrollmaßnahmen angestrebt. Trotz des Fortbestands der prinzipiellen Gegnerschaft hatte nun der Erhalt des Weltfriedens oberste politische Priorität. In der Folge mieden beide Mächte die direkte Konfrontation. Zum eigentlichen Schlachtfeld des Kalten Kriegs wurden die frisch in die Unabhängigkeit entlassenen ehe-

Angriff auf die USA forderte, behielten die wirklichen Entscheidungsträger auf beiden Seiten die Nerven. Pausenlos verhandelten Diplomaten hinter den Kulissen auf allen Kanälen. Am Mittag des 28. Oktobers gab Chruschtschow nach: Er ließ seine Marine abdrehen und befahl die Demontage der Raketen auf Kuba. Die USA hatten scheinbar auf ganzer Linie gesiegt. Erst später kam heraus, dass Kennedy vertraulich einen Angriff auf Kuba ausgeschlossen und seinerseits den Abzug von

maligen Kolonialgebiete in Afrika und Asien wie etwa Vietnam. Weit über das Ende des Ost-West-Konflikts hinaus blieben Kuba und die USA in tiefer Feindschaft verbunden. Erst 2015 nahmen die beiden Länder wieder diplomatische Beziehungen miteinander auf. Bis heute hält die USA prinzipiell am Handelsembargo gegen die Karibikinsel fest, die weiterhin von der Kommunistischen Partei unter Führung von Fidel Castros Bruder Raul Castro regiert wird. ∎

1960er Jahre

1955–1975 Vietnamkrieg, ab 1964 mit direkter Beteiligung der USA. **1967** Anti-Schah-Demonstration und Tötung von Benno Ohnesorg in Berlin. **Januar–August 1968** „Prager Frühling" in der CSSR. **März 1968** Unruhen in Polen. **Mai–Juni 1968** Höhepunkt der Proteste in Frankreich. **1969** Woodstock-Festival.

Die 68er Revolution

Fantasie an die Macht!

In den 1960er Jahren stellte eine junge Generation in weiten Teilen der Welt die politischen, kulturellen und sozialen Verhältnisse der Nachkriegszeit radikal infrage. In den westlich-demokratischen Gesellschaften führten die Proteste, später unter dem Begriff der 68er Bewegung zusammengefasst, zu einem nachhaltigen Liberalisierungsschub in fast allen Lebensbereichen.

Die ersten Jahrzehnte nach dem Zweiten Weltkrieg waren in den entwickelten Ländern von einem langen Wirtschaftsaufschwung und weitgehender Vollbeschäftigung gekennzeichnet, was zu einem relativen Wohlstand für breite soziale Schichten führte. Im Gegensatz zur Dynamik der Ökonomie und des technischen Fortschritts blieben Politik und Gesellschaft durch die überkommenen Eliten konservativ geprägt. Dagegen entwickelten sich ab Mitte der 1960er Jahre in vielen europäischen Staaten und den USA neuartige und zumeist studentisch geprägte Protestbewegungen. Ihnen gemeinsam waren in der Regel die Forderung nach mehr demokratischer Teilhabe und eine grundsätzliche Kritik an der kapitalistischen Gesellschaftsordnung. Orientierung gaben utopisch-ganzheitliche Sozialismusvorstellungen mit stark libertären Zügen, die sich bewusst sowohl von der reformistischen Sozialdemokratie als auch von dem ideologisch-starren Modell eines Kommunismus sowjetischer Prägung absetzten.

Im Jahr 1968 steigerten sich die Proteste vielerorts zu kurzen, teils heftigen politischen Aufständen. Die Emanzipation des Einzelnen aus den starren gesellschaftlichen Normen sollte für alle Menschen eine freiere und gerechtere Welt schaffen. Doch der Traum von einem radikalen Gesellschaftsumbruch scheiterte bald mehr oder weniger gewaltsam an den realen politischen Machtverhältnissen. Allerdings schufen die Proteste und Initiativen der 68er Rebellen langfristig in den westlichen Demokratien die Grundlagen für neue basisdemokratische Beteiligungsformen. Außerdem erhöhten sie die Toleranz gegenüber Minderheiten und alternativen Lebensweisen. Der gesellschaftliche Diskurs ist hier nach „68" zweifellos bunter, vielfältiger, aber sicher auch unübersichtlicher geworden.

Die verschiedenen Protestbewegungen nahmen ihren Anfang in der Regel in akademischen Milieus in den Metropolen der westlichen Welt, entwickelten aber im nationalen Kontext jeweils einen eigenen Charakter. Zielten die Proteste in den USA vor allem auf mehr direkte Demokratie und Gleichberechtigung der Schwarzen, standen in Frankreich soziale Verbesserungen und in Deutschland (auch) die fehlende Aufarbeitung

der Nazi-Vergangenheit des Landes im Fokus. Eine Klammer bildete der gemeinsame Protest gegen die Eskalation des Vietnamkriegs ab 1964, der die moralische Autorität der US-amerikanischen Demokratie zerstörte und eine starke internationale Friedensbewegung ins Leben rief: „Make love, not war!"

Als besonders wirkungsvoll erwies sich der Protest gegen die herrschenden gesellschaftlichen Moralkonventionen, der sich in rebellischer Rockmusik, Drogenkonsum, „freier Liebe" und unangepasster Kleidung ausdrückte. Im Sinne des populären Slogans „Das Private ist politisch" wurden in Hippie-Kommunen alternative Formen des Zusammenlebens ausprobiert, die als

Vorbild für eine neue Gesellschaft dienen sollten. Die Suche nach dem Anderen spiegelte sich auch in neuen politischen Aktionsformen wie Sit-ins, Teach-ins und Besetzungen von Gebäuden wider, die oft kreativen Happenings glichen. So sollte die Staatsmacht öffentlichkeitswirksam provoziert und deren autoritärer Charakter „entlarvt" werden. Als Langzeitfolge des antiautoritären Freiheitsaufbruchs ab Mitte der 1960er Jahre ist ein gesamtgesellschaftlicher Wertewandel hin zu mehr Selbstbestimmung und Selbstverwirklichung auszumachen. Er begünstigte die zunehmende Individualisierung von Lebensentwürfen, die heutige westliche Gesellschaften charakterisiert. ■

1972 Der Club of Rome veröffentlicht die Studie *The Limits to Growth*. **1973** Weltweite Ölkrise. **1980** Gründung der Partei „Die Grünen" in der BRD. **1984** Gründung der Partei „Les Verts" in Frankreich. **1986** Nuklearkatastrophe von Tschernobyl. **2011** Nuklearkatastrophe von Fukushima.

Die Ölkrise

Tröpfchen für Tröpfchen zum Ökobewusstsein

Mit dem Ölpreisschock von 1973 wuchs das politische Bewusstsein von der Endlichkeit der natürlichen Ressourcen. In wenigen Jahren stieg die Umweltproblematik von einem randständigen Thema gesellschaftlicher Außenseiter zu einem der zentralen Politikfelder der Gegenwart auf.

Umweltprobleme gibt es, seitdem im 19. Jahrhundert im Zuge der forcierten Industrialisierung natürliche Rohstoffe und Energien mit teilweise gravierenden Schäden für die Umwelt ausgebeutet wurden. Wenn auch Wasser- und Luftverschmutzung vor allem in Städten schon früh große Probleme darstellten, wurde Umweltschutz bis weit ins 20. Jahrhundert überwiegend als Bremse für wirtschaftlichen Fortschritt und deswegen als nachrangig begriffen. Erst mit der Ölkrise von 1973 wird der Beginn eines langsamen, grundlegenden gesellschaftlichen Bewusstseinswandels assoziiert, der verstärkt die negativen Folgen der bisher auf stetigen Wachstum ausgerichteten Wohlstandsgesellschaften in den Blick nimmt.

Um nach dem Sieg Israels über seine arabischen Nachbarn im Jom-Kippur-Krieg 1973 auf die proisraelische Haltung des Westens einzuwirken, drosselten die arabischen Ölländer kurzfristig die Förderung und den Export von Öl, was eine schwere Wirtschaftskrise auslöste. Erstmals wurde dem Westen schonungslos seine ökonomische Abhängigkeit vom Öl vorgeführt. Schon 1972 hatte der sogenannte Club of Rome, eine internationale Denkfabrik, mit der Studie *Die Grenzen des Wachstums* für Aufsehen gesorgt. Demnach würden die natürlichen Ressourcen an Rohstoffen, Energie und Boden spätestens in 100 Jahren zur Neige gehen, wenn sich der Raubbau an der Natur unvermindert fortsetzt. Umweltprobleme wurden nun politisch, aber auch ökonomisch als grundlegende Existenzfragen zunehmend ernst genommen.

Aus den Proteststrukturen der 1960er Jahre bildeten sich in der folgenden Dekade verschiedene neue soziale Bewegungen heraus, die verstärkt auch Anliegen des Umweltschutzes in den Fokus nahmen. Grüne Parteien entstanden, Umweltministerien wurden eingerichtet und vor allem wurden alternative Energieträger ausgebaut.

Seitdem die Zunahme von Wetterextremen rund um die Welt den nachweisbaren Prozess der globalen Erwärmung für Menschen direkt spürbar gemacht hat, ist die Frage des nachhaltigen, ressourcenschonenden Wirtschaftens und besonders die Förderung von CO_2-armen, regenerativen Energieformen ins Zentrum der politischen Agenda gerückt. Seit den Unglücken von Tschernobyl 1986 und Fukushima 2011 wird verstärkt nach Alternativen zur Atomenergie gesucht, die vergleichsweise sauberen Strom produzieren. Vielerorts wird seit Jahren massiv in Wasser-, Wind- oder vor allem auch Sonnenenergie investiert: Die Ökologie soll zum Motor der Ökonomie werden. ■

1955–1975

1954 Frankreich verliert seine Herrschaftsgebiete in Südostasien. **1954** Unabhängigkeit und Teilung von Nord- und Südvietnam. **1955–1975** Krieg zwischen Nord- und Südvietnam. **1964** Nach Tonkin-Zwischenfall direktes Eingreifen der USA aufseiten Südvietnams. **1968** Tet-Offensive Nordvietnams. **April 1975** Fall von Saigon.

Der Vietnamkrieg

Kaltblütiger Krieg der Systeme

„Dieser Krieg wird uns wohl immer verfolgen", so ein US-Veteran. Was als weiterer Abwehrkampf gegen den Kommunismus begann, endete für die USA 1975 in einem militärischen und moralischen Desaster.

Am 30. April 1975 gingen Bilder um die Welt, wie die letzten in der südvietnamesischen Hauptstadt Saigon verbliebenen US-Amerikaner in Panik vor den vorrückenden nordvietnamesischen Truppen auf das Dach der US-Botschaft stiegen und von dort per Hubschauer ausgeflogen wurden. Dramatischer hätte auch ein Hollywood-Regisseur das Desaster nicht inszenieren können. Die westliche

Supermacht USA hatte gegen einen „drittklassigen kommunistischen Agrarstaat", so US-Außenminister Henry Kissinger, eine Niederlage erlitten, die das Land nachhaltig traumatisierte. Vor allem wurde der Glaube der USA tief erschüttert, immer auf der moralisch richtigen Seite zu stehen. Jede militärische Intervention wird seitdem in der Öffentlichkeit mit der Angst vor der Möglichkeit eines „neuen Vietnam" diskutiert. Keine unüberlegten außenpolitischen Abenteuer mehr, lautete nach 1975 lange Zeit das politische Credo.

Dabei war der Vietnamkrieg im historischen Rückblick nur einer von mehreren Stellvertreterkriegen zwischen Ost und West und damit nur

eine verlorene Schlacht in dem letztlich gewonnenen übergeordneten Kalten Krieg der Systeme, der die gesamte Weltpolitik nach dem Zweiten Weltkrieg prägte. Auch in Südostasien stand die Frage der Entkolonialisierung nach 1945 von Anfang an in Zusammenhang mit der Ost-West-Konfrontation. Als in Französisch-Indochina starke, von kommunistischer Seite unterstützte Nationalbewegungen entstanden, versuchte Frankreich gewaltsam, seine Kolonialherrschaft aufrechtzuerhalten. Nach der Niederlage und dem Rückzug Frankreichs aus der Region 1954 stützten die USA das im Süden Vietnams etablierte prowestliche Regime. Nur ein starkes Südvietnam könne den Vormarsch des Kommunismus in Südostasien stoppen, von dieser Logik im Sinne der antikommunistischen Eindämmungspolitik waren alle US-Präsidenten von Kennedy bis Nixon überzeugt. Nach einem wohl fingierten nordvietnamesischen Angriff auf US-Truppen in der Bucht von Tonkin am 2. August 1964 griffen US-Bomber erstmals offen in den Konflikt ein. Systematisch eskalierte in den folgenden Jahren die Gewalt: Die Nachbarländer Laos und Kambodscha wurden in den Konflikt gezogen, Bodentruppen immer weiter verstärkt, ohne Rücksicht auf die Zivilbevölkerung Städte und Versorgungswege bombardiert und hochgiftige Chemikalien eingesetzt, um das Land zu „entlauben". Insgesamt

warf die US-Luftwaffe in Vietnam vier Mal so viele Bomben ab wie während des Zweiten Weltkriegs – in ganz Europa und alle Kriegsparteien zusammen. Doch trotz des massiven Gewalteinsatzes gelang den USA kein entscheidender Durchbruch, weil der hoch motivierte und mit dem Gelände bestens vertraute Gegner immer wieder Nachschubmöglichkeiten schuf. Seit den Nordvietnamesen im Januar 1968 eine überraschende Gegenoffensive gelang, rückte bei den US-Entscheidungsträgern zunehmend die Frage in den Vordergrund, wie ein militärischer Rückzug ohne allzu großen Gesichtsverlust möglich sein könnte.

Politisch hatte der Krieg zu diesem Zeitpunkt nicht nur die USA, sondern auch ihre westlichen Verbündeten tief in Kriegsbefürworter und Kriegsgegner gespalten. Er war der erste Krieg des Fernsehzeitalters: Regelmäßig flimmerten Bilder von den Gewaltexzessen in die Wohnzimmer, die die Zweifel an der Legitimität des US-Einsatzes mehrten. Sie befeuerten die Studentenrevolte der 1960er Jahre und ließen weltweit eine mächtige Antikriegsbewegung entstehen. Mit „Vietnam" wird seitdem auch US-Innenpolitik gemacht und die Haltung dazu spielte bisher noch in jedem Präsidentschaftswahlkampf eine Rolle. Im Ausland hat die moralische Autorität der westlichen Führungsmacht unwiderruflich Schaden genommen. ◾

» Obgleich wir versuchten
Richtige zu tun, hat es
der Rückschau als falsch er
welche Auswirkung der V
Sicherheit des Westens ge
an dem Grundsatz fest,
gerettet werden können, w
Kraft gewonnen hätte ... U
Freund und Feind hat uns
wiesen, was Geschichte,
Indochinas sowie die Persö
führenden Politiker dieser

Robert S. McNamara und Brian VanDeMark in *Vietnam. Das Trauma einer Weltmacht*

und überzeugt waren, das

ch meiner Ansicht nach in

iesen ... Wir überschätzten,

lust Südvietnams auf die

bt hätte, und hielten nicht

ass Südvietnam nur hätte

nn es den Krieg aus eigener

sere Fehleinschätzung von

re völlige Unkenntnis be–

ltur und Politik der Völker

ichkeit und Haltung der

nder angeht.

1970er Jahre

1970 Gründung von BR und RAF. **1975** Geiselnahme und Morde in der BRD-Botschaft in Stockholm. **1977** Ermordung von S. Buback, J. Ponto und H. M. Schleyer u. a. **Oktober 1977** RAF-Mitglieder sterben in der JVA Stuttgart-Stammheim. **1978** Entführung und Ermordung von A. Moro. **1998** Die RAF erklärt ihre Selbstauflösung.

Linksterrorismus

Die mörderische Stadtguerilla

Im Europa der 1970er Jahre glaubten linke Extremisten, durch Waffengewalt eine Revolution lostreten zu können. Besonders in Italien und in der Bundesrepublik Deutschland wurde die innere Liberalität auf eine harte Probe gestellt. Wie repressiv darf eine wehrhafte Demokratie sein?

Die Innenpolitik der 1970er Jahre war in Europa unübersehbar geprägt von der vorangegangenen 68er Bewegung. Vielerorts gelangten politische Kräfte an die Macht, die Staat und Gesellschaft liberalisieren und sozial modernisieren wollten: Universitäten wurden durchlässiger für Menschen aus allen Milieus, Mitbestimmungsmöglichkeiten für Arbeitnehmer wurden ebenso gestärkt wie die Bürgerrechte allgemein. Gleichzeitig hatten insbesondere Italien und die Bundesrepublik Deutschland mit linksextremistischen Ausläufern der Protestbewegungen zu kämpfen. Hier formierten sich Anfang der 1970er Jahre die „Roten Brigaden" (Brigate Rosse, BR) bzw. die „Rote Armee Fraktion" (RAF), zwei Terrorgruppen, die dem Staat offen den Krieg erklärten. Sie wollten mit Sachanschlägen und vor allem Angriffen auf hochrangige Persönlichkeiten aus Politik und Wirtschaft den Staat destabilisieren, um so eine revolutionäre Eigendynamik in der Bevölkerung in Gang zu setzen. Zwischen 1974 und 1984 verübten die Roten Brigaden insgesamt 86 Morde, in Deutschland waren in den 1970er und 1980er Jahren insgesamt 67 Terroropfer zu beklagen. Den spektakulären Höhepunkt erreichte der RAF-Terror 1977, als kurz hintereinander Generalbundesanwalt Buback, der Bankier Ponto und Arbeitsgeberpräsident Schleyer ermordet wurden. Ein Jahr später wurde in Italien der ehemalige Ministerpräsident Aldo Moro entführt und wenig später getötet.

Die Verbrechen, die in der Bevölkerung keinerlei Zustimmung fanden, stellten die jungen Nachkriegsdemokratien vor eine besondere Herausforderung. Die Staatsführungen mussten einerseits entschlossen mit allen zur Verfügung stehenden Mitteln den Gewalttätern entgegentreten, andererseits rechtsstaatliche Standards wahren, um die eigene liberaldemokratische Legitimität nicht zu verlieren. In Deutschland wurden Strafverfolgungsbehörden mit besonderen Kompetenzen ausgestattet, das Strafrecht verschärft und teilweise auch verbriefte Grundrechte wie das Post- und Fernmeldegeheimnis eingeschränkt, was sehr umstritten war. Früher als in Deutschland wurde in Italien mit einer neuen Kronzeugenregelung versucht, Terroristen zur Zusammenarbeit mit dem Staat zu bewegen. In den 1980er Jahren ebbte der Linksterrorismus in beiden Ländern merklich ab. In Deutschland verkündete die RAF erst 1998 ihre Selbstauflösung – ohne Reue zu zeigen. Von den letzten Mitgliedern fehlt bis heute jede Spur. ∎

Iranische Revolution

Mit Allah an die Macht!

Die Gründung einer „Islamischen Republik" im Iran 1979 war ein tiefer Einschnitt: Ein zentraler Staat im Nahen Osten entwickelte sich zu einer radikal antiwestlichen Theokratie. Der islamische Fundamentalismus wurde nun zu einem weltpolitisch relevanten Machtfaktor.

Die europäische Expansion in die arabische Welt im 19. Jahrhundert veränderte dort weithin die Selbstwahrnehmung: Viele stellten jetzt eine technische, politische und wirtschaftliche Rückständigkeit gegenüber dem Westen fest. Seitdem arbeiteten vielerorts progressive Kräfte an Reformen, die wesentliche demokratische Verfassungselemente wie Volksvertretungen und Wahlen nach europäischem Vorbild mit traditionellen islamischen Rechtsregeln wie der Scharia zu kombinieren suchten.

Als Gegenreaktion auf den Siegeszug des Westens erstarkten ausgehend von der 1928 in Ägypten gegründeten Muslimbruderschaft aber auch radikal-religiöse Kräfte, die eine Ausrichtung der gesamten Staatsgewalt und des öffentlichen Lebens an den Grundsätzen des Islam anstrebten. Als eine solche Rebellion gegen den Westen gelangte 1979 der islamistische Fundamentalismus

in seiner schiitischen Variante im Iran, dem früheren Persien, an die Macht.

Persien, Großreich der Antike und Zentrum der islamischen Hochkultur seit dem Mittelalter, war ab dem 16. Jahrhundert wesentlich von den Schiiten geprägt. Seit Beginn des 20. Jahrhunderts geriet Persien verstärkt unter westlichen Einfluss. Insbesondere die USA bestimmten nach dem Zweiten Weltkrieg maßgeblich die politische Richtung des Iran, wie das Land seit 1935 offiziell hieß. Die Amerikaner stützten die autoritäre Herrschaft von Schah Mohammad Reza Pahlavi, der im Gegenzug ausländischen Unternehmen den Zugriff auf die reichen iranischen Ölvorkommen sicherte. Der Schah modernisierte das Land kulturell und wirtschaftlich, vertiefte dabei aber auch die sozialen und politischen Spannungen. Ende der 1970er Jahre war die politisch äußerst heterogene Anti-Schah-Opposition kaum noch zu kontrollieren. Nach der Flucht des Schahs 1979 kehrte der bis dahin im Exil lebende schiitische Geistliche Ayatollah Ruhollah Khomeini in seine Heimat zurück und stellte sich an die Spitze der Revolution. Gegen seine linken Mitstreiter setzte der Ayatollah einen kontinuierlichen Prozess der radikalen Re-Islamisierung fast aller Lebensbereiche durch: Die Scharia wurde zentrale Rechtsnorm und jede westliche „Unmoral" unter Strafe gestellt. Es wurde eine Verfassung verabschiedet, die zwar ein demokratisch gewähltes Parlament und Staatsoberhaupt vorsieht, aber letztlich alle wesentlichen Entscheidungen in die Hände der schiitischen Geistlichkeit legt. Wenn auch seit dem Tod Khomeinis 1989 immer wieder liberalere Kräfte mit konservativen um mehr Einfluss und mehr Öffnung gegenüber dem Westen ringen – an der prinzipiellen theokratischen Ausrichtung des Iran hat sich bis heute wenig geändert. Der Sieg des Fundamentalismus im Iran veränderte nachhaltig das machtpolitische Koordinatensystem in der Krisenregion Naher Osten. Bis in die Gegenwart unterstützt Iran schiitische Terrororganisationen wie die Hisbollah im Libanon oder die Huthi-Rebellen im Jemen. Hauptgegner sind das proamerikanische Israel und der große sunnitische Rivale des Iran in der Region, das Königreich Saudi-Arabien, das eine ebenso fundamentalistische Auslegung des Islam propagiert.

Die USA scheuen nicht prinzipiell vor der Kooperation mit Islamisten zurück. Sie paktieren nicht nur mit den erdölreichen Saudis, die weltweit Fundamentalisten finanzieren. Gezielt unterstützten die Amerikaner im Afghanistan-Konflikt ab 1979 die antisowjetischen Mudschahedin-Kämpfer und ihre ausländischen Helfer. Unter ihnen befand sich auch der saudiarabische Staatsbürger Osama bin Laden, der im Grenzgebiet zu Pakistan ab 1984 ein Netzwerk islamistischer „Gotteskrieger" aufbaute, die im Sinne des Dschihads den weltweiten bewaffneten Kampf gegen die „Ungläubigen" propagierten. Bis heute versuchen islamistische Terroristen weltweit, weltliche Regimes zu destabilisieren. ∎

» Überall in Teheran wird mehr Alkohol verkauft als Bücher. [...] Seitdem Europa in den Iran eingeschritten ist, haben sie uns in die Barbarei getrieben. «

Ayatollah Khomeini in einer Rede 1979 in Teheran

Reaganomics und Thatcherismus

Die Entfesselung der Märkte

So viel Markt wie möglich, so viel Staat wie nötig: Der US-Präsident Ronald Reagan leitete zusammen mit der britischen Premierministerin Margaret Thatcher in den 1980er Jahren eine prinzipielle wirtschaftspolitische Wende in der westlichen Welt ein: Let's make lots of money!

Mit dem Begriff Turbokapitalismus wird heute gerne die Entwicklung zu rein marktorientierten Ellenbogengesellschaften bezeichnet, gewöhnlich in enger Verbindung mit der Globalisierung. Nach dem Ende des Systemkonflikts 1989/91 nahm der wirtschaftliche Wettbewerbsdruck durch die Öffnung neuer Märkte in Asien und Europa tatsächlich enorm zu. Doch der Siegeszug des Marktliberalismus wurzelte in politischen Richtungsentscheidungen, die schon in der letzten Hochphase des Kalten Krieges gefallen waren. Anfang der 1980er Jahre wurde fast zeitgleich in den USA und in Großbritannien ein wirtschaftspolitischer Paradigmenwechsel hin zu einer stärkeren Betonung des freien Wettbewerbs eingeleitet, der in erster Linie auf die Selbstregulierungskräfte des freien Marktes setzte. Der Staat hatte dabei die Aufgabe, Unternehmen steuerlich und regulativ zu entlasten, um Wachstums- und Innovations-

impulse zu fördern, so lautete das Credo der britischen Thatcher-Regierung wie auch der US-amerikanischen Reagan-Administration. Individueller Erfolg und Konsum wurden zu einem gesamtgesellschaftlichen Leitwert. Nicht mehr der rebellische Hippie, sondern der geschäftstüchtige Yuppie wurde in den 1980er Jahren zum Sinnbild von Modernität und Zeitgeist in Kultur und Medien.

Ausgangspunkt war die nach der Ölkrise 1973 einsetzende Wirtschaftskrise, die überall in Europa, insbesondere in Großbritannien, mit Massenarbeitslosigkeit und Geldentwertung einherging und mit staatlichen Konjunkturprogrammen nicht wirksam genug bekämpft werden konnte. Gegen heftigsten Widerstand setzte die britische Premierministerin Margaret Thatcher die Deregulierung von Wirtschaftsstrukturen, Privatisierung von Staatsunternehmen und Beschneidung von Gewerkschaftsrechten und Sozialausgaben durch. In den USA senkte Präsident Ronald Reagan massiv die Steuerlast gerade für Besserverdienende und nahm dafür ein astronomisches Haushaltsdefizit in Kauf. Eine Politik der Stärkung der Kapitalseite und Kürzung von Sozialleistungen wurde in den nächsten Jahr-

zehnten in unterschiedlicher Geschwindigkeit und Intensität fast überall in Europa und Ostasien verfolgt. In Deutschland wurde die Teilliberalisierung des Arbeitsmarkts gegen starken Widerstand erst in den 2000er Jahren eingeleitet. In den 1990er Jahren kamen in Großbritannien mit Tony Blair und in den USA mit Bill Clinton gemäßigt linksliberale Kräfte an die Macht, die versuchten, die sich infolge der wirtschaftlichen Reformen verschärfenden sozialen Gegensätze abzumildern.

Die unternehmensfreundliche Politik führte in den entwickelten Ländern zu einem langjährigen Wirtschaftsaufschwung, der den langfristigen ökonomischen Strukturwandel zu einer postindustriellen Gesellschaft verstärkte: Neue Arbeitsplätze entstanden in erster Linie in der weltweit boomenden Dienstleistungsbranche. Besonders der internationale Finanzmarkt profitierte dank der neuen Kommunikationstechnologien von der Liberalisierungswelle. An den Aktienmärkten begann in den 1980er Jahren ein Boom, der, von einigen scharfen Korrekturen abgesehen, bis heute prinzipiell anhält. Die Risiken der weltweit vernetzten Kapitalmärkte demonstrierte die durch spekulative Derivatgeschäfte ausgelöste globale Finanzkrise von 2008, deren gesellschaftliche Kollateralschäden bis heute zu spüren sind. Der nur durch massive staatliche Intervention verhinderte Totalzusammenbruch der Weltwirtschaft hat die Legitimität eines marktradikalen Finanzkapitalismus stark erschüttert. Ob es allerdings wirklich zu einer konsequenten Re-Regulierung kommen wird, bleibt offen. ∎

Friedliche Revolutionen

„Wir sind das Volk"

Der Zusammenbruch des Sowjetimperiums 1989–1991 entschied nicht nur den Systemkonflikt, sondern einte Europa und weckte die Hoffnung auf eine neue globale Friedensordnung. Doch der Siegeszug der liberalen Demokratie war nicht das in der Umbruchszeit viel zitierte „Ende der Geschichte" (Francis Fukuyama).

DDR im November 1989. Seit Wochen hat die SED-Führung sichtbar die Kontrolle verloren. Tausende Bürger fliehen täglich aus dem Land oder demonstrieren auf den Straßen für demokratische Reformen. Selbst die eigenen Medien verlieren ihre Scheu vor offener Kritik und überfordern eine Politelite, die keine Öffentlichkeit gewohnt ist. Auf einer live im Fernsehen übertragenen Pressekonferenz am 9. November schreibt der SED-Kulturfunktionär Günter Schabowski ungewollt Weltgeschichte. Eher beiläufig verkündet er am Ende um 19:00 Uhr ein neues Reisegesetz, das jedem Bürger Privatreisen ins Ausland voraussetzungslos ermögliche. Auf die Frage, wann diese Regelung in Kraft trete, antwortete Schabowski fälschlicherweise: „Das tritt nach meiner Kenntnis … ist das sofort, unverzüglich." Die neuen Reisemodalitäten sollten eigentlich erst am nächsten Tag gelten. Als immer mehr Menschen in der Nacht an die Mauerübergänge in Ostberlin drängen, öffnen einzelne Grenzkommandanten eigenmächtig die Absperrungen. Bilder gehen rund um die Welt, wie Menschen auf der Mauer vor dem Brandenburger Tor tanzen: Die Berliner Mauer ist gefallen – das Symbol der Teilung Berlins, der Teilung Deutschlands, ja der Teilung der Welt schlechthin. Der Ostblock, wie ihn die Welt gekannt hatte, existierte nicht mehr.

Ungläubig blickte die Weltöffentlichkeit auf Berlin. Schneller, als die meisten Beobachter sich vorstellen konnten, fielen die Regimes im Einflussbereich der Sowjetunion fast gleichzeitig wie Kartenhäuser in sich zusammen. Diese Entwicklungen waren das Ergebnis der gesellschaftlichen Wandlungsprozesse, die bereits im Laufe der 1980er Jahre innerhalb des Sowjetimperiums sichtbar geworden waren. Die neu entstehenden Bürgerbewegungen konnten sich auf die KSZE-Schlussakte berufen, in der sich die Warschauer-Pakt-Staaten 1975 offiziell zu Menschenrechten und zum Selbstbestimmungsrecht der Völker bekannt hatten. Den Anfang machten 1980 streikende Arbeiter in Danzig, die die erste freie Gewerkschaft im Ostblock gründeten: Die „Solidarność" wurde zur Keimzelle der Opposition, die ab 1989 am „Runden Tisch" zusammen mit der Staatsmacht den demokratischen Übergang in Polen organisierte. Im Jahr 1988 kam in Ungarn mit Károly Grósz ein Reformkommunist an die Macht. Seine Entscheidung, im Mai 1989 die Grenzbefestigungen zu Österreich abzubauen, öffnete das erste große Schlupfloch durch den „Eisernen Vorhang". Die Flüchtlingswellen von Ostdeutschen, die diese Chance nutzten, machten der starren DDR-Führung politisch den Garaus. Auch in der Tschechoslowakei, in Bulgarien und Albanien traten die alten Machthaber unter dem Druck der Straße ab. Der revolutionäre Wandel hin zu einem demokratischen Mehrparteiensystem vollzog sich so friedlich, dass er vielerorts als evolutionärer politischer Transformationsprozess wahrgenommen wurde. Ausnahmen bildeten der zerfallende Vielvölkerstaat Jugoslawien und Rumänien, wo das besonders repressive Ceaușescu-Regime im Dezember 1989 blutig gestürzt wurde. Ende 1990 war nicht nur Deutschland wiedervereinigt. In der „Charta von Paris für ein neues Europa" hatten sich fast alle Staaten des Kontinents am 21. November feierlich zu Marktwirtschaft und politischer Demokratie bekannt.

Die welthistorische Wendung in Europa war nur möglich durch die Selbstzerstörung der osteuropäischen Hegemonialmacht Sowjetunion, die der Reformer Michail Gorbatschow 1985/86 unbeabsichtigt angestoßen hatte. Unter den Schlagworten Glasnost („Transparenz") und Perestroika („Umstrukturierung") wollte der Parteigeneralsekretär das Land modernisieren und gesellschaftlich öffnen. So gewährte er wirtschaftliche Freiheiten und ließ kritische Debatten zu. Doch was den Staatenbund erneuern sollte, ließ ihn zusammenbrechen. Vor dem Hintergrund des dramatischen außenpolitischen Machtverfalls begehrten auch die verschiedenen Nationalitäten innerhalb der Sowjetunion auf und erlangten nach und nach die Unabhängigkeit. Im Dezember 1991 wurde die Sowjetunion aufgelöst – was der gegenwärtige russische Präsident Wladimir Putin 2005 als die „größte geopolitische Katastrophe des 21. Jahrhunderts" bezeichnete. Die überhastete Marktöffnung hatte in den 1990er Jahren in der Russischen Föderation, dem größten und mächtigsten Nachfolgestaat der Sowjetunion, zu schweren ökonomischen Verwerfungen geführt und das Land in völlige Abhängigkeit von ausländischen Geldgebern gebracht. Seit 2007 schlägt Russland wieder einen aggressiven, stark antiwestlichen Kurs ein. Ob die Annäherungsversuche des wirtschaftlich immer noch schwachen Landes an die neue asiatische Großmacht China von Dauer sind, bleibt abzuwarten. ■

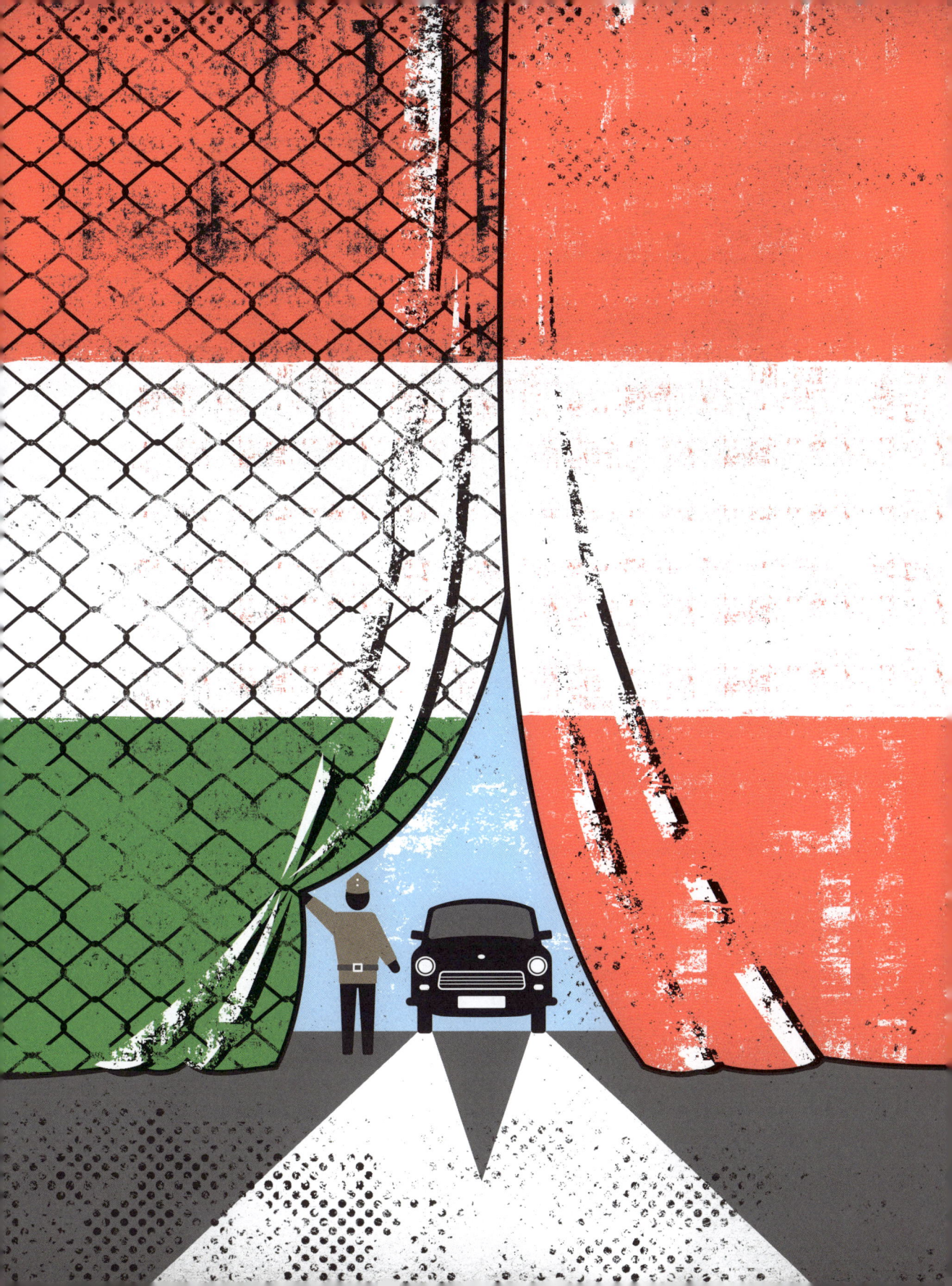

1990

1899–1902 Briten siegen im Zweiten Burenkrieg.   **1910** Gründung der Südafrikanischen Union.
1962/64–1990 Inhaftierung Nelson Mandelas.   **Ab 1990** Ende der Apartheid.   **1993** Nelson Mandela und Frederik Willem
de Klerk erhalten den Friedensnobelpreis.   **1994–1999** Präsidentschaft Nelson Mandelas.   **2013** Tod Mandelas.

Das Ende der Apartheid in Südafrika

Der Versöhner Nelson Mandela

Mit der Wahl von Nelson Mandela zum ersten schwarzen Präsidenten Südafrikas 1994 verband die Weltöffentlichkeit die Hoffnung auf eine historische nationale Versöhnung zwischen Weißen und Schwarzen. Der lebenslange Anti-Apartheid-Kämpfer wurde zu einer internationalen Symbolfigur für die Überwindung rassistischen Hasses.

Südafrika wurde vom europäischen Kolonialismus tiefer geprägt als andere Teile Afrikas. Den holländischen Siedlern der 1652 an der Südspitze des Kontinents gegründeten Kapkolonie folgten Generationen von europäischen Einwanderern, die sich immer mehr als kulturell eigenständige weiße Afrikaner, „Afrikaners", begriffen, auch „Buren", Bauern, genannt. Zu Beginn des 19. Jahrhunderts übernahmen die Briten die Kapkolonie. Viele der Buren zogen sich ins Landesinnere zurück und gründeten eigene Republiken – gegen den erbitterten Widerstand der einheimischen afrikanischen Bevölkerung. Nach zwei Kriegen annektierten die Briten auch diese Burenrepubliken, wo mittlerweile reiche Vorkommen an Gold und Diamanten entdeckt worden waren. Die 1910 aus allen Kolonien gebildete Südafrikanische

Union erlangte 1931 ihre faktische Unabhängigkeit vom britischen Empire.

Die Herrschaft der weißen Minderheit, die schon immer auf Diskriminierung und Ausbeutung der Schwarzen beruht hatte, wandelte sich nach dem Zweiten Weltkrieg in eine unverhohlene und allumfassende Politik der Rassentrennung, die sogenannte Apartheid. Ab 1949 wurden Gesetze verabschiedet, die Schwarze systematisch von Führungspositionen ausschlossen und gesellschaftlich isolierten. Sie wurden offiziell zu Bürgern zweiter Klasse herabgesetzt. Trotz zunehmender internationaler Isolierung wurde lange an den Repressalien gegen Schwarze festgehalten. Erst ab 1990 schaffte Südafrikas Präsident Frederik Willem de Klerk die Apartheid ab und leitete eine friedliche Wende zur Demokratie ein. Er tat dies zusammen mit Nelson Mandela, einem schwarzen Widerstandskämpfer und Mitglied der Xhosa-Elite, der 27 Jahre im Gefängnis verbracht hatte und dort zur international gefeierten Projektionsfigur eines schwarzen, freien Südafrikas geworden war.

Der charismatische Anti-Apartheid-Aktivist war ab den 1950er Jahren federführend an den Kampagnen des zivilen Widerstands beteiligt, wurde aber 1964 wegen Sabotage und Planung des bewaffneten Kampfs zu lebenslanger Haft verurteilt. Vor seinem Urteilsspruch hielt er ein leidenschaftliches Plädoyer für eine echte Demokratie mit gleichen politischen Rechten für Schwarze und Weiße, das auf großes Echo in der internationalen Presse und in Südafrika stieß und ihn zum Idol machte. Von nun an war der Kampf gegen die Apartheid nicht nur in Südafrika, sondern auf der ganzen Welt wesentlich mit der Person Mandelas verbunden. Im Ausland wurden Solidaritätskomitees gegründet, die den Druck auf das Regime kontinuierlich erhöhten. Noch bevor Mandela im Feb-ruar 1990 entlassen wurde, organisierte er in Verhandlungen mit der Regierung die gewaltfreie Machtübergabe. Nach den ersten Wahlen mit schwarzer Beteiligung 1994 wurde Mandela für fünf Jahre Präsident des „neuen" Südafrikas. Als er 2013 in Johannesburg starb, trauerte die ganze Welt um diesen politisch-moralischen Hoffnungsträger. Auch wenn nach Jahrhunderten des Rassismus und der Diskriminierung das Land von vollständiger sozialer Gleichberechtigung der Schwarzen noch weit entfernt ist – Mandela ermöglichte einen politischen Neuanfang, der heute nicht mehr wirklich infrage gestellt wird. ■

» Ich wusste ganz klar, dass der Unterdrücker ebenso frei sein muss wie der Unterdrückte. Ein Mensch, der einen anderen Menschen seiner Freiheit beraubt, ist Gefangener seines Hasses, er ist eingesperrt hinter den Gittern seiner Vorurteile und seiner Engstirnigkeit. (...) Als ich die Türen des Gefängnisses durchschritt, war dies meine Mission: zugleich den Unterdrückten und den Unterdrücker zu befreien. «

Nelson Mandela in *Der lange Weg zur Freiheit*

11.9.2001 Terroranschläge in New York und Washington D.C. **7.10.2001** Beginn des Krieges in Afghanistan. **20.3.2003** Beginn des Krieges im Irak. **2.5.2011** US-Spezialeinheit tötet Osama bin Laden in Pakistan. **13.11.2015** Terroranschläge in Paris. **14.7.2016** Terroranschlag in Nizza. **19.12.2016** Terroranschlag in Berlin.

11. September 2001

Der Terror des 21. Jahrhunderts

Als am 11. September 2001 zwei Flugzeuge in die Zwillingstürme des World Trade Centers in New York einschlugen, traten Terroristen eines neuen Typs mit Gewalt in die Weltöffentlichkeit: die islamistischen Gotteskrieger. Die grauenvollen Angriffe leiteten den internationalen „Kampf gegen den Terror" ein und schürten im Westen Vorbehalte gegenüber dem Islam.

Noch heute erinnern sich viele Menschen auf der Welt, wie und wo sie von den Terroranschlägen in New York erfuhren. Die Vereinigten Staaten, die mächtigste Nation der Welt, wurden am 11. September 2001 von Terroristen angegriffen, die mit wenigen Alltagsgegenständen mehrere Flugzeuge in ihre Gewalt gebracht hatten – und Millionen von Menschen sahen am Fernseher live dabei zu. Gegen 9 Uhr morgens Ortszeit rasten zwei der gekidnappten Flugzeuge kurz hintereinander in die beiden Türme des World Trade Centers. Die Wahrzeichen New Yorks und Symbole amerikanischer Wirtschaftsmacht fielen um 10:00 bzw. 10:30 Uhr in sich zusammen. Zu dieser Zeit hatte bereits ein drittes Flugzeug das Pentagon, den Sitz des US-Verteidigungsministeriums, getroffen und schwer beschädigt. Ein viertes Flugzeug war vermutlich auf dem Weg zum Kapitol in Washington, als Passagiere die Entführer angriffen und die Maschine bei Pittsburgh abstürzte. Am Ende dieses Tages waren 3000 Menschen getötet worden und lange Zeit sicher geglaubte Gewissheiten waren ins Wanken geraten: Die USA hatten das Vertrauen in die eigene Unverwundbarkeit verloren, und die westliche Welt erhielt ein Gefühl dafür, welche Gefährdung die Zukunft bringen könnte.

Passagierflugzeuge als Selbstmordwaffen waren bis zu diesem Tag nur in fiktiven Filmspektakeln vorgekommen. Die Bilder von 9/11 symbolisieren bis heute den Schrecken, der die neue Form des Terrorismus verbreitet. Er setzt auf maximalen Schaden und größtmögliche mediale Wirkung. Die Opfer werden eher zufällig ausgesucht, und niemand kann sich mehr wirklich sicher fühlen. Als bekannt wurde, dass der saudiarabische Extremist und Chef eines weitverzweigten Terror-Netzwerks, Osama bin Laden, von Afghanistan aus die Anschläge organisiert hatte, bekam das neue Feindbild des Westens ein Gesicht: den todesverachtenden Islamisten, der mit Terror für Panik und Verunsicherung unter den „Ungläubigen" sorgen will und langfristig einen radikalen Gottesstaat anstrebt. Die Frage des Schutzes vor dem neuen islamistischen Terror bestimmte von nun an ganz wesentlich die Innen- und Außenpolitik der USA.

US-Präsident Georg Bush proklamierte den „Krieg gegen Terror". Er verschärfte die Kontrollmaßnahmen des Staates, insbesondere bei der Zuwanderung, und erlaubte die Einschränkung

bürgerlicher Freiheitsrechte. Außenpolitisch setzte er mehr denn je auf die alleinige Durchsetzung vermeintlicher nationaler Sicherheitsinteressen, was ab 2002 auch militärische Präventivschläge einschloss. Der Sturz des radikalen Taliban-Regime in Afghanistan 2001 war noch von einer breiten internationalen Zustimmung getragen. Doch der unter falschen Vorwänden geführte Krieg im Irak ab 2003 spaltete den Westen und destabilisierte den Nahen Osten nachhaltig. In einigen Regionen des Irak und Syriens konnten sich islamistische Terroristen eine Machtbasis aufbau-

en. Mit dem sogenannten Islamischen Staat („IS") wurden ab 2015 mehrere medienwirksame Terroranschläge in Europa in Verbindungen gebracht. Die verheerende Anschlagserie von Paris am 13. November 2015 mit 130 Toten oder die grausame Amok-Fahrt eines Lkw in Nizza am 14. Juli 2016 sind nur zwei Beispiele. Auch wenn der „Islamische Staat" inzwischen durch eine große Staatenkoalition zerstört sein soll – seit 9/11 gehört ein diffuses, ideologisch ausbeutbares Gefühl der Unsicherheit zur emotionalen Grundausstattung westlicher Gesellschaften. ■

ORDER NOW

1945 Gründung der UNO, der Weltbank und des Internationalen Währungs-
fonds (IWF). **Ab 1990er Jahre** Wahlerfolge populistischer Parteien in Europa. **1992/93** Vertrag von Maastricht begründet die EU. **1995** Gründung der Welthandelsorganisation (WTO). **Ab 2002** In mehreren europäischen Staaten entstehen
rechtsextreme identitäre Bewegungen. **2008** Weltweite Finanzkrise. **Ab 2015** Flüchtlingskrise in Europa.

Globalisierung und Nationalismus

Wenn Fortschritt zu Rückschritt führt

Durch den letzten großen Globalisierungsschub nach 1990 rückt die Welt ökonomisch, kulturell und medial immer näher zusammen. Gleichzeitig erstarkt – scheinbar paradox – auf politischer Ebene das Bedürfnis nach nationaler, regionaler und identitärer Abgrenzung.

Globalisierung ist ein moderner Begriff. Dabei ist der Prozess der zunehmenden weltweiten wirtschaftlichen Vernetzung an sich ein uraltes Phänomen und eng mit der gesamten Menschheitsgeschichte verbunden. Vom Fernhandel im antiken Mittelmeerraum (→ Seite 028) über die mittelalterlichen Seidenstraßen (→ Seite 095) zwischen dem Westen und China bis hin zum Beginn der globalen Expansion der Europäer infolge ihrer Entdeckung Amerikas (→ Seite 113) – im Laufe von Jahrhunderten vertieften und erweiterten die Völker kontinuierlich ihre ökonomischen Beziehungen zueinander und überwanden dabei immer größere Entfernungen. Aber erst die Industrialisierung und die mit ihr einhergehende rasante technologische Entwicklung ab Mitte des 18. Jahrhunderts gaben der globalen Verflechtung

eine qualitativ neue Dimension. Nicht zuletzt die digitale Revolution beschleunigte und verbilligte in den letzten Jahrzehnten die Transport- und Kommunikationswege so sehr, dass eine Weltwirtschaft fast in Echtzeit entstanden ist. In Europa täglich Früchte aus der Karibik zu essen oder Kaffee aus Bolivien zu trinken ist selbstverständlich geworden. Der boomende Welthandel wird dominiert von multinationalen Unternehmen, die weltweit ihre Aktivitäten koordinieren. Mit der Arbeitsteilung hat sich auch der Arbeitsmarkt internationalisiert, was die berufsbedingte Mobilität der Menschen enorm gesteigert hat. Besonders für Führungskräfte ist es üblich geworden, zeitweise im Ausland zu arbeiten und zu leben. Bürger der Europäischen Union dürfen seit 2005 innerhalb des Staatenbundes ihren Arbeits- und Wohnort frei wählen.

Die Internationalisierung der Wirtschaft war so immer auch mit der Internationalisierung von Kulturen und Gesellschaften verbunden. Menschen unterschiedlicher Herkunft, Hautfarbe und Sozialisation leben immer näher beieinander, was in einer Art kultureller Globalisierung konti-

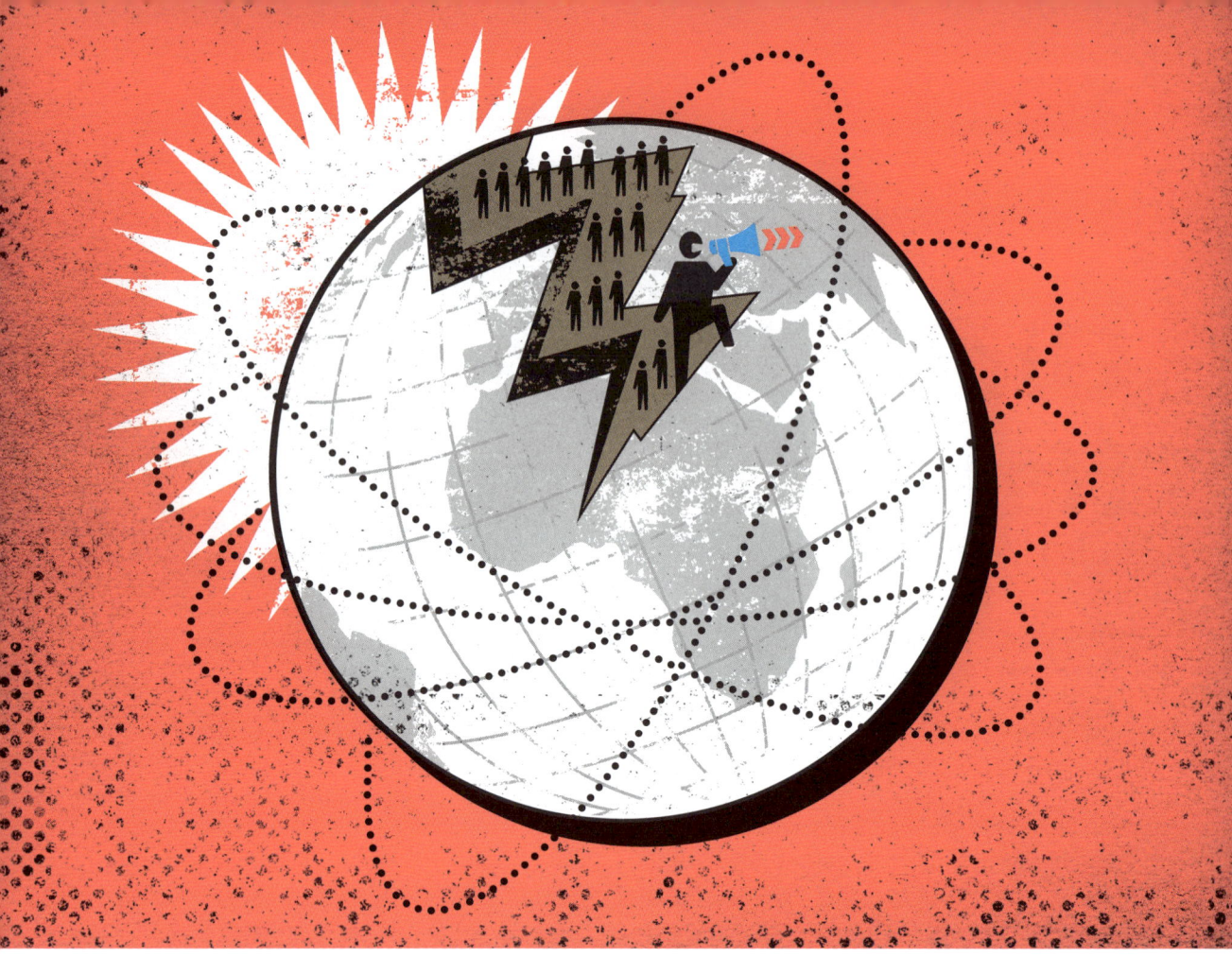

nuierlich zu mehr Vielfalt und Individualität in liberal verfassten Gesellschaften geführt hat. So wie beispielsweise fernöstliche Spiritualität im christlich geprägten Westen in Mode gekommen ist, so gehört in Asien nun auch westliche Popkultur zum Alltag. Nationale Kulturen lassen sich immer schwerer voneinander abgrenzen und verschwimmen zunehmend zu differenzierten Hybridkulturen.

Der Prozess einer zusammenwachsenden Weltgesellschaft hat den Zwang zu einer Internationalisierung der Politik offenkundig werden lassen. Nicht nur sollten nationale demokratische Politikbetriebe die wachsende innere Diversität der Gesellschaften abbilden. Vielmehr sind viele politische Herausforderungen der Gegenwart wie Klimaschutz, Kriminalität, Spaltung zwischen Arm und Reich oder Terrorismus von einzelnen Nationalstaaten faktisch nicht mehr allein lösbar. Doch die Stärkung von internationalen Ordnungssystemen wie der UNO und EU stößt aktuell auf wachsenden Widerstand, in dem sich Abwehrreflexe gegen die als Bedrohung empfundenen Globalisierungsprozesse ausdrücken. Die vor allem außerhalb der Metropolen verbreitete Angst vor Marginalisierung und Verlust der eigenen kulturellen Identität lässt rechtspopulistische Kräfte erstarken, die den Kampf gegen eine vermeintlich elitäre globalisierte Klasse und die Rückkehr zu homogenen Nationen propagieren. Ob diese Renaissance des Nationalen mehr als nur eine kurzfristige Korrekturbewegung innerhalb des großen Trends der Globalisierung darstellt, ist heute noch nicht abzusehen. ∎

Ab 1978   **1949** Gründung der Volksrepublik China. **1978–1997** Regierung Deng Xiaoping. **Ab 1978** Reform-
und Öffnungspolitik. **Ab 1979** Einrichtung von sog. Sonderwirtschaftszonen. **1989** Tiananmen-Massaker. **1993** Nationaler Volkskongress beschließt Einführung der „sozialistischen Marktwirtschaft". **2008** Weltweite Finanzkrise.

Weltmacht China

Der Aufstieg des „asiatischen Modells"

**Gibt bald ein nicht-demokratisches Land in der
Welt die Richtung vor? Mit dem boomenden
China ist den USA auf der Weltbühne ein ernst-
zunehmender Konkurrent erwachsen, der im
Westen mit einer Mischung aus Argwohn und
Faszination beobachtet wird.**

Ohne Deng Xiaoping wäre das gegenwärtige chinesische Wirtschaftswunder nicht möglich gewesen. Das KP-Mitglied der ersten Stunde setzte zwischen 1978 und 1997 einen wirtschaftspolitischen
Paradigmenwechsel durch. Vorsichtig wurden
Privateigentum erlaubt und steuerermäßigte
Wirtschaftssonderzonen vor allem im Süden und
Südosten der Volksrepublik eingerichtet, um internationales Kapital und über Joint Ventures mit
ausländischen Firmen auch westliches Know-how
ins Land zu holen. Der enorme Bevölkerungs-
reichtum Chinas und der wirtschaftliche Nach-
holbedarf beflügelten die Fantasie vieler internationaler Unternehmer und ließ sie im großen Stil
investieren. Vor allem in chinesischen Städten
hielten westliche Produkte Einzug, und es bildete
sich eine wohlhabende und konsumfreudige Mit-
telschicht. Seit 1993 bekennt sich die Kommunistische Partei zur „sozialistischen Marktwirtschaft".
Das immer besser in die Weltwirtschaft integrierte China profitierte besonders von der rasanten
Globalisierung (→ Seite 259); seit 2010 ist China

die zweigrößte Wirtschaftsnation der Welt. War
China zunächst für den Westen vor allem ein Bil-
liglohnland für einfache Dienstleistungen und
Fertigungsarbeiten, kann die Volksrepublik inzwischen auch mit hochwertigen Technologiepro-
dukten auf dem Weltmarkt konkurrieren. Der
Staat investiert Milliarden Dollar vor allem in Wissenschaft und Forschung; neue gigantische Infra-
strukturprojekte sollen entlang einer neuen „Seidenstraße" (→ Seite 095) realisiert werden. Gerade
nach der schweren Finanzkrise 2008, die den Westen politisch wie ökonomisch geschwächt hat, ist
China mit seiner Finanzkraft eine Lokomotive der
Weltwirtschaft geworden. Als größter Schuldner
Chinas ist das ökonomische Schicksal der USA, der
immer noch größten und wichtigsten Volkswirtschaft der Welt, enger denn je mit dem wirtschaftspolitischen Kurs der kommunistischen Parteifüh-
rung verbunden. Binnen weniger Jahrzehnte ist
China zu einem gleichberechtigten Partner des
Westens geworden, wo gerade die hohe Dynamik
der Entwicklung aber auch als Bedrohung empfunden wird. Was China nach Jahrhunderten der De-
mütigung durch den Westen als Rückkehr zu alter
Größe empfindet, nehmen Europa und die USA
vermehrt als einen möglichen neuen Systemwett-
bewerb wahr. Sollte das autoritäre „asiatische Modell" den krisengeschüttelten liberalen Demokrati-
en etwa wirtschaftlich überlegen sein? ■

Digitalisierung und Automatisierung

Der Mensch in einer vernetzten Umwelt

Die entwickelten Gesellschaften stehen mitten in einer digitalen Revolution. Automatisierungsprozesse in der Arbeitswelt und Visionen künstlicher Intelligenz stellen jahrzehntealte gesellschaftliche Gewissheiten infrage. Macht sich der Mensch überflüssig?

Fortschritt durch Technik. Vor dem Hintergrund der wissenschaftlichen Revolutionen des 16. und 17. Jahrhunderts gewannen Forscher ab dem 18. Jahrhundert immer genauere Kenntnisse über die Gesetze und Funktionsweisen der Natur. Das rasant wachsende Wissen ermöglichte seit Beginn der Industrialisierung (→ Seite 154) die Herstellung von immer komplexeren Maschinen, die das Alltagsleben erleichterten, Produktionsmethoden änderten und zunehmend auch menschliche Arbeit ersetzten. Wie die Dampfmaschine im 18. Jahrhundert die Mechanisierung der Arbeit einleitete und das Fließband Anfang des 20. Jahrhunderts eine arbeitsteilige Massenfertigung ermöglichte, so hat der gegenwärtige Siegeszug der Digitalisierung in allen Lebensbereichen die Kommunikation und Informationsbeschaffung radikal beschleunigt und entgrenzt. Ganz neue

digitale Geschäftsmodelle sind entstanden. Der Durchbruch des Internets ab Ende der 1990er Jahre bedeutete einen quantitativen und qualitativen Quantensprung der Digitalisierung, deren Wirkmechanismen nicht nur unser ökonomisches, sondern auch unser menschliches Zusammenleben von Grund auf verändern könnten.

Nicht nur stützen sich heute alle Verwaltungen, Produktions- und Dienstleistungsunternehmen auf digitale Datendienste – sondern diese sind längst selbst zu Herstellern und Handelsplattformen geworden: Streamingportale wie Netflix oder Spotify etwa lösen den Handel mit Filmen und Musik über die klassischen Vertriebskanäle ab, ebenso verschwinden Druckmedien, weil das sie finanzierende Anzeigenschäft in digitale Kanäle abgewandert ist. Die neue interaktive Informationstechnologie hat ganz neue Kommunikationsmöglichkeiten geschaffen und auch die Arbeitsprozesse in allen Wirtschaftssektoren tendenziell entgrenzt. Gerade im Dienstleistungsbereich sind viele Büroarbeiten prinzipiell unabhängig von Standort und Tageszeit zu erledigen. Aber auch im verarbeitenden Gewerbe können alle Akteure der Wertschöpfungskette eines Produkts unabhängig von lokaler Verortung eng miteinander verbunden werden – vom Rohstofflieferanten über den Händler bis zum Endkunden.

Für die Berufswelt von morgen ist „Arbeit 4.0" zu einem zentralen politischen Schlagwort geworden. Es meint die zunehmende Automatisierung von Arbeitsprozessen durch computergestützte Roboter, die seit Langem zum Alltag in vielen Branchen gehören, im Zuge der Weiterentwicklung der „künstlichen Intelligenz" (KI) aber immer mehr zum „Kollegen" des Menschen werden sollen. Moderne Roboter können mehr, als für die für Menschen beschwerlichen Arbeiten mit gleichbleibender Präzision zu verrichten. Immer „intelligentere" Maschinen erkennen mithilfe selbstlernender Algorithmen aus Daten Muster und Gesetzmäßigkeiten und passen ihr Verhalten entsprechend an. Was noch vor wenigen Jahren als Hirngespinst galt, scheint heute möglich: Autonom fahrende Autos werden heute schon getestet und intelligente Software wird in Kürze Er-

krankungen früher erkennen als Ärzte. Was einerseits neue Möglichkeiten eröffnet und Hoffnungen weckt, ruft andererseits auch Ängste hervor. Bilder von menschenähnlichen Robotern veranschaulichen besonders die existenziellen Fragen, die sich mit dieser Entwicklung aufdrängen: Können Maschinen wirklich Menschen ersetzen oder diese in ihrer Leistungsfähigkeit sogar überholen? Wenn inzwischen KI-Programme Menschen in den komplexesten Brettspielen besiegen können, sehen Kritiker bereits Frankensteins Monster Wirklichkeit werden: Sind Wissenschaftler gerade dabei, künstliche, eigenständig „denkende" Lebewesen zu erschaffen, die sich zunehmend der Kontrolle durch den Menschen entziehen?

Der Blick in die Vergangenheit lehrt Gelassenheit. Die adaptive Kraft der menschlichen Zivilisation hat letztlich noch alle revolutionären Utopien und Umstürze auf ein gesellschaftlich funktionales Maß gebracht. ■

vor 6 Mio. Jahren In **Afrika** entstehen die **ersten Vormenschen, die Australopitheci** („südliche Menschenaffen"). Sie leben auf Bäumen und fressen Pflanzen.

600 000 In Afrika lebt der archaische **Homo sapiens**, der **direkte Vorfahre des modernen Menschen**.

30 000 Jäger- und Sammlervölker **erfinden Pfeil und Bogen**.

25 000 **Sandia-Kultur:** Im Südwesten der heutigen USA entwickelt sich die **erste nachweisbare Kultur Nordamerikas**.

17 000/16 000 In der **Höhle von Lascaux in** Südwestfrankreich werden kunstvolle **Tierdarstellungen** und symbolische Pfeilzeichen angebracht.

4000 In den ägyptischen Frühkulturen zeugen **Totenbestattungen** von Anfängen eines **Götter- und Jenseitsglaubens**.

3500 In Mesopotamien wird mit der **Keilschrift die älteste heute bekannte Schrift** erfunden. Aus einer **reinen Bilderschrift** entwickelt sich kontinuierlich eine **abstrakte Silbenschrift**.

3700 **Erste Verwaltungstechniken im Zweistromland:** In den mesopotamischen Stadtstaaten werden **Stempelsiegel und Zählmarken** eingeführt, um Besitzverhältnisse und Abgaben zu dokumentieren.

1000 **Bantu** sprechende Volksgruppen breiten sich weiter über **Zentral- und Ostafrika** aus. Um die Jahrtausendwende übernehmen Bantu im heutigen Uganda die **Eisengewinnung**.

1000 Um 1000 wird die **Hymnensammlung „Rigveda"**, das älteste bekannte Werk der **indischen Literatur**, abgeschlossen.

814 **Phönizische Siedler** gründen **Karthago** („Neustadt") im heutigen Tunesien. In Spanien und auf Sizilien entstehen weitere Stützpunkte, die später unter der Herrschaft Karthagos stehen. Auf ihren Handelsexpeditionen entdecken die Phönizier **Madeira und die Kanaren** und gelangen bis auf die **Britischen Inseln**.

12 000/10 000 **Im eurasischen Raum endet die letzte Eiszeit.** Das Klima in diesem Teil der Erde wird allgemein wärmer und feuchter, der Waldbestand steigt signifikant an. Historiker sprechen von dem **Beginn der „Mittelsteinzeit"**. Die Menschen leben noch als **Jäger und Sammler**.

9000 **Neolithische Revolution:** Ausgehend vom Vorderen Orient **beginnen die Menschen sesshaft zu werden** sowie **Viehzucht und Landwirtschaft** zu betreiben.

7000 In **Mehrgarh** auf dem Gebiet des heutigen Pakistan entsteht die **erste bekannte Ackerbau-Siedlung Südasiens**.

2674 In **China** beginnt mit dem „Gelben Kaiser" die **Zeit der legendären Urkaiser** (bis 2205 v. Chr.). Die mythischen Idealherrscher begründen als Kulturheroen der Legende nach die chinesische Zivilisation.

2580 Bei Gizeh wird die **Cheopspyramide** errichtet. Die größte Pyramide der Welt ist als einziges der **antiken Weltwunder** noch heute erhalten.

2000 In **Babylon** entwickelt sich die **Mathematik** zu einer autonomen Wissenschaft.

1850 Mit Umgestaltung der Totenkultanlage von **Stonehenge** in Südengland entsteht das gewaltigste noch erhaltene Zeugnis der **Megalithkultur** in Europa.

1600 Die in Deutschland entdeckte **„Himmelsscheibe von Nebra"** belegt die großen astronomischen Kenntnisse der Zeit.

685 In **Athen** wird das **Königtum abgeschafft**. Unter dem Staatsbeamten **Solon** beginnt der **Demokratisierungsprozess in Athen**.

587 Der neubabylonische **König Nebukadnezar II. erobert Jerusalem**, plündert die Stadt und zerstört den Tempel. Die Oberschicht Judäas wird nach Mesopotamien in die **„Babylonische Gefangenschaft"** verschleppt.

447 Auf der **Akropolis in Athen** wird mit dem Bau des **Parthenon**, des Tempels für die Stadtgöttin Athena, begonnen.

332 **Alexander der Große** erobert **Ägypten** und gründet dort ein Jahr später die bedeutendste, nach ihm benannte Stadt, **Alexandria**.

241 Die **römische Flotte** schlägt die **Karthager** bei den Ägadischen Inseln entscheidend. **Sizilien** fällt – mit Ausnahme des Königreichs Syrakus – an Rom, das eine unumstrittene **Hegemonie über Italien** etabliert.

104 Die Expansion des **chinesischen Kaiserreichs nach Zentralasien** zieht intensive Handels- und Kulturkontakte zur Mittelmeerwelt über die „Seidenstraße" nach sich.

51 In schweren Kämpfen gelingt **Julius Cäsar** mit seinen Truppen die Eroberung ganz **Galliens** bis zum Rhein. 46 wird Fürst **Vercingetorix in Rom hingerichtet.**

7 **Jesus von Nazareth** wird um das Jahr 7 v. Chr. geboren.

224 **Ardaschir I.** aus der Dynastie der **Sassaniden** stürzt den letzten Partherkönig Artabanos IV. und begründet ein neues **persisches Großreich** auf dem Gebiet des heutigen Iran und Irak.

300 **Armenien** wird um 300 der erste Staat, in dem das **Christentum**, unter König Tiridates III., zur **Staatsreligion** wird.

375 Aus China kommende **Hunnen** fallen in Osteuropa ein und drängen die dort ansässigen **Goten** auf den Balkan ab. Damit beginnt die Zeit der sog. **Großen Völkerwanderung.**

711 Unter dem Heerführer **Tarik** setzen **arabische Truppen** von Nordafrika nach Spanien über und vernichten das **Westgotenreich von Toledo.** Innerhalb weniger Jahre fällt die ganze **Iberische Halbinsel** bis auf das christliche Königreich Asturien unter **islamische Herrschaft.**

786 Mit dem Amtsantritt des **Kalifen Harun al-Raschid** beginnt im Abbasidenreich eine Zeit der kulturellen Blüte. **Bagdad**, Hauptstadt seit 762, wird zum Zentrum der **arabischen Gelehrsamkeit.**

ZEITENWENDE

SPÄTANTIKE

25 **Liu Xiu** begründet die sog. **späte Han-Dynastie** die China bis zum Jahr 200 regiert.

117 Mit der Erhebung **Hadrians** zum römischen Kaiser beginnt das sog. **Goldene Zeitalter** im Römischen Reich. Er bereist fast alle Provinzen, verfolgt eine **defensive Außenpolitik** und baut Rom weiter zu einer Weltstadt aus.

200 **Funan** im südlichen Kambodscha entwickelt sich zu einem Zentrum des Handels zwischen West und Ost. Für 300 Jahre ist Funan das **größte und wohlhabendste Staatswesen Südostasiens.**

440 Am 29. Sept. wird **Leo I.,** der Große, Bischof von Rom. Er setzt das **päpstliche Primat** über die Kirche durch und nennt sich „Patriarch des Abendlandes."

450 **Teotihuacán** in Zentralmexiko erreicht seinen kulturellen Zenit und beeinflusst einen Großteil Mesoamerikas.

570 In **Mekka** wird **Mohammed**, der Gründer des Islam, geboren.

690 **Wu Zetian** besteigt als erste und einzige **Frau** den **chinesischen Kaiserthron.**

700 In Mexiko steht um 700 die **Kultur der Zapoteken** in voller Blüte. Zur gleichen Zeit verbreitet sich in den heutigen USA die hoch entwickelte indianische **Mississippikultur.**

800 Am 25. Dez. wird der Frankenkönig **Karl der Große** von **Papst Leo III.** in Rom zum **römischen Kaiser** gekrönt. Damit wird die antike Tradition des Universalherrschers in Konkurrenz zu Byzanz im Westen neu begründet.

866 Von der Themsemündung aus beginnen **dänische Wikinger,** Teile der **Britischen Insel** zu erobern.

882 „Kiewer Rus": **Oleg der Weise** vereinigt die Gebiete der nördlichen und südlichen Warägerfürsten und begründet damit das **erste russische Großreich** mit der Hauptstadt **Kiew.**

890 König **Yasovarman I.** macht **Angkor** zur Hauptstadt des aufstrebenden kambodschanischen **Khmerreichs.**

962 Am 2. Feb. wird **König Otto I.** in Rom vom Papst zum **römischen Kaiser** gekrönt. Die damit begründete **Verbindung von ostfränkisch-deutschem Königtum und universalem Kaisertum** bleibt bis 1806 bestehen.

976 In **Byzanz** besteigt **Basileios II.** den Kaiserthron. Unter seiner Herrschaft erreicht das byzantinische Reich seine größte **Ausdehnung.**

1009 In Annam konstituiert sich das erste **Reich Dai Viet** unter der **Li-Dynastie.** Es ist ein Vorläufer des **heutigen Vietnam.**

1156 Um den **Konflikt zwischen Staufern und Welfen** beizulegen, überträgt Friedrich I. Barbarossa seinem Vetter **Heinrich dem Löwen,** Herzog von Sachsen, auch das Herzogtum Bayern. Zuvor hat Friedrich im **„Privilegium minus"** Österreich als selbstständiges Herzogtum von Bayern getrennt.

1157 In **Dänemark** wird **Waldemar I., der Große,** zum neuen König gewählt. Er macht das Land in der Folgezeit zu einer führenden **Macht im Ostseeraum.**

1180 In der Maya-Stadt **Chichén Itzá** wird die **Stufenpyramide des Kukulcán** fertiggestellt.

1299 Der türkische Militärführer **Osman I.** nimmt den Sultanstitel an und begründet mit seinen Eroberungszügen gegen die Byzantiner im Nordwesten von Kleinasien das **Osmanische Reich.**

1302 **Bonifatius VIII.** verkündet in der Bulle **„Unam Sanctam"** den **absoluten Machtanspruch des Papstes** gegenüber den weltlichen Herrschern. Er wird 1303 daraufhin im Auftrag des französischen Königs gefangengenommen.

1318 **In Norwegen stirbt das Königshaus aus.** Bis 1905 wird das Land in Personalunion von schwedischen bzw. dänischen Königen regiert.

MITTELALTER

1066 **Wilhelm der Eroberer,** Herzog der Normadie, landet **in England** und siegt am 14. Okt. in der **Schlacht bei Hastings** über den angelsächsischen König Harold II. Bis 1071 unterwirft Wilhelm die Angelsachsen.

1095 **Papst Urban II.** ruft am 27. Nov. auf einer Synode in Clermont zum **Ersten Kreuzzug zur Befreiung Jerusalems** auf.

1102 In den **„Pacta Conventa"** wird die **Personalunion von Kroatien mit Ungarn** festgeschrieben. Sie besteht für mehr als 800 Jahre.

1154 Am 19. Dez. wird **Heinrich II. Plantagenet König von England.** Durch seine Frau **Eleonore von Aquitanien** kontrolliert er neben Anjou und der Normandie auch weite Teile Südwestfrankreichs.

1192 In **Japan** nimmt **Minamoto no Yoritomo** den **Titel eines Shoguns** (Militärregent) an. Es bildet sich eine militärische Feudalaristokratie heraus, die das Land bis tief ins 19. Jahrhundert hinein prägt.

1200 Im heutigen Peru gründen die **Inka** um 1200 **Cuzco** und bauen von hier aus ein Großreich auf.

1206 In **Nordindien** begründet der General und frühere Militärsklave aus Turkistan, **Qutb-ud-Din Aibak,** das **Sultanat von Delhi.**

1215 **König Johann Ohneland** muss dem englischen Adel in der **Magna Charta** Rechte und Freiheiten zusichern. Das Gesetz wird zur Grundlage der **englischen Verfassungsentwicklung.**

1337/39 Mit seinem **Anspruch auf den französischen Thron** löst **Eduard III. von England** den **„Hundertjährigen Krieg"** aus, der bis 1453 andauert. Einen der ersten Angriffe führen die Engländer 1339 gegen Cambrai.

1350 **Tibet** macht sich von den Mongolen unabhängig und kann bis 1724 seine **Eigenständigkeit wahren.**

1350 Polynesier begründen in **Neuseeland die Kultur der Maori.**

1400 Das **Songhai-Reich** löst Mali als **Vormacht in Westafrika** ab und wird eines der größten Staatswesen in der afrikanischen Geschichte.

1428 In Mexiko steigt das **Aztekenreich zum mächtigsten Staat** in Mittelamerika auf.

1460 Am 13. Nov. stirbt der portugiesische Prinz **Heinrich der Seefahrer**. Die durch ihn initiierten Schiffsexpeditionen entlang der Küste Afrikas leiten **Portugals Aufstieg zur Seemacht** ein.

1492 Am 12. Okt. landet der genuesische Seefahrer **Christoph Kolumbus** auf einer Insel der Bahamas und **entdeckt** damit unwissentlich einen neuen Kontinent: **Amerika**.

1493 Mit dem Machtantritt des **Inka-Herrschers Huayna Cápac** beginnt die Blütezeit des südamerikanischen Inka-Reichs.

1556 **Akbar der Große**, der bedeutendste indische **Mogulherrscher**, besteigt den Thron.

1558 Nach dem Tod Marias I. wird am 17. Nov. **Elisabeth I.** neue **englische Königin**. Unter ihrer Herrschaft erlebt das Land eine **kulturelle und politische Blütezeit**.

1581 Die **protestantischen Niederländer** sagen sich von Spanien los und begründen die **Republik der Sieben Vereinigten Provinzen** unter dem Statthalter **Wilhelm I. von Oranien**.

1602 In den **Niederlanden** wird die **Vereinigte Ostindische Kompanie** gegründet. Die kapitalstarke Handelskompanie trägt wesentlich zum Aufbau des niederländischen Kolonialreichs in Südostasien bei.

1649 In England erreicht am 30. Jan. das sog. Rumpfparlament die **Hinrichtung Karls I. von England**. Unter Führung Oliver Cromwells wird **England zur Republik erklärt**.

1661 Am 10. März 1661 übernimmt in **Frankreich König Ludwig XIV.** die Regierung und herrscht bis zu seinem Tod 1715 als praktisch unumschränkter, **absolutistischer Monarch**.

1689 Am 12. Sept. **übernimmt in Russland Zar Peter I. der Große die Macht**.

1735 **Muhammad ibn Saud** begründet auf der Arabischen Halbinsel die auf den islamischen Lehren al-Wahhabs basierende **Dynastie der Saud**.

FRÜHE NEUZEIT · NEUERE GESCHICHTE

1515 Nach einer **Niederlage** gegen die Franzosen **bei Marignano** am 13./ 14. Nov. beschließen die Eidgenossen die „**ewige Neutralität" der Schweiz**.

1517 Der deutsche Mönch **Martin Luther** veröffentlicht in Wittenberg **95 Thesen**, die den **päpstlichen Ablasshandel** kritisieren. Die Autorität der katholischen Kirche im Reich ist in ihren Grundfesten erschüttert.

1547 Der Moskauer Großfürst **Iwan IV., genannt der Schreckliche**, lässt sich **zum ersten russischen Zaren krönen**.

1555 Am 25. Sept. beendet der **Augsburger Religionsfrieden** den Glaubenskrieg im Reich. Der **lutherische Glaube** wird als Religion anerkannt, und die Fürsten können frei den für ihre Untertanen verbindlichen Glauben wählen.

1607 Siedler gründen mit **Jamestown in Virginia** die erste dauerhafte **englische Siedlung** in Nordamerika.

1613 Michail I Romanow besteigt den Zarenthron. Die **Romanow-Dynastie** regiert **Russland** bis 1917.

1618 **Prager Fenstersturz**: Im Zuge des böhmischen Aufstands gegen die Habsburger werden am 23. Mai zwei katholische Ratsherren aus einem Fenster der Prager Burg gestürzt; der **Dreißigjährige Krieg** beginnt.

1636 Die **japanische Regierung verbietet** der einheimischen Bevölkerung **Reisen ins Ausland**. Der Hafen von Nagasaki bleibt von 1639 bis 1835 der einzige zugelassene Handelsplatz für die Europäer.

1762 Am 28. Juni wird in Russland Zar Peter III. von seiner deutschen Gemahlin gestürzt. Ihre Herrschaft als Kaiserin **Katharina II., die Große,** markiert eine **Glanzzeit** in der russischen Geschichte.

1783 Im **Frieden von Paris** vom 3. Sept. erkennt Großbritannien die **Unabhängigkeit der USA** an.

1787 In Philadelphia wird am 17. Sept. die **Verfassung der USA** verabschiedet, die einen föderalen Bundesstaat vorsieht.

1789 Nach der Abschaffung des Feudalsystems verabschiedet die französische Nationalversammlung am 26. Aug. die **Erklärung über die Menschen- und Bürgerrechte**.

1789 Am 14. Juli **stürmen Volksmassen die Bastille**, das Stadtgefängnis von Paris. Damit beginnt die Französische Revolution.

1792 Nach der Erstürmung der französischen Königsresidenz am 10. Aug. erklärt die französische **Nationalversammlung König Ludwig XVI. für abgesetzt** und das Land zur **Republik**.

1792 Am 20. April beginnt der **Erste Koalitionskrieg** der verbündeten Österreicher und Preußen gegen das revolutionäre Frankreich.

1803 **Britische Truppen erobern die indische Stadt Delhi** und nehmen bis 1818 das gesamte Marathenreich in ihren Besitz.

1815 Die europäischen Mächte verabschieden am 9. Juni die **Schlussakte des Wiener Kongresses**. Preußen, Großbritannien, Österreich und Russland streben nach einer dauerhaften Friedensordnung für Europa.

1822 **Brasilien** erklärt am 7. Sept. seine **Unabhängigkeit von Portugal**.

1830 Ausgehend von der französischen **Juli-Revolution** kommt es in ganz Europa zu einer Welle demokratisch-liberaler und nationaler Erhebungen, die jedoch zumeist scheitern.

1859 Am 18. Febr. **erobern französische Kolonialtruppen Saigon** im Süden Vietnams. Die Stadt wird zum Zentrum Französisch-Indochinas, das auch Laos und Kambodscha umfasst.

1860 Am 6. Nov. wird der **Sklavereigegner Abraham Lincoln** zum Präsidenten der USA gewählt. Im Frühjahr des nächsten Jahres spalten sich die sklavenhaltenden Südstaaten von den USA ab (Sezession) und schließen sich zu einer eigenen Konföderation zusammen. Es kommt zum **Amerikanischen Bürgerkrieg (1861–1865)**.

NEUERE GESCHICHTE

1804 Napoleon Bonaparte krönt sich am 2. Dez. als **Napoleon I. zum Kaiser der Franzosen.**

1806 **16 deutsche Staaten** schließen sich am 12. Juli zum **Rheinbund** zusammen. Damit erlischt nach mehr als 1000 Jahren das Heilige Römische Reich Deutscher Nation.

1813 In der „**Völkerschlacht" bei Leipzig, der bis dahin größten Schlacht der Geschichte**, fügt eine Koalition aus Russland, Preußen, Österreich und Schweden Napoleon vom 16. bis 19. Okt. die entscheidende Niederlage zu. **Napoleon muss abdanken** und sich nach Elba zurückziehen.

1815 In der **Schlacht von Waterloo** am 18. Juni wird der wieder an die Macht gelangte Napoleon endgültig geschlagen. Er wird auf die Insel St. Helena verbannt und stirbt dort 1821.

1842 Der **Vertrag von Nanking** beendet am 29. Aug. den **Ersten Opiumkrieg**. Das siegreiche Großbritannien gewinnt Hongkong als Kolonie und erhält unbeschränkten Zugang zu fünf chinesischen Häfen.

1848 Ab März **zwingen demokratische Erhebungen** in den meisten Staaten des Deutschen Bundes und vielen anderen europäischen Ländern **die Machthaber zu Zugeständnissen.**

1850 In China erhebt sich der Sektenführer Hong Xiuquan gegen die herrschende Mandschu-Dynastie. Im sog. **Taiping-Aufstand** kommen bis 1864 mehrere Millionen Menschen ums Leben.

1857 Im August **löst ein Börsencrash in New York eine Wirtschaftskrise aus**, die auch Europa erfasst.

1871 Am 18. Jan. wird im Spiegelsaal von Versailles der preußische **König Wilhelm I. zum ersten Deutschen Kaiser** ausgerufen. **Otto von Bismarck wird erster Kanzler des Deutschen Reichs**, das aus der Vereinigung des Norddeutschen Bundes mit den vier süddeutschen Staaten hervorgeht.

1888 **Kaiser Wilhelm II.** verfolgt nach seiner Thronbesteigung am 15. Juni eine aggressive Außenpolitik. Für das aufstrebende Deutsche Reich verlangt er einen „**Platz an der Sonne**".

1908 **Österreich besetzt** ab dem 5. Okt. **Bosnien und Herzegowina**, was den Widerstand Serbiens hervorruft.

1914 Die **Ermordung des österreichischen Thronfolgers Erzherzog Franz Ferdinand** durch den serbischen Nationalisten Gavrilo Princip am 28. Juni in Sarajewo löst den **Ersten Weltkrieg** aus.

1914 Eine **französisch-britische Koalition** stoppt bis zum 12. Sept. an der Marne den deutschen Vormarsch auf Paris. Im Westen erstarren die Fronten in einem **Stellungskrieg**.

1917 „Oktoberrevolution": Mit dem **Sturm auf den Winterpalast** in Petrograd (St. Petersburg) stürzen in Russland am 6./7. Nov. die radikalen **Bolschewisten unter der Führung von Lenin** die bürgerlichen Regierung Kerenski.

1941 **Japanische Flugzeuge** greifen am 7. Dez. den **US-Militärstützpunkt Pearl Harbor** auf Hawaii an. Am nächsten Tag erklärt die USA Japan den Krieg.

1942 Am 17. März werden die ersten Juden in das Vernichtungslager Belzec deportiert. Damit beginnt die **systematische Massenvernichtung der jüdischen Bevölkerung** in den Todeslagern der deutschen Nationalsozialisten im besetzten Polen.

1943 Am 31. Jan. **kapitulieren die deutschen Truppen in Stalingrad**. Über 90.000 Soldaten geraten in Kriegsgefangenschaft. Die deutsche Niederlage symbolisiert die **Kriegswende im Osten**.

1949 In Washington formiert sich am 4. April die **Nordatlantische Verteidigungsorganisation (NATO),** der sich die meisten westeuropäischen Staaten unter Führung der USA anschließen.

1949 Mit der **Verabschiedung des Grundgesetzes** am 8. Mai konstituiert sich auf dem Gebiet der drei westlichen Besatzungszonen die **Bundesrepublik Deutschland**. Am 7. Oktober wird die **Deutsche Demokratische Republik** gegründet.

1949 Mao Zedong ruft am 1. Okt. die **Volksrepublik China** aus.

WELTKRIEGE UND NACHKRIEGSZEIT

1919 In **Versailles** wird am 28. Juni der **Friedensvertrag zwischen Alliierten und dem Deutschen Reich** unterzeichnet. Deutschland muss territoriale Verluste hinnehmen und wird zu hohen Reparationszahlungen verpflichtet.

1929 **Schwarzer Freitag**: Am 25. Okt. brechen an der **New Yorker Börse** die Aktienkurse ein. Folge ist eine **schwere Wirtschaftskrise** in allen industrialisierten Ländern der Welt.

1933 Am 30. Jan. wird **Adolf Hitler** von Reichspräsident von Hindenburg zum **deutschen Reichskanzler** ernannt. Binnen weniger Monate errichtet er eine nationalsozialistische Diktatur.

1939 Mit dem **deutschen Überfall auf Polen** beginnt am 1. Sept. der **Zweite Weltkrieg** (bis 1945).

1944 „D-Day": Unter Führung des US-Generals Eisenhower landen am 6. Juni Truppen der westlichen **Alliierten an der Küste der Normandie**.

1945 Am 7./9. Mai **erklärt das Deutsche Reich seine bedingungslose Kapitulation.**

1945 Am 6. Aug. wirft die US-Luftwaffe die **erste Atombombe** über der japanischen Stadt **Hiroshima** ab. Drei Tage später folgt ein **zweiter Abwurf** über Nagasaki.

1945 Am 2. Sep. unterzeichnet **Japan seine bedingungslose Kapitulation**. **Damit endet der Zweite Weltkrieg.**

1947 Der **US-Außenminister George Marshall** stellt am 5. Juni den sog. **Marshall-Plan** vor, der bei der Erneuerung der Wirtschaft Europas helfen soll.

1950 Als nordkoreanische Truppen am 25. Juni südkoreanisches Territorium angreifen, beginnt der **Koreakrieg** (bis 1953). Das Eingreifen der **USA und Chinas** verleiht dem Konflikt internationale Bedeutung. Er wird zum ersten „heißen" Krieg im „Kalten Krieg der Systeme".

1951 Frankreich, die BRD, Italien, die Niederlande und Luxemburg vereinbaren am 18. April die Gründung der **„Europäischen Gemeinschaft für Kohle und Stahl"** (EGKS) und machen damit den ersten Schritt zur wirtschaftlichen Einigung Europas.

1955 In Warschau schließen am 14. Mai die Sowjetunion und ihre osteuropäischen Satellitenstaaten ein Militärbündnis: Der **Warschauer Pakt** bildet im Kalten Krieg ein Gegengewicht zur NATO.

1957 Im Zeichen der wirtschaftlichen Integration Westeuropas schließen sich Frankreich, die Benelux-Länder und die BRD am 25. März zur **Europäischen Wirtschaftsgemeinschaft** (EWG) und zur **Europäischen Atomgemeinschaft** (Euratom) zusammen.

1959 Am 1. Jan. übernimmt nach jahrelangem Guerillakampf der **Sozialrevolutionär Fidel Castro die Macht auf Kuba.** Er enteignet den Großgrundbesitz und verstaatlicht ausländische Vermögenswerte.

1960 Im „Afrikanischen Jahr" werden 17 europäische Kolonien in die **Unabhängigkeit** entlassen, darunter Kamerun, Kongo und Nigeria.

1967 Frankreich, Italien, die BRD und die Benelux-Staaten gründen am 1. Juli die **Europäische Gemeinschaft (EG).** Außerdem wird die Einrichtung eines **gemeinsamen Ministerrats** beschlossen.

1968 In den USA, Frankreich, Deutschland, Schweden, den Niederlanden und anderen Ländern erreichen Studentenproteste gegen verkrustete Lehr- und Gesellschaftssysteme sowie gegen den Vietnamkrieg ihren Höhepunkt.

1968 Im Sechstagekrieg (5.–11. Juni) annektiert Israel Westjerusalem, die Golanhöhen, die Westbank, den Gazastreifen und den Sinai.

1977 Mit der Ermordung mehrerer hoher Wirtschaftsrepräsentanten wie Hanns-Martin Schleyer erreicht in der BRD der Terror der „Roten Armee Fraktion" **(RAF)** seinen Höhepunkt.

1979 Nach der Flucht des Schahs Reza Pahlavi kehrt am 1. Febuar. der iranische Religionsführer **Ayatollah Khomeini** aus seinem Pariser Exil nach Teheran zurück. Am 1. April proklamiert er die **Islamische Republik Iran**.

1979 Am 27. Dezember marschieren **sowjetische Truppen in Afghanistan ein**, um das kommunistische Regime im Land wiederherzustellen. Insbesondere muslimische Widerstandskämpfer, die **Mudschahedin**, verwickeln die sowjetischen Truppen in den nächs-ten Jahren in einen verlustreichen **Guerillakrieg**.

NACHKRIEGSZEIT

1961 Am 13. Aug. beginnt die **DDR-Führung in Berlin**, die Grenze zu den Westsektoren durch den **Bau einer Mauer** quer durch die Stadt abzuriegeln.

1962 Die Stationierung **sowjetischer Raketenbasen auf Kuba** eskaliert ab Oktober fast zu einem Atomkrieg zwischen den USA und der Sowjetunion.

1963 Am 22. Nov. wird **US-Präsident John F. Kennedy in Dallas ermordet.**

1964 Beginn des Vietnamkriegs: Der US-Kongress stimmt am 7. Aug. dem Antrag des Präsidenten Johnson zu, die Regierung Südvietnams gegen die **Guerilla-angriffe des kommunistischen Vietcong** militärisch zu unterstützen.

1972 Im **nordirischen Derry** werden am 30. Jan., dem „Bloody Sunday", bei einer Demonstration 13 unbewaffnete Zivilisten durch britisches Militär getötet. Im März übernimmt die britische Regierung die direkte Verwaltung von Nordirland.

1974 **Watergate-Affäre**: Aufgrund seiner Verwicklung in Aktionen zur Überwachung politischer Gegner erklärt **US-Präsident Nixon** am 9. Aug. seinen **Rücktritt**. Sein Nachfolger wird Gerald Ford.

1975 Nach dem Einmarsch nordvietnamesischer Truppen in Saigon am 30. April **kapituliert Südvietnam bedingungslos**. Am 2. Juli 1976 werden beide Landesteile zur „Sozialistischen Republik Vietnam" vereinigt.

1980 In Polen wird unter Führung **Lech Walesas** die erste freie Gewerkschaftsorganisation, **Solidarnosc,** gegründet. Sie entwickelt sich zum Kristallisationspunkt der politischen Opposition gegen das kommunistische Regime.

1981 Der Antikommunist **Ronald Reagan,** am 20. Januar als **US-Präsident** vereidigt, verfolgt gegenüber der Sowjetunion zunächst eine Politik der militärischen Stärke.

1985 In der Sowjetunion wird **Michail Gorbatschow** neuer Parteichef. Er leitet einen umfassenden **Liberalisierungsprozess in Wirtschaft und Gesellschaft** ein.

1986 Im sowjetischen Kernkraftwerk **Tschernobyl explodiert** am 26. April **ein Atomreaktor**. Bei dem Unglück handelt es sich um das verheerendste in der Geschichte der zivilen Atomkraftnutzung.

1987 **Erste Intifada**: In von Israel besetzten Gebieten, im Westjordanland und im Gazastreifen, beginnt im Dezember ein **Aufstand der Palästinenser**. Israel reagiert mit Waffengewalt. 1988 ruft der **PLO-Führer Jassir Arafat** den unabhängigen Staat Palästina aus.

1989 Die **DDR-Führung öffnet** am Abend des 9. November die **Grenzen** zu Westberlin und zur Bundesrepublik Deutschland. Wenige Wochen später **bricht die SED-Diktatur zusammen**.

1994 Im vom Bürgerkrieg zerrütteten **Ruanda** verüben Mitglieder der Hutu-Bevölkerungsmehrheit zwischen Mai und September einen **Völkermord an der Tutsi-Minderheit**. Dabei sterben mindestens 500.000 Menschen.

1995 Mit dem **Friedensabkommen von Dayton** endet nach einer Militärintervention der NATO der **Jugoslawienkrieg**. Unter UNO-Aufsicht wird **Bosnien-Herzegowina** in eine Bosnische Föderation und eine Serbische Republik geteilt.

2000 Mit hauchdünnem Vorsprung gewinnt der Republikaner **George W. Bush** die **US-Präsidentschaftswahl** gegen den Demokraten Al Gore.

2008 Der Zusammenbruch der **US-Investmentbank Lehman Brothers** am 15. Sept. verschärft über Nacht die 2007 ausgebrochene **Finanzkrise**. Das Weltwirtschaftssystem gerät ins Wanken; nur weitreichende **staatliche Eingriffe** können einen Kollaps verhindern.

2008 Der Demokrat **Barack Obama** wird als erster Afroamerikaner zum **US-Präsidenten** gewählt.

2010 **Staatsschuldenkrise im Euroraum**: Einzelne Länder der Eurozone wie Griechenland, Spanien und Italien kämpfen mit starken Haushaltsdefiziten und Arbeitslosigkeit.

1990 In **Südafrika** leitet die Reformregierung unter William de Klerk das **Ende der Apartheid** ein: Der seit 27 Jahren inhaftierte schwarze Bürgerrechtler **Nelson Mandela** wird freigelassen und der African National Congress (ANC) wieder legalisiert.

1991 Nach dem Rücktritt Gorbatschows löst sich die Sowjetunion auf und die Satellitenstaaten erlangen volle Souveränität. Elf ehemalige Sowjetrepubliken bilden die **Gemeinschaft Unabhängiger Staaten (GUS)**.

1992 **Europäische Union**: In **Maastricht** vereinbaren am 7. Feb. die Mitgliedsstaaten der EG die Durchführung einer **Wirtschaftsunion** mit einer gemeinsamen Währung sowie eine gemeinsame **Außen- und Sicherheitspolitik.**

2001 In den USA verüben am 11. September islamistische Terroristen verheerende **Anschläge**. Bei den Flugzeugattacken auf das **World Trade Center** in New York und das **Pentagon** in Washington sterben insgesamt etwa 3000 Menschen.

2003 Wegen des angeblichen Besitzes von Massenvernichtungswaffen beginnen die USA am 20. März ohne Zustimmung der UNO einen **Krieg gegen den Irak** und stürzen innerhalb weniger Wochen das Regime **Saddam Husseins.**

2005 Die Christdemokratin **Angela Merkel** wird zur **deutschen Bundeskanzlerin** gewählt. Als erste Frau in diesem Amt leitet sie bis 2009 und seit 2013 eine christlich-soziale Koalition.

2011 **Arabischer Frühling**: In Nordafrika und im Nahen Osten kommt es zu Massenprotesten gegen die autoritären Regimes, die zum Regierungssturz in Tunesien und Ägypten führen. In Libyen und Syrien eskalieren die Unruhen in Bürgerkriegen.

2014 Die Terrororganisation **Islamischer Staat** (IS) ruft nach der Eroberung weiter Gebiete in den Bürgerkriegsländern Syrien und Irak ein Kalifat aus.

2016 52 % der Briten stimmen am 23. Juni für den **EU-Austritt** des Vereinigten Königreichs.

2017 **Donald Trump** wird als 45. Präsident der USA vereidigt.

Impressum

© by Peter Delius Verlag, Berlin
Lizenzausgabe für die Wissenschaftliche Buchgesellschaft

Die Deutsche Nationalbibliothek verzeichnet diese Publikation in der Deutschen Nationalbibliografie; detaillierte bibliografische Daten sind im Internet über http://dnb.d-nb.de abrufbar.

Der Theiss Verlag ist ein Imprint der wbg.

© 2019 by wbg (Wissenschaftliche Buchgesellschaft), Darmstadt
Die Herausgabe des Werkes wurde durch die Vereinsmitglieder der wbg ermöglicht.

Text: Christoph Marx
Illustrationen: Katharina J. Haines
Lektorat, Bildredaktion: Detlef Berghorn
Design, Umbruch: Dirk Brauns, Marc Vidal
Korrektorat: Marion Mönch
Einbandgestaltung: Martin Veicht, Design & Training, Regensburg
Gedruckt auf säurefreiem und alterungsbeständigem Papier
Printed in Slovenia

Besuchen Sie uns im Internet:
www.wbg-wissenverbindet.de

ISBN 978-3-8062-4025-2

Zitatnachweis

Seite 013–014: Yuval Noah Harari, Eine kurze Geschichte der Menschheit. © Deutsche Verlags-Anstalt, München 2015

Seite 023: Codex Hammurabi

Seite 030–031: Cicero, De re publica

Seite 035: Konfuzius, Gia Yü – Schulgespräche.

Seite 040: Marion Giebel (Hg. und Übers.), Plutarch: Alexander. © Philipp Reclam Verlag, Stuttgart 2014

Seite 046–047: Christian Meier, Caesar. © Siedler und Severin Verlag. München 1982

Seite 049: Papst Franziskus, An die Mitarbeiter der „La Civiltà Cattolica" am 9.2.2017.

Seite 053: Tacitus, Germania.

Seite 064–065: Edward Gibbon, aus: Ben Dupré, Schauplätze der Weltgeschichte – Vom Rubikon bis zur Berliner Mauer. National Geographic Deutschland, Hamburg 2010

Seite 070: Johannes Fried, in: Karl der Große – die Geschichte einer Vereinnahmung. SWR2 Wissen Podcast vom 28.1.2014.

Seite 080–081: Papst Urbans II. an das europäische Rittertum (1095), aus: Jerzy Dowiat, Historia Bd. 1. Warschau 1979, in: WorldViews, hg. vom Georg-Eckert-Institut. Leibniz-Institut für internationale Schulbuchforschung, Braunschweig 2017.

Seite 086: Magna Carta Libertatum vom 15.7.1215.

Seite 092: Diego Hurtado Mendoza, Lazarillo de Tormes. © Edition Holzinger, Berlin 2013

Seite 102: Alexander Kluge, in: Bert-Christoph Streckhardt, Kaleidoskop Kluge © A. Francke Verlag, Tübingen 2016

Seite 106–107: Bettany Hughes, Istanbul – Die Biographie einer Weltstadt. © Klett-Cotta, Stuttgart 2017

Seite 114: Alexander von Humboldt, Kritische Untersuchungen über die historische Entwicklung der geographischen Kenntnisse von der Neuen Welt (1836/1852).

aus: Andreas Venzke, Christoph Kolumbus. © Rowohlt Verlag, Hamburg 1992

Seite 118–119: Giovanni Pico della Mirandola 1486 über die „Würde des Menschen"

Seite 124: Martin Luther auf dem Reichstag zu Worms, 1521.

Seite 132–133: Hans Jessen (Hg.), Der Dreißigjährige Krieg in Augenzeugenberichten. © dtv, München 1975

Seite 139: Heinrich August Winkler, Die Geschichte des Westens – Von den Anfängen der Antike bis zum 20. Jahrhundert. © Verlag C.H.Beck, München 2012

Seite 150–151: Immanuel Kant, Beantwortung der Frage: Was ist Aufklärung (Dezember 1784), in: Ehrhard Bahr (Hg.), Was ist Aufklärung? – Thesen und Definitionen. © Philipp Reclam Verlag, Stuttgart 1996

Seite 163: Maximilien Robespierre vor dem Nationalkonvent am 5.2.1794

Seite 164: Olympe de Gouges aus der Erklärung der Rechte der Frau und Bürgerin

Seite 176: Karl Marx und Friedrich Engels, Manifest der Kommunistischen Partei. © Karl Dietz Verlag, Berlin 1974

Seite 186: Sultan Machemba, 1890

Seite 204: Sebastian Haffner, Anmerkungen zu Hitler. © Kindler Verlag, München 1978

Seite 208–209: Joseph Goebbels, Rede im Berliner Sportpalast am 18.2.1943.

Seite 229: Winston Churchill, Europa-Rede am 19.9.1946. Seite 242–243: Robert S. McNamara, Vietnam. Das Trauma einer Weltmacht. © Hoffmann und Campe Verlag, Hamburg 1996.

Seite 246: Ayatollah Khomeini, Rede 1979 in Teheran

Seite 253: Nelson Mandela, Der lange Weg zur Freiheit. © S. Fischer Verlag, Frankfurt am Main 1994